生态语文：守望教育的田园

张淑燕　著

中国海洋大学出版社

·青岛·

图书在版编目(CIP)数据

生态语文:守望教育的田园/张淑燕著. -- 青岛:
中国海洋大学出版社,2025.6. -- ISBN 978-7-5670
-4125-7

Ⅰ. G623.202
中国国家版本馆 CIP 数据核字第 20259UN991 号

SHENGTAI YUWEN: SHOUWANG JIAOYU DE TIANYUAN

生态语文:守望教育的田园

出版发行	中国海洋大学出版社			
社　　址	青岛市香港东路 23 号		邮政编码	266071
出 版 人	刘文菁			
网　　址	http://pub.ouc.edu.cn			
电子信箱	1193406329@qq.com			
订购电话	0532-82032573(传真)			
责任编辑	孙宇菲		电　　话	0532-85902349
装帧设计	青岛汇英栋梁文化传媒有限公司			
印　　制	青岛国彩印刷股份有限公司			
版　　次	2025 年 6 月第 1 版			
印　　次	2025 年 6 月第 1 次印刷			
成品尺寸	170 mm × 240 mm			
印　　张	14.25			
字　　数	248 千			
印　　数	1—1000			
定　　价	68.00 元			

发现印装质量问题,请致电 0532-58700166,由印刷厂负责调换。

生态语文教育实践探索

——构建人与自然和谐共生的语文世界

生态语文如同一股清新的风,吹拂过传统教育的田野,引领我们迈向一个跨学科融合、人与自然和谐共生的崭新境界。《生态语文:守望教育的田园》在生态教育理念的指引下,致力于通过项目化学习、多元化融合与思维性深化的综合策略,构筑一个既深植传统文化又面向未来的语文生态乐园。

1. 潜能启航:项目化学习激发深度学习力

生态语文的土壤上,项目化学习成为激活学生潜能、促进深度学习的金钥匙。我们以语文为核心,围绕生态主题,设计一系列跨学科的项目任务,如"生态文学创作与科学考察""环保微电影制作与社科调研"。学生在项目实践中,不仅深化了对语文知识的理解,还融合了科学探索、艺术创作、社会调查等多种能力,实现了知识的综合运用与创造力的激发。通过团队合作,学生在解决问题中锻炼了批判性思维,学会了如何在复杂情境中寻找创新解决方案。

2. 情景交融:多元化情境创设拓宽认知边界

生态语文课堂,是一个多元化情境交织的学习空间。我们利用虚拟现实、增强现实等现代技术,结合实地考察、角色扮演等传统方法,创设出既贴近自然又富含文化意蕴的教学情境。在这些情境中,学生不仅能沉浸在文学的世界里,还能跨越时空界限,与古今中外的文化对话,与自然界的万物共鸣。多元化的评价方式,如同伴互评、自我反思日志、项目展示,鼓励学生从不同角度审视自己的学习成果,促进了全面而个性化的发展。

3. 生态共建:跨学科资源整合构建学习生态系统

生态语文的教育实践,强调跨学科资源的整合与共享。我们构建了一个包含图书资源、网络资源、实地资源在内的多元化学习生态系统,确保学生能够根据项目需求灵活获取所需信息。跨学科的合作教学,如语文教师与生物教师联手开展"生态诗歌与生物多样性"项目,不仅丰富了教学内容,也促进了教师的成长。这样的生态系统,为学生提供了广阔的学习舞台,让他们在探索中不断成长,同时也增强了他们对生态环境保护的责任感。

4. 思维深化:批判性与创造性思维并重

生态语文教育重视培养学生的高阶思维能力,尤其是批判性思维和创造性思维。在项目化学习的过程中,我们鼓励学生提出问题、质疑假设、分析证据,培养他们独立思考和判断的能力。同时,通过文学创作、艺术创作等形式,激发学生的想象力和创新精神,让他们在表达自我、探索未知的过程中,不断深化对世界的理解和感悟。

5. 社群共育:项目小队促进团队协作与社会参与

生态语文的实践,离不开项目小队的组建与运作。我们鼓励学生根据兴趣和专长,自发组成跨学科、跨年级的项目小队,共同完成项目任务。在小队合作中,学生学会了沟通协调、责任分担,也学会了如何在团队中发挥个人优势,共同推动项目向前发展。同时,通过参与社区服务、环保行动等实践活动,学生将所学知识应用于社会,增强了社会责任感和实践能力。

生态语文教育实践探索是一场关于知识、情感、思维与行动的全面革新。通过项目化引领、多元化融合与思维性深化的综合策略,我们不仅培养了学生扎实的语文功底,更激发了他们探索未知、关爱自然、服务社会的热情与能力,为构建人与自然和谐共生的美好未来贡献了一份力量。

东营市胜利(开发区)教育管理服务中心教研室　徐会荣
2024 年 10 月

共筑教育的绿洲

——以生态观引领小学语文情境教学的探索与实践

在教育这片广袤无垠的森林中,我如一位怀揣梦想的园丁,播撒下"生态语文"的种子。随着"张淑燕小学语文名师工作室"的揭牌,这颗种子在跨学科、项目化、思维性的沃土中破土而出,苗壮成长。这不仅是个人教育生涯的新起点,更是我们这群教育追梦人对小学语文教育生态化、跨学科融合的深度探索与实践序章,尤其是在情境化教学、生态阅读、生态写作的领域,我们渴望开垦出一片生机勃勃的新天地。

得益于管理中心领导的精心培育与全力支持,张俊连副主任的高瞻远瞩如同阳光普照,徐会荣校长的专业引领如同甘霖滋润,卢颖辉科长的宝贵建议如同养分滋养,让工作室在肥沃的土壤中苗壮成长。我倍感荣幸,能与这样一群志同道合、才华横溢的教育同人,在这片教育的绿洲上共同播种希望,携手前行。

工作室汇聚了开发区各校的 19 位精英教师,他们如同森林中的参天大树,根深叶茂,每一片叶子都闪耀着对教育的热爱与对语文的执着。我们,是生态语文的探路者,是教育梦想的筑造者,更是孩子们心灵的灯塔。我作为团队的领航者,愿化作那智慧的园丁,以跨学科的理念为铲,以项目化的方法为锄,用心浇灌,静待思维之花在语文的田野上绚丽绽放。

"生态语文",这是我心中的教育乐章,它倡导语文与生活的和谐共生,知识与情感的深度融合,以及跨学科、项目化的创新实践。在这里,语文不再是单调的文字符号,而是活生生的情感体验与智慧启迪的源泉。我们致力于构建一个集生态语文、跨学科融合、项目化学习于一体的教学乐园,一片青年教师成长的沃土,一个语文教师与学生梦想启航的港湾。

为了实现这一宏伟愿景,我们勇于创新,积极探索跨学科情境化教学,让孩子们在模拟的情境中自由探索,如同森林中的小动物般穿梭于各学科之间,让语文知识在生活的土壤中生根发芽,与科学、艺术、历史等学科交织成一幅绚丽多彩的知识画卷。我们倡导生态阅读,鼓励孩子们广泛涉猎,让他们如同森林中的树木吸收阳光雨露,滋养心灵,启迪智慧,培养跨学科思维。我们重视生态写作,引导孩子们用笔触记录生活,抒发情感,让他们如同森林中的鸟儿歌唱,让文字成为心灵的翅膀,飞翔在想象的天空,展现跨学科创作的魅力。

在日常的教学研磨中,我们精益求精,如同园丁细心修剪枝叶,从备课到磨课,从上课到评课,每一个环节都力求完美,只为呈现最精彩的语文课堂。我们注重培养学生的批判性思维与创新能力,通过跨学科的项目化学习,让学生在知识的海洋中畅游,在智慧的森林里成长,成为具有跨学科素养的新时代少年。

我深知,作为工作室的领航者,我不仅要传授教学的技艺,更要以身作则,传承教育的精神。我力求在"立德、立功、立言"("三立")中树立榜样,如同森林中的大树,用我的教学热情与人格魅力,为团队成员遮风挡雨,激发他们的潜能与创造力,共同书写教育的辉煌篇章。

展望未来,我和我的团队将继续秉承初心,以"求真务实、和谐共赢"的精神,深耕生态语文、跨学科融合的田野。我们期待培养出更多具有"三立"精神的教育者,以及德、智、体、美、劳全面发展的"四有"新人,为我国小学语文教育的革新与发展贡献我们的力量。同时,我诚挚地邀请所有热爱教育、心系语文教育的朋友加入我们,一同在这片教育的绿洲上,播种希望,收获梦想,共同绘制教育的生态画卷,让教育的森林更加郁郁葱葱,充满无限生机与活力。

目 录

第一篇 »

生态语文的教学理念与内涵解读

第一章　在小学语文教学中追寻生态情境的诗意之旅

　　小学语文教学，犹如一粒种子，播撒在基础教育这片沃土上，不仅承载着语言文字的传授重任，更孕育着生态情境与诗意情怀的芬芳。在"生态语文教育实践"的引领下，我们匠心独运，构筑起一个开放包容、多元共生、跨界融合的语文殿堂，让"人与环境"和谐共生的理念，如涓涓细流，滋润着每一个孩子的心田。本书紧扣生态语文与语文生态的精髓，以"教育即生态，语文即生长"为核心理念，围绕生态阅读、生态写作、生态课堂、生态课程及生态环境五大维度，借助跨学科与项目化学习的翅膀，将语文课堂延伸至海洋、湿地、黄河以及田野，共绘一幅诗意与生态交织的教育画卷。

一、寻"诗意"，匠心构筑生态化教学情境

　　在小学语文的广阔天地里，我们致力于描绘一幅幅充满诗意与生态的教学画卷，让学生在自然的怀抱中，感受语文的韵味与魅力。教室不再局限于四壁之内，而是延伸至海洋的壮阔、湿地的静谧、黄河的奔腾之中。我们引领学生走进自然，观察四季的更迭，聆听风的低语、雨的轻吟，感受山川的雄浑与湖海的深邃。在《观潮》《草原》等课文的学习中，学生通过实地探访与亲身体验，与文本中的意境产生共鸣，激发了对语文学习的热爱。

　　生态阅读板块，我们精选了《海底两万里》《湿地之歌》等与自然生态紧密相关的文学作品，引导学生通过阅读，领略海洋的奥秘、湿地的生机，感悟生态之美。同时，鼓励学生以自然为笔，以生活为墨，创作属于自己的生态诗篇或散文，抒发对大自然的敬畏与热爱。

二、融"生态"，匠心整合生态化教学内容

　　生态语文教育理念，如同一股清泉，滋润着语文教学的每一寸土地。在小学语文教学中，我们注重将生态知识融入教学内容，让学生在语文学习中，领悟保护生态环境的重要性，肩负起保护生态环境的使命。结合当地的海洋资源、湿地

景观、黄河文化及劳动实践,我们设计了一系列跨学科、项目化的学习活动,如"探寻黄河的足迹""湿地守护者",让学生在实践中学习,在合作中成长,将生态理念深植于心。

生态写作板块,我们引导学生以生态为主题,记录观察日记、撰写生态报告、起草环保倡议书。在《爬山虎的脚》等课文的学习后,学生们更是将劳动与生态相结合,记录下自己在农田、果园中的劳动体验,用文字诠释劳动之美与生态之和谐。

三、创"和谐",匠心构建生态化教学模式

和谐,是生态语文教育的灵魂。在小学语文教学中,我们致力于构建一种和谐共生的教学模式,让学生在轻松愉悦的氛围中,自由探索、自主发展。教师采用启发式、讨论式、合作式等教学方法,如同春风化雨,激发学生的学习兴趣与主动性。在小组合作学习、角色扮演等活动中,学生们相互启发、共同进步,培养了合作精神与团队意识。

四、拓"视野",慧心开发生态化课程资源

生态语文教育理念,倡导跨学科、跨领域的资源整合与利用。在小学语文教学中,我们注重开发多样化的生态化课程资源,如海洋的奥秘、湿地的生态、黄河的文化、劳动的价值,以拓宽学生的视野,丰富学生的学习体验。我们鼓励学生利用图书馆、网络等资源,自主探究、发现新知,培养自主学习能力与创新能力。

生态课程板块,我们结合当地特色,开发了一系列具有地域色彩的语文课程,如"海洋探秘之旅""湿地生态研究""黄河文化寻踪"。在这些课程中,学生们不仅了解了家乡的自然风貌与生态环境,更在探索中培养了文化自信。

五、筑"梦想",携手共绘生态化教育蓝图

生态语文教育的最终愿景是培养具有生态意识、人文素养与创新能力的新时代少年。在小学语文教学中,我们注重激发学生的梦想与追求,鼓励他们树立远大理想,勇于探索未知。通过组织"海洋保护演讲比赛""黄河文化作文竞赛"等活动,我们为学生的创造力与表现力搭建了展示的舞台,让他们在实践中绽放光彩。

在生态环境板块,我们引导学生积极参与校园绿化、环保宣传等实践活动,将生态理念转化为实际行动。同时,我们加强家校合作,共同营造生态化的教育

环境,让生态理念渗透到学生的日常生活中,成为他们成长道路上的璀璨星光。

总之,在小学语文教学中追寻生态情境的诗意之旅,是对传统教学模式的超越与创新,更是对新时代教育理念的践行与探索。在生态语文教育的引领下,小学语文教学将如同海洋般深邃浩瀚、湿地般生机盎然、黄河般奔腾不息,为培养具有生态意识、人文素养与创新能力的新时代人才贡献力量。

第二章　生命的园子——我的生态育人观

在绿意盎然的校园中,我深切地感受到生态的力量与教育的真谛。这片土地不仅孕育了玉米、番茄、黄瓜、丝瓜等作物的勃勃生机,还通过海洋馆、海洋壁画、海洋长廊,将我们带入浩瀚无垠的大海,体验那乘风破浪的豪情壮志。这一切,不仅滋养了作物,更启迪了我对教育的深刻理解——生态语文教学观。这一理念的提出,既源自生活的深刻启示,也凝聚了我在教学实践中不断探索与追求的结晶。

一、生态育人观:教育的本质与内涵

在社会竞争日益加剧的今天,我愈发清晰地认识到,教育的本质并非工业化的批量生产,而是农业化的精心培育。过度依赖刷题来提高成绩,只会让学生沦为应试的机器,而持续的压力更会对学生的身心健康造成不可逆转的损害。正如园丁呵护每一株植物,教师也应以学生为中心,顺应学生成长的自然规律,尊重其自主性与个性差异,减少不必要的干预,让学生得以自由、健康地成长。生态育人观,正是基于这样的理念,致力于构建一个和谐、开放、互动的教育环境。

二、生态语文:回归教育本源的新模式

(一)生态语文的核心价值与理念

生态语文是一种将生态理念融入语文教学的新模式,它强调基于语文本真,守望生命成长,回归教育本源。其核心价值在于追求自然的、自在的、自由的教学状态,通过将生态环境、生态资源与学生的阅读、写作、课堂、活动紧密结合,实现生态教育与语文教学的深度融合。生态语文不仅关注学生的语文能力提升,

更重视培养学生的生态意识、人文素养和综合能力。

（二）生态语文的实践路径与策略

生态语文以跨学科学习、项目化学习为基础，将语文课堂从校园延伸至社会，让学生在海洋、湿地、黄河、劳动等广阔天地中汲取知识，实现"立德树人"的育人目标。在这一过程中，语文教学致力于让学生像庄稼一样自由呼吸，重视目标、过程、情感的生态平衡，还原教学的生命本色。通过趣味盎然的生态情境，引导学生寻觅、感悟和创新，使语文学习成为一个和谐、开放、圆融的生态系统。

（三）生态语文的内在逻辑与外在延伸

生态语文以课程－课堂－践行为主线，向内深入探寻语言的奥秘与语文的来龙去脉，向外则致力于构建生态场域，形成教师、学生、文本之间的绿色、成长、平和、向生命良性发展的循环圈。这一理念不仅关注语文知识的传授，更重视对学生核心素养的培养与提升。通过生态语文的实践，学生不仅能在语言文字中遨游，还能在广阔的自然与社会环境中汲取养分，实现全面发展。

三、生态语文与学生核心素养的培养

（一）强化敬畏自然、尊重规律的思想意识

生态语文通过引导学生关注自然、了解自然，强化他们敬畏自然、尊重规律的思想意识。正如我国古代思想家所倡导的"天人合一"理念，人类的生存与发展与自然息息相关。只有遵循自然规律，才能避免自然的惩罚，实现人与自然的和谐共生。生态语文也倡导学生尊重语文学习的自然规律，以更加科学、合理的方式提升语文素养。通过生态语文的熏陶，学生能够更加深刻地认识到自然与人类的紧密联系，从而培养起对自然的敬畏之心。

（二）激活思维活动，提升实践能力

生态语文在强调自然性的同时，也注重培养学生的实践能力。通过引导学生从自然生态出发，展开联想与想象，将语文知识与生活紧密联系起来，活学活用，增强语文的实用功能。这一过程中，学生的思维活动得到充分激活，创新能力和解决问题的能力得到有效提升。例如，在生态写作中，学生可以结合自然观察和社会实践，创作出富有创意和深度的作品，展现其独特的思维视角和实践能力。

（三）拓展知识面，深化文化底蕴

　　生态语文不仅传授语文知识，还向学生传授文学和文化等多方面的知识。通过跨学科学习和项目化实践，让学生在掌握知识的广度的同时，也深刻理解知识的深度与根脉。这种综合性的学习方式有助于拓展学生的知识面，深化他们的文化底蕴，为未来的学习与发展奠定坚实的基础。在生态语文的课堂中，学生可以接触到不同领域的知识，形成跨学科的思维方式和综合素养。

四、生态阅读与生态写作：生态语文的双翼

（一）生态阅读：亲近文本，激活思维

　　生态阅读是生态语文的重要组成部分。它倡导学生主动走进文本，亲近名著，不断扩大阅读视野，涉猎不同风格的阅读文本。在阅读过程中，学生应尊重文本、真情投入，同时保持独立思考与批判性思维，激活文本并有所发现。通过生态阅读，学生不仅能够丰富自身知识储备，还能够提升阅读理解能力、审美鉴赏能力和批判性思维能力。在生态阅读中，学生可以感受到文字背后的生命力和情感力量，从而更加热爱阅读，享受阅读的乐趣。

（二）生态写作：自由表达，展现个性

　　生态写作同样强调学生的自由表达与个性展现。在生态语文的理念下，写作教学应尊重学生的主体地位和个性差异，鼓励学生自主写作、自由写作和创造性写作。通过调动学生的写作兴趣，让学生乐于表达、善于表达。同时，生态写作也注重引导学生关注现实生活与时事热点，将个人体验与社会责任相结合，写出有深度、有温度的作品。在生态写作中，学生可以自由发挥想象力和创造力，展现自己的独特视角和深刻思考，从而培养良好的写作习惯和表达能力。

　　生态语文教学观以生态理念为核心，注重培养学生的生态意识、人文素养和综合能力。通过生态阅读、生态写作、生态课堂和生态实践等内容，采用情境教学、项目化学习和跨学科整合等方法，实现多元化、过程性和发展性的教学评价。这一理念旨在构建一个和谐、开放、互动的语文课堂，促进学生的全面发展。在未来的教育实践中，我们将继续深化生态语文的研究与实践，为培养更多具有创新精神和实践能力的人才贡献力量。通过生态语文的引领，让学生在广阔的语文天地中自由翱翔，实现身心的全面发展与成长。

第三章 一株"榕树"便天堂——生态语文视角下的"成长树"课程建构与创生

在科达小学这片生态资源丰饶的沃土上,一株郁郁葱葱的"榕树"傲然挺立于校园之中,它不仅是自然景观和谐的象征,更是"成长树"课程体系那生动的生态图腾。这棵"榕树",以深邃的根系牢牢扎根于生态语文的肥沃土壤,以笔直的树干坚实地支撑起系统的课程架构,以繁茂的枝叶温柔地遮蔽着灵性启迪的甘霖。在海洋的辽阔、湿地的柔润、黄河的磅礴与劳动的质朴相互交织中,这棵"榕树"化身为师生幸福成长的乐园,而师生则宛若自由翱翔的"天堂鸟",在生态语文那广袤无垠的天空中自由地翱翔。

一、"成长树"之根系:生态语文,深植自然与生活之壤

生态语文,犹如深邃的海洋,强调语文教学应深深植根于自然与生活的沃土,与儿童纯真的心灵紧密相连。在"成长树"课程的滋养下,我们深入挖掘海洋的深邃奥秘、湿地的生态之美、黄河的文化底蕴以及劳动的质朴艰辛,让语文学习成为儿童探索世界奥秘、理解生活真谛、感悟生命意义的重要途径。

(一)植根的寻觅:一张纸,折叠出海洋的蔚蓝梦想

学校以"小班化'一校一品'纸艺与生态语文教育融合项目研究"为引领,巧妙地将纸艺创作与生态语文相融合。孩子们在折纸、剪纸的巧妙变化中,融入对海洋的无限向往,创作出《海浪翻滚》《海底世界》等作品,用一张张纸展现出五彩斑斓的海洋梦想,同时在纸艺的海洋中深切感受到了语文的无穷魅力。

(二)孕育的觉醒:一根绳,编织出湿地的生态故事

在"成长树"课程的引领下,教师们成为实践活动的智慧引领者与贴心伴学者。学校精心打造了"湿地绳艺馆",孩子们在这里学习编绳的技巧,用绳结讲述湿地的生动故事,感受湿地的生态之美与语文的深邃韵味。通过"湿地之韵"创意编结竞赛的激烈角逐,孩子们不仅掌握了编绳的技能,更在创作中深刻体会到了生态语文的博大精深。

（三）扎根的力量：一棵草，摇曳出黄河的风情万种

学校充分利用黄河岸边的种植区域，开展"黄河文化"主题实践活动。孩子们在黄河边细心观察、认真记录，搜集关于黄河的成语典故、对联佳句、古诗名篇，感受黄河的磅礴气势与生命的坚韧不拔。在"黄河之水天上来""黄河边的草木情"等活动中，孩子们通过生态阅读与写作，深情表达了对黄河的敬畏之情与热爱之心。

（四）劳动的艰辛：一双手，创造出美好生活的点点滴滴

劳动是生态语文不可或缺的重要组成部分。学校通过组织丰富多彩的劳动实践活动，让孩子们在田间地头亲身体验耕种的艰辛与收获的喜悦。在"劳动最光荣"主题写作中，孩子们用质朴的文字记录下了劳动的每一个瞬间，深刻感受到了劳动的价值与美好。

二、"成长树"之躯干：主题统整，促进和谐共生

在生态语文的引领下，"成长树"课程注重主题的统整与融合，将学科课程、学校文化、传统节日、团队活动及德育等领域有机融合，形成了宏主题引领、大单元构建、小项目实施、微课题探究的综合实践活动模式，促进了师生与自然的和谐共生与共同成长。

（一）"学校＋基地"模式：拓展生态实践的广阔空间

学校充分发挥海洋、湿地、黄河等校外生态资源的优势，精心打造了一条环绕生态基地的体验活动精品路线。通过"海洋探秘——清风湖畔的观鸟之旅""湿地徒步——探寻自然的奥秘""黄河之旅——感受母亲河的温情"等活动，孩子们在实践中学习、在体验中成长，极大地拓展了生态语文的学习空间与实践深度。

（二）主题统整：深化生态阅读与写作的内涵

"成长树"课程以生态语文为核心，将传统文化、"五节"文化、亲情关系及学科教学等领域进行巧妙的主题统整。通过"海洋文学节""湿地文化节""黄河文化节"等丰富多彩的活动，孩子们在阅读与写作中不断深化对生态的理解与感悟，培养了尊重自然、关爱生命的情感与态度。

三、"成长树"之枝叶：生态阅读写作，绽放智慧之花

在"成长树"课程中，生态阅读写作如同滋养师生心灵的甘泉，源源不断地

为师生提供着精神养料。我们鼓励孩子们广泛阅读描绘海洋、湿地、黄河及劳动等方面的书籍，通过阅读感受语文的魅力，激发对生命的敬畏之情，并通过写作记录下自己的独特感悟与深刻思考。

（一）阅读生态圈：共享生命成长的智慧盛宴

在读书节期间，学校精心策划了国学、美文、童话、小说等方阵的阅读活动，让孩子们在阅读中感受生命的纯真与美好。通过"海洋文学沙龙""湿地故事分享会"等活动，孩子们在生态阅读的滋养下，智慧得以绽放，心灵得以升华。同时，学校鼓励孩子们将阅读成果以绘制手抄报、写作、朗诵等多种形式展示出来，共同营造一个充满书香与生态气息的学习环境。

（二）微课题研究：培养生态探究的敏锐能力

在生态阅读的引领下，孩子们对海洋、湿地、黄河等生态话题产生了浓厚的兴趣与强烈的探索欲望。"海洋生态的保护""湿地生物的多样性""黄河水资源的合理利用"等微课题应运而生。通过调查研究、实验探究等科学方法，孩子们在实践中学会了解决问题的方法与技巧，培养了生态探究的敏锐能力与创新精神。

（三）生态写作：记录生态成长的斑斓足迹

生态写作是生态阅读的自然延伸，也是孩子们表达自我、记录生态成长的重要方式。我们鼓励孩子们以日记、周记、作文等形式，将自己在生态阅读中的感悟、体验与思考记录下来。通过"海洋日记""湿地笔记""黄河故事"等生态写作活动，孩子们不仅锻炼了写作能力，更在文字中留下了生态成长的斑斓足迹，深化了对生态的理解与感悟。

四、"成长树"之成长：回归诗意栖居的天堂之境

"成长树"课程以树叶和果实生动呈现孩子们的生态成长过程。在生态语文的滋养下，孩子们在知识的海洋中自由飞翔，在充满生态诗意的天地间栖居，享受着成长的快乐与幸福。

（一）五根枝条的诗意：以"成长树"记录生态活动的精彩历程

在综合实践活动中，我们引导孩子们针对各种生态表现进行深刻的自我反思性评价。评价表被巧妙地设计成树的形状，将活动态度、创新精神、交流合作、

实践能力、生态意识五个方面的评价内容生动地设计成树的五根枝条。通过记录生态活动的精彩历程和展示丰硕成果的方式，让孩子们在成长树上挂果添叶，感受生态成长的喜悦与成就。

（二）几篇日志的感悟：以"绿色日记"促进生态反思的深刻进行

我们鼓励孩子们坚持写"绿色日记"，记录下自己在生态实践活动中的所见所闻、所思所感。通过写日记的方式，孩子们能够认真反思自己在生态方面的表现与不足，从反思中调整探究的方向与方法，不断完善自我，推动生态活动的深入开展。

（三）面面墙壁的精彩：以"生态墙"展示生态活动的丰硕成果

我们充分利用教室的墙壁空间，打造出一面面充满生态气息的"生态墙"，展示孩子们关于海洋、湿地、黄河及劳动等方面的学习成果和活动照片。通过张贴手抄报、调查报告、反思日记等形式多样的作品，让孩子们在生态的氛围中感受成长的快乐与自豪，激发对生态的热爱与保护意识。

（四）数张卡片的诱惑：以"生态卡"促进自我完善的持续进行

在每次生态活动结束后，我们让孩子们自己设计并制作"生态卡"，贴上自己喜爱的生态图案或图标。通过自我评价、同伴评价和家长评价等多元评价方式，让孩子们全面了解自己在生态活动中的表现与不足，促进自我完善的持续进行和全面发展。

（五）一个纸袋的沉甸甸：以"生态档案袋"记录成长足迹的点点滴滴

在综合实践活动课程中，我们为每个孩子精心准备一个自主设计的"生态档案袋"，并建立详细的课题目录。档案袋中记录着孩子们在生态活动过程中的真实表现与所取得的丰硕成果。通过整理和回顾档案袋中的内容，孩子们能够清晰地看到自己的生态成长足迹和进步历程，感受成长的喜悦与自豪。

（六）"水滴汇海"的细绘：以"智能评价体系"绘制成长图谱

"水滴汇海"智能评价体系以大数据和 AI 技术为支撑，构建"水滴智网"，精准识别学生优势与潜能，定制个性化成长路径。同时，强化家校沟通，通过 App 让家长随时了解孩子在校表现，共同参与评价，形成家校共育桥梁。学校实施五育融合课程体系，智能评价助力打造教育新生态，学生如水滴般在知识、品德、艺术、体育、劳动中全面成长。如同根深叶茂的榕树，"成长树"课程滋养师生，让生态阅读与写作成为生命璀璨篇章，绽放耀眼光芒。

"成长树"课程在生态语文的滋养下，如同一株枝繁叶茂的榕树，根深扎于海洋、湿地、黄河及劳动的沃土之中，为师生们提供了一个幸福成长的乐园。在这里，"天堂鸟"们自由翱翔于知识的海洋，享受着生态的律动与智慧的启迪。我们相信，在未来的日子里，"成长树"课程将继续引领师生们深入探索生态的奥秘、不懈追求真理、共同创造美好，让生态阅读与写作成为孩子们生命中最璀璨的篇章，绽放出更加耀眼的光芒。

第四章 黄河魂·湿地情·海洋心——生态三课携语文同行，铸就教育新价值

本章以东营市东营区科达小学为例，探讨了生态与语文深度融合的教育模式。学校通过"黄河魂·湿地情·海洋心"课程体系，将生态资源融入语文教学，旨在培养学生的生态文明观念与文化自信。文章从背景画卷、实践探索、成果展示及教育启示四个方面，详细阐述了生态语文教育的实施路径与成效，为素质教育提供了新的思路与范例。

一、背景画卷：生态文化的交响与融合

在新时代背景下，生态与文化的交融成为教育发展的新趋势。黄河作为中华民族的母亲河，不仅是生态的瑰宝，更是文化的源泉。科达小学将生态资源与语文课程深度融合，构建了"黄河魂·湿地情·海洋心"的生态语文教育新模式，为教育注入了新的活力与使命。

地处黄河之畔，科达小学深入挖掘黄河文化的深层价值，将历史故事、文化传说及生态理念融入语文教学，让学生在语文学习中感受黄河的磅礴与文化的博大。同时，利用黄河入海口的地理优势，组织实地考察与研学活动，让学生在亲身体验中领悟自然的神奇与文化的底蕴，激发对黄河文化、湿地生态与海洋文明的探索热情。

二、实践探索：生态语文的深度融合与创新

（一）课程体系构建

科达小学以"黄河魂·湿地情·海洋心"为轴心，精心构建了一套生态语文课程体系。如"海洋的呼唤"引领学生探索海洋文化，"黄河的故事"激发学生传承黄河精神。同时，结合"百草园"劳作实践，让学生在种植中了解中草药文化；通过"缤纷葫芦"绘制活动，让学生感受传统文化的魅力。这些课程不仅丰富了学生的语文学习内容，也让学生在实践中感悟到了生态与文化的和谐共生之美。

（二）场景营造与沉浸式体验

学校精心打造了一系列充满生态气息与语文韵味的场景，如黄河教育实践基地、校外黄河口生态旅游区等，让学生身临其境地感受黄河、湿地与海洋的魅力。生态语文节、文化节等活动为学生提供展示平台，激发学生的学习兴趣与创造力。同时，邀请专家学者举办讲座与进行指导，提升学校生态语文教育的专业性与深度。

（三）路径创新与新范式探索

学校通过"四支小队"实践活动，探索出生态语文教育的新模式。学生们在劳动中体验生态之美，在语文学习中感悟文化之深。同时，将生态语文教育与信息技术相结合，利用多媒体技术进行辅助教学，提高学习效率与效果。这些创新举措不仅丰富了生态语文教育的形式，也提升了教育的实效性与吸引力。

三、成果展示：生态语文教育的璀璨成果

（一）特色资源与地方名片

科达小学充分利用地域特色资源，将黄河文化、湿地生态、海洋文明融入语文课程，形成了独特的生态语文教育模式。通过举办地域文化展览、编写校本教材等方式，进一步挖掘与传承地域文化，提升了学校的知名度与学生的地域认同感。

（二）校本课程与梯级架构

学校开发的系列校本课程，如"'海润童心'校本课程的探索与实践""黄河魂：文化与生态的双重解读"，获得了广泛认可。这些课程以生态为线索、以语文

为载体,形成了生态语文的梯级架构,逐步深入地引导学生了解生态与文化的内涵与联系。

(三)黄河情怀与精神内核

学校通过"校内场景体验 + 校外基地研学"的方式,深入挖掘黄河文化的内涵与价值,激发学生的黄河情怀与生态意识。学生们在参与项目的过程中,不仅提升了语文素养、生态文明观念与社会责任感,也实现了个人成长。

四、教育启示:生态语文教育的深远意义

(一)校本课题研究:交融催化剂

校本课题研究在生态教育中发挥了重要作用。学校依托生态教育专项课题,精心培育出与之紧密相连的区级校本课题之花。如"基于儿童本位的中草药校本课程实践探索"等课题,不仅深化了生态教育的内涵,更巧妙融入了黄河文化的精髓,让学生在探究中感受到黄河文化的博大精深。

(二)教师微项目探究:润滑油

学校鼓励教师围绕生态教育开展微课程资源研究,让黄河文化在校园的每一个角落绽放光彩。通过一系列微项目,如"苇香撷美——草编",让学生在实践中感悟黄河文化的魅力,传承生态文明的火种。

(三)"水滴汇海"评价:助推机

学校启动了"水滴汇海"学生综合素质评价体系,通过一系列主题鲜明的活动,让学生在实践中感受黄河文化的魅力,在创造中传承黄河精神。评价体系的实施不仅实现了教学与评价的一致性,更让生态教育在学生的心中落地生根,绽放出灿烂的花朵。

(四)"汇·阅读"项目:新纪元

学校对原有阅读项目进行深度革新与全面升级,推出了"涓滴汇海·全科阅读"之"汇·阅读"项目。此项目深度融合了生态教育的绿色理念与语文阅读,实现了从单一阅读到全科阅读、从知识积累到五育融合、从文本理解到生态感知的跨越性转变。通过经典润心、生态启智与海润童心等多维度措施,全面提升学生的阅读素养与生态意识。

第五章　碧海五韵，梦绘绿城——生态语文的读写之旅

溯河魂之旅，探湿海之秘。我们的目光，不仅聚焦于那浩瀚无垠的碧波与辽阔的天际，更聚焦于脚下那片充满生机的湿地绿洲。从远古海洋的涌动到现代的生态奇观，东营的每一寸湿地，都在潮起潮落、季风轻拂与时光流转中，静静地诉说着海洋与陆地交织的故事，记录着这座城市从渔盐之利迈向绿色转型的坚实步伐。在这里，海洋文化的深邃韵味与绿色生态的先进理念交相辉映，引领我们在探索中感悟自然之美，在学习中成长，共同追寻那片既遥远又亲切的梦想绿洲。

一、活动名称

"碧海五韵，梦绘绿城"海洋文化主题研学活动。

二、教育意义

东营，这座屹立于黄河入海口的璀璨明珠，镶嵌在浩瀚的渤海之滨，其得天独厚的地理位置与丰富的海洋资源，不仅赋予了这座城市无与伦比的生态美景，更孕育了独具特色的海洋文化遗产。海洋那独特的地貌与生态系统，犹如东营的历史书卷，记录着沧海桑田与生命的蓬勃。从广袤的湿地到浩渺的海域，每一处都是自然赋予的宝贵财富，每一处都承载着东营的辉煌与梦想。

本次研学以深度挖掘海洋文化为核心，精心挑选了东营地区最具代表性的海洋文化符号与生态景观，旨在为学生们打造一场知识与梦想交织的盛宴。通过"碧海五韵，梦绘绿城"的主题，我们构建了"黄色文化海""绿色湿地海""蓝色生态海""古色底蕴海""黑色科技海"五大子主题，它们犹如一颗颗珍珠，串联起东营海洋文化的璀璨星河。让我们携手学子们，一同踏上这场韵动黄河、逐梦蔚蓝的旅程，去深入解读海洋的奥秘，去发现自然的美好，去书写属于新时代的海洋文化新篇章，共同实现绿色低碳高质量发展的宏伟夙愿。

三、游径内容与生态语文的融合

（一）蓝色生态海：海洋生态的探索与写作

在"蓝色生态海"研学游径中，学生们将踏入金泥湾海洋生态保护科普教育基地，追溯东营海洋生态的悠久历史。通过参观展览馆，领略海洋科普的魅力，了解海洋生物的多样性与生态系统的复杂性。在虾蟹混养的外塘养殖区，学生们将见证海洋牧场的生动实践，感受海洋生态系统的奇妙与和谐。此外，学生们还将参与赶海拾贝活动，亲身体验海洋的馈赠，并通过写作记录下自己的所见所感，培养观察力与表达能力。

（二）绿色湿地海：湿地文化的阅读与感悟

步入"绿色湿地海"研学游径，学生们将深度探寻东营湿地文化的独特魅力。在白鹭湖拓展服务中心，学生们将参与耐盐碱水稻种植体验、湿地活动和生态体验等项目，感受湿地生态的脆弱与宝贵。通过阅读湿地文化的相关书籍与文章，学生们将深入了解湿地保护的重要性与紧迫性，并撰写读后感或评论文章，表达自己的感悟与思考。

（三）黄色文化海：黄河文化的传承与写作

在"黄色文化海"研学游径中，学生们将迈入国家方志馆黄河分馆，探寻东营独特的黄河文化。通过参观主题展厅、现代科技展厅和特色民居体验厅，学生们将深入了解黄河与海洋交汇所孕育的璀璨文明，以及它如何塑造了东营的城市性格与海洋精神。在此基础上，学生们将撰写关于黄河文化的传承与发展的文章，表达自己对黄河文化的理解与尊重。

（四）古色底蕴海：历史文化的阅读与创作

在"古色底蕴海"研学游径中，学生们将穿越时空，走进东营的历史深处。在启翰辰中医药文化研学教育实践基地，学生们将了解耐盐碱植物的顽强生长特性与中医药文化的源远流长。通过阅读历史文献与文学作品，学生们将感受东营深厚的历史底蕴与文化积淀，并尝试创作与东营历史文化相关的散文、诗歌或小说，展现自己对历史文化的热爱。

（五）黑色科技海：科技探索的阅读与报告

最后，踏入"黑色科技海"研学游径，学生们将见证东营现代海洋科技的蓬勃发展。在东营技师学院石油勘测实训基地，学生们将了解胜利油田的科技发展历程,模拟石油开采过程,并参观钻井平台实训区与采油实训区。通过阅读科技文献与新闻报道,学生们将深入了解海洋新能源的探索与利用情况,并撰写科技探索报告或论文,表达自己对科技发展的见解。

四、生态语文视角下的阅读与写作指导

在整个研学过程中,生态语文的视角将贯穿始终。教师们将引导学生们通过阅读相关文献资料、实地考察与观察、互动体验等方式,深入了解海洋文化、湿地生态、黄河文化、历史文化与科技探索等方面的知识。同时,教师们还将鼓励学生们运用所学的生态语文知识,结合自己的所见所感进行写作练习。无论是记叙文、议论文还是说明文,学生们都将尝试从不同角度、不同层面表达自己的思考与感悟。

通过"碧海五韵,梦绘绿城"海洋文化主题研学游径的实施,学生们不仅能够在探索中领悟海洋文化的魅力与生态理念的重要性,还能够在学习中提升自己的阅读与写作能力。这种将生态语文与研学游径相结合的教学方式,不仅有助于拓展学生的知识视野与思维深度,更有助于培养学生的探索精神与创新能力。

第六章　生态教育观视角下的语文教学微探

第一节　基于"海洋生态情境"低年级语文
无纸笔测评创新设计

在教育的蔚蓝海域中,我们扬帆起航,以"双减"政策为舵,以生态语文为帆,精心构筑了一、二年级"水滴汇海润成长"的"乐考"蓝图,旨在通过"海底总动员,萌娃智闯关"无纸笔测评方式,全面考查学生的学科综合素养,让知识的种子在学生心中生根发芽、茁壮成长。

一、案例背景:生态语文的浪潮

随着《义务教育语文课程标准(2022年版)》的颁布,教育的航向更加明确,立德树人成为我们的根本任务,教育领域综合改革的浪潮汹涌澎湃。在这场变革中,以"核心素养评价"为主的无纸笔测评如同璀璨的灯塔,照亮了我们实施"双

减"工作与提质增效的航道。而情境设计背景下的任务驱动,则如同海洋中的珊瑚礁,以学科核心概念为基石,构筑起"综合性"与"实践性"并重的知识宫殿,引导学生自主探索,让思维的火花在无纸笔测评中绚丽绽放。

作为教育改革的先锋,科达小学深入研读相关文件,广泛汲取前人智慧,结合学校实际,对低年级无纸笔测评进行了深入思考与探索,形成了以下共识,为生态语文的构建奠定了坚实的基础。

(一)析·学情:生态评价,尊重成长

对于低年级学生,我们摒弃了传统的评价方式,转而采用无纸笔测评,这是对学生身心发展特点和认知规律深刻洞察后的选择。我们将过程性评价与结果性评价巧妙融合。这样的评价方式,不仅客观展示了学生的进步与成长,更有助于促进学生综合素养的全面发展,让"双减"政策在教育的海洋中真正落地生根,让教育回归其本真的模样。

(二)搭·支架:知识趣味,相得益彰

无纸笔测评既要考虑到知识的深度,也要有趣味的广度。我们深知,形式与内容的完美结合,才能确保测评这艘"船"既稳健又灵动。因此,在测评的设计中,我们既注重了知识的全面性,又兼顾了趣味性的融入,避免让测评成为一场无目的的漂流。我们精心构建测评的支架,确保学生在"游"中"学",在"学"中"测",让测评成为一场充满挑战与乐趣的海洋探险。

(三)聚·素养:考学乐融,共生共长

在生态语文的海洋中,无纸笔测评应成为一座灯塔,照亮学生前行的方向。我们紧扣所学内容,聚焦核心素养的培育,让学生在测评的活动中回忆、再现、应用、创造,不断构建自己的知识宫殿。这样的测评,不仅考察了学生的知识掌握情况,更提升了他们运用知识解决现实问题的能力,实现了知识与能力的共生共长。

(四)融·评价:教学评一,共筑生态

传统纸笔考试如同海洋中的孤岛,而生态语文的无纸笔评价则是一片生机勃勃的珊瑚礁。我们注重评价结果的应用,将情境任务设置的评价既作为一种表现性评价,又作为一种发展性评价。学生在测评中自评、互评,如同海洋中的鱼儿相互追逐、嬉戏,真实而生动地展现了他们在整个过程中的表现。这样的评

价方式,不仅促进了学生的自我反思与成长,更实现了"教学评"的一致性,共同绘就生态语文的瑰丽画卷。

二、设计与测评：生态语文的海洋探险

基于以上共识,科达小学开启了基于"海洋生态情境"的"四位一体"低年级生态语文无纸笔测评的实践探索之旅。我们如同勇敢的航海家,驾驶着知识的帆船,在生态语文的海洋中破浪前行。

（一）层次性：梯度设计,生态进阶

低年级学生如同海洋中的小鱼,他们的发展阶段各不相同。因此,在测评的设计中,我们充分考虑了一、二年级学生的身心特点,设置了有梯度的测评内容。一年级学生还在适应小学生活的浪潮中嬉戏,我们对他们采用了更加游戏化的测评方式;而二年级学生已经逐渐适应了小学的节奏,我们则注重培养他们自主、合作学习的能力。这样的梯度设计,如同海洋中的生态位,既尊重了学生的差异性,又体现了测评的层次性,让每个孩子都能在适合自己的水域中自由游弋。

（二）情境化：设置情节,生态沉浸

测评的目标如同海洋中的灯塔,指引着我们前行的方向。在生态语文的无纸笔测评中,我们基于素养、课标和学情设定了明确的目标,并精心设计了少而精的评价任务。我们如同导演,为学生设置了一个个生动的情境,让他们在情境中学习、在情境中成长。这样的测评方式,不仅提高了无纸笔测评的质量,更让学生在生态语文的海洋中乐此不疲。

（三）跨学科：多科融合,生态共生

生态语文的海洋是广阔的,它容纳了多学科的知识与技能。在无纸笔测评中,我们打破了学科的界限,让知识与能力在海洋中自由融通。我们设计了跨学科的测评项目,如结合数学与语文的"口算小达人＋阅读小能手"、结合科学与艺术的"科普小画家"。这样的测评方式,不仅考查了学生的综合能力,更让他们在实践中体会到了学科之间的微妙联系与相互支撑。

（四）全面化：五育并举,生态发展

生态语文的无纸笔测评是全面的、立体的。它不仅仅关注学生的学科知识掌握情况,更注重他们的德智体美劳全面发展。我们设计了丰富多彩的测评项

目,如体育的"跳绳小达人"、音乐的"小小歌唱家"、劳动的"整理小能手"。这样的测评方式,如同海洋中五彩斑斓的珊瑚礁,既美丽又富有生命力,为学生的全面发展提供了广阔的舞台。

三、成效与反思:生态语文的航迹

在"海底总动员,萌娃智闯关"生态语文无纸笔测评活动中,我们见证了学生的成长与蜕变。他们如同海洋中的小鱼,在知识的海洋中自由穿梭、快乐成长。

(一)以"动"启"学",联生活:生态内容的丰富

测评中的知识设计如同海洋中的珍珠,虽然璀璨,但也需要串联起来才能形成美丽的项链。我们通过问题的引领,成功唤醒了学生的生活经验,让他们在实践中感受知识的魅力。我们设计了与学生生活息息相关的测评项目,如"词语对对碰"中的生活词汇、"阅读小达人"中的生活故事。这样的设计,不仅丰富了测评的内容,更让知识与生活紧密相连,形成了生态的循环。

(二)以"评"导"思",链教材:生态评测的完善

无纸笔评价综合实践活动如同海洋中的探险活动,它需要学生运用多学科的知识去思考问题、解决问题。在评价过程中,我们以鼓励为主,既肯定学生的运用和创造,又引导他们自我反思、提升能力。我们不断调整设定问题的探索性和挑战性,引导学生链接教材、推算线索、动手实践、策略探讨。这样的过程,不仅加深了学生对知识的理解,更提升了他们的综合运用能力,让思维在生态的海洋中更加灵动。

(三)以"境"引"行",连素养:生态育人的导向

情境化的设计如同海洋中的生态系统,它既有生物的多样性又有环境的整体性。在测评中,我们除了关注学生的学科知识和能力外,更注重挖掘其中的育人价值。我们建立了多元的评价体系和方法,全方位地考虑学生的体验与感受。我们强调评价的科学性、综合性和实践性,着力发展学生的核心素养和良好道德品质。这样的测评方式,不仅体现了育人的导向,更让生态语文的理念在教育的海洋中生根发芽、茁壮成长。

总之,"海底总动员,萌娃智闯关"生态语文无纸笔测评活动如同一场精彩的海洋探险之旅。它实现了"教学评"的一体化,全面促进了学生的深度学习;它最大限度地发挥了测评的育人功能,实现了学生核心素养的发展和提升;它让生

态语文的理念在教育的海洋中熠熠生辉、照亮未来。

第二节　生态语文视域下的"五步四维"情境教学模式

在"教学评一致性"的宏观指引下，我们深入探索并精心构建了融合生态语文理念的"五步四维"生态语文课堂范式。此模式不仅聚焦于学生自主学习能力的培养与核心素养的全面提升，更将生态阅读与写作情境教学作为核心策略，旨在为学生构筑一个充满活力、和谐共生且深具内涵的语文教学生态系统。

一、理念导航：生态语文与核心素养的深度融合

生态语文观，秉持语文学习的整体性、关联性和动态性原则，倡导在自然之境、生活之壤、文化之海中汲取语文的滋养，实现语言、思维、审美与文化的全方位发展。在此基础上，我们将语文核心素养——语言建构与精妙运用、思维拓展与深度提升、审美鉴赏与创意表达、文化传承与深刻理解——巧妙融入生态阅读与写作情境教学之中，力求达到教学效果的最优化。

二、策略布局：四维并进，生态阅读与写作并蒂花开

（一）学生学习深度：生态阅读，浸润语言之韵

情境启航：借助多媒体的互动性、实物展示的直观性，创设与课文内容紧密相连的生态情境，点燃学生的学习热情与阅读渴望。

生态阅读之旅：引领学生以朗读、默读、小组讨论等方式，深入文本肌理，感受语言的韵律之美、意境之深，同时领悟文本的文化底蕴与作者的情感世界。

阅读反思之桥：鼓励学生撰写阅读心得或进行口头分享，表达出阅读过程中的点滴收获与深刻感悟，助力语言建构与运用能力的跃升。

（二）教师教学高度：思维引导，深化阅读之境

问题引领之灯：设计富有启发性、开放性的精妙问题，引导学生深入探究文本的主题、结构、语言特色等，培养其批判性思维与创造性思维。

情境模拟之舟：通过角色扮演、情景剧，让学生身临其境，沉浸式体验文本所描绘的世界，加深对文本的理解与感悟。

思维可视化之翼：利用思维导图的清晰、图表的直观，帮助学生梳理阅读思路，展现思维轨迹，促进思维发展与提升。

（三）课程性质创新：生态写作，激发创作之源

情境写作之泉：结合阅读内容，创设与文本紧密相关或巧妙延伸的写作情境，激发学生的写作热情与创作灵感。

多元表达之彩：鼓励学生尝试诗歌、散文、小说、剧本等多种文体与表达方式，培养其审美鉴赏与创造能力。

作品展示之台：通过班级作文集、网络发表、作品实物展览展示学生的写作成果，增强其成就感与自信心。

（四）课堂文化温度：文化传承，厚植文化之根

文化渗透之雨：在阅读与写作教学中，深入挖掘文本中的文化瑰宝，如传统节日的温馨、民俗风情的独特、历史故事的深邃，引导学生了解并传承中华优秀传统文化。

文化活动之韵：组织诗词朗诵会、书法比赛、文化讲座，让学生在实践中品味文化的魅力，增强文化自信。

文化反思之镜：鼓励学生撰写文化评论或参与文化交流，反思传统文化在现代社会中的价值与意义，促进文化的传承与创新。

三、实施路径：五步程序，践行生态阅读与写作情境教学

（1）预·学——学与探：在预习阶段，以生态情境为引，以问题为导，激发学生自主阅读与探究的浓厚兴趣。

（2）教·学——学与教：在教学过程中，依托生态阅读与写作情境，引导学生深入剖析文本，提升语言运用能力，同时锤炼思维品质与审美素养。

（3）练·学——学与练：在练习阶段，精心设计阅读与写作相关的练习题与实践活动，让学生在实践中巩固知识、提升技能。

（4）测·学——学与测：在测试阶段，采用情境化的测试题目与评估方式，全面检验学生的学习成效与核心素养。

（5）拓·学——学与拓：在拓展阶段，布置与阅读与写作紧密相关的拓展性作业，鼓励学生走出课堂、走进生活与文化，拓宽视野、提升素养。

通过"五步四维"生态语文课堂模式的深入实施，我们旨在培育学生的生态语文观，全面提升其语文核心素养与综合能力，为其未来的学习与生活奠定坚实的基础。

第三节 以生态之名,灌溉每一粒梦想的种子

一、初遇·水的启示

今年暑假,因一本《永怀生命的初恋》而变得格外悠长而温馨。它不仅为我的闲暇时光增添了几分书卷气,更悄然加深了我对教育的理解。在茶香与阳光中,我静静地阅读着这99个温情的小故事,仿佛与一位智者进行一场心灵之约。歌曲《最好的未来》在耳边轻轻响起,那句"每个梦想都值得灌溉"如同一股暖流,涌动着我对这本书的感悟,也启迪了我此次读书交流会的主题——水的艺术:每个梦想都值得灌溉。

二、沉浸·水的柔情

书中那些来自一线教师的文字如同田野间的野花,虽不张扬,却散发着淡淡的诗意与芬芳。从《聆听春天的声音》到《让生命弥漫芬芳》,每一个故事都扣人心弦,引人深思。这些文字,如同细雨般悄无声息地滋润着我的心田,让我深刻体会到教育如水般的柔情与力量。正如泰戈尔所言:"不是铁的敲打,而是水的载歌载舞,才成就了美丽的鹅卵石。"教育,正是一门需要如水般细腻与包容的艺术。

三、反思·水的智慧

老子曾说:"江海之所以能为百谷王者,以其善下之。"这句话,不仅道出了做人的智慧,也揭示了教育的真谛。然而,当我反思自己的教育实践时,却不禁感到一丝愧疚。那个《100分和38票》的故事,像一面镜子,映照出我教育中的不足。我意识到,尽管我付出了很多,但真正走进学生心灵的,却并不多。我的教育,有时更像是一场"治水"的战役,而非如水般润物无声。于是,我开始重新审视"治学"的内涵,思考如何像水一样引导学生找到属于自己的河流。

四、探索·水的境界

在篆书中,"治"字形如开凿水道,修筑堤坝,引水防洪。这不禁让我思考,教育是否也应当如此?我们不仅要"治水",更要"引水",让学生的生命之水在阳光下自由流淌。而要达到这一境界,就需要我们深入研究每一个学生、每一节课、每一篇文章,甚至每一个细节、每一个瞬间。正如王国维在《人间词话》中所描

述的治学三境界,我们应当不断追寻、研究,直至达到那"蓦然回首,那人却在,灯火阑珊处"的惊喜之境。

五、践行·水的情怀

作为女性教师,我们天生便与水有着不解之缘。女人的如水之性,赋予了我们更加细腻与感性的教育情怀。在未来的教育之路上,让我们用如水的教育情怀去温润学生的心灵,去滋养我们的课堂。正如老子《道德经》所言:"天下莫柔弱于水,而攻坚强者莫之能胜,以其无以易之。"教育应当如水般温润和婉,柔中带刚,以涓涓细流之姿,锲而不舍地浸润到学生生命的每一个角落。

六、展望·水的未来

让我们铭记,儿童的成长是一个漫长而持久的过程,每一种色彩都值得赞美,每一个孩子都值得被宠爱。施以柔情似水的教育,我们可以给予他们最好的未来。因为教育的最高境界,便是温润如水,让每一颗梦想的种子都能在爱的滋养下茁壮成长。让我们携手共进,以水的智慧与情怀,共同浇灌出孩子们心中那片最绚烂的花海。

第四节　自然之桥——搭建生态语文与劳动的桥梁

在教育这片充满生机的绿洲上,自然如同一座无形的桥梁,连接着生态语文的深邃与劳动的质朴。我们秉持"以自然为师,以劳动为友"的教育理念,致力于构建一个生态语文与劳动教育相融合的教育生态。在此基础上,我们创新性地提出了"自然之桥"主题教育模式,旨在通过自然这一桥梁,搭建起生态语文与劳动之间的紧密联系,让孩子们在自然的怀抱中感悟语文的魅力,在劳动的实践中体验生态的智慧,共同绘制一幅幅生态语文与劳动交织的绚丽画卷。

一、自然之韵:生态语文与劳动的初步融合

在低年级段,我们以"自然之韵"为起点,引领孩子们走进自然,感受生态语文的韵味。通过组织"自然小诗人"活动,孩子们在户外观察花草树木、虫鱼鸟兽,用稚嫩的语言创作出一首首充满童趣的自然诗歌。同时,结合劳动教育,我们引导孩子们参与校园绿化、植物养护等劳动实践,让他们在劳动中体验自然的和谐与生命的奇迹。这些活动不仅让孩子们学会了观察与思考,更通过生态语

文与劳动的交融在孩子们心中播下了热爱自然、尊重生命的种子。

二、自然之探：生态语文与劳动的深入探索

进入中年级，我们以"自然之探"为主题，鼓励孩子们更加深入地探索自然，挖掘生态语文与劳动的丰富内涵。通过参与"自然笔记"活动，孩子们用文字、图画等形式记录下自己在自然中的所见所闻、所感所悟，形成一篇篇生动的自然观察笔记。同时，我们结合劳动实践，引导孩子们参与生态农业体验、环保项目等，让他们在劳动中了解自然的奥秘与生态平衡的微妙。这些活动不仅锻炼了孩子们的观察力与表达能力，更在生态语文与劳动的交织中培养了他们的环保意识与责任感。

三、自然之创：生态语文与劳动的创新实践

高年级段，我们以"自然之创"为核心，鼓励孩子们在自然与劳动的交融中发挥创意，实现自我超越。通过参与"自然创意写作"比赛，孩子们以自然为主题，创作出一个个富有想象力的故事、散文等文学作品。同时，我们结合劳动教育，引导孩子们参与自然景观的打造、生态文化的传播等创新实践，让他们在劳动中展现自己的才华与创造力。这些活动不仅激发了孩子们的文学潜能，更在生态语文与劳动的碰撞中培养了他们的创新思维与实践能力。

四、自然之桥：生态语文与劳动的无限可能

"自然之桥"主题教育模式不仅仅是一种教育策略，更是一种教育哲学。它强调自然作为桥梁的角色，连接着生态语文与劳动这两个看似独立却又紧密相连的领域。通过这座桥梁，我们不仅能够让孩子们在自然的怀抱中感受语文的魅力，更能够让孩子们在劳动的实践中体验生态的智慧。未来，我们将继续探索与实践"自然之桥"主题教育模式，为孩子们搭建更多生态语文与劳动交融的平台，让他们在自然的滋养与劳动的锤炼中茁壮成长，成为具有生态素养、语文底蕴与劳动精神的新时代少年。

第五节　生态园里，语文与科学素养之花在湿海课程中绽放

在"共和国最年轻的土地"——黄河三角洲的中心城市山东省东营市，东营

市科达小学犹如一颗璀璨的明珠,熠熠生辉。这里不仅是中国第二大油田——胜利油田的所在地,更是黄河入海之处、国家级自然保护区、首批国际湿地城市,每年吸引着 600 多万只鸟儿在此越冬与繁殖,被誉为"鸟类国际机场"。在这片充满生机与活力的土地上,科达小学以"与湿地握手,和生态拥抱"为校园环境建设理念,致力于构建湿海课程体系,通过生态语文、生态阅读、生态写作的深度融合,助力学生科学素养的培育。

一、研发特色课程,深化科学探究

科达小学依托校内 20 余个综合实践基地,结合东营自然地理特点、自然资源、文化传统及学校实际,因地制宜开发了 10 余项校本课程。这些课程以社团、课后服务等形式拓展学生知识面,在落实好国家、地方课程的基础上,培养学生合作探究能力和爱家乡、爱祖国的感情。

(一)"海润童心"校本课程:启航蓝色梦想

学校依托"湿海文化",编写了《来自大海的邀请》校本教材和《海洋德育之湿地探究》实践手册。通过科学、综合实践、课后托管等途径实施海洋校本课程,采用体验式、项目式、主题式等多种学习活动形式,在五个年级逐步开展课程。学生们在课程中了解海洋生物、海洋文化等内容,理解海洋科学发展与人类社会进步的关系,全面培养海洋素养和科学素养。

"海润童心"校本课程的开发与实施,激发了学生们探索海洋的好奇心,培养了探秘精神,开发了潜能,实现了全面、个性的发展。学生们积极参加省市级海洋科技、海洋环保等比赛,在各类比赛中斩获佳绩,赢得了家长和社会的一致肯定与广泛好评。

在生态语文的引领下,学生们通过生态写作记录下每一次海洋探究活动的经历与感受,用文字描绘出海洋的壮阔与神秘。这些作品不仅是对学生海洋素养的展现,更是生态语文教育理念在海洋教育中的生动实践成果。

(二)"劳动实践"校本课程:耕耘生命之田

科达小学深知劳动对于学生成长的重要性,因此依托校内实践基地,丰富了劳动校本课程。为了将中医药文化发扬光大,学校开发了"快乐中草药"校本课程。学生们在观察、记录中草药生长的过程中,不仅了解了中草药的形态、功效等,还亲手采集、晾晒、整理中草药,提升了动手实践操作能力和研究探索能力。

为了传承和创新葫芦文化、草编文化,学校将葫芦、草编非遗引进课堂,开发了"缤纷葫芦艺术""苇香撷美——草编"校本课程。学生们在学习和继承传统工艺的同时,创新性地完成作品制作,感受到了传统文化的魅力与活力。

随着黄河流域大保护的开展,学校适时开发了"黄河魂"校本课程。通过异彩纷呈的劳动实践课程,师生们参与劳动实践和保护生态环境的热情被充分调动起来,科学探究素养也得到了显著提升。

在生态语文的滋养下,学生们通过生态写作记录下每一次劳动实践的瞬间与感悟,用文字描绘出劳动的艰辛与欢乐。这些作品不仅是对学生劳动成果的展示,更是对生态语文教育理念与劳动教育结合的生动诠释。

(三)"湿地"课程:探寻生态奥秘

科达小学借力"全国湿地学校"品牌,充分利用学校与社区资源,积极开发湿地课程。学校将黄河入海口、广利港、湿地公园、鸟类博物馆等作为实践基地,拓宽了学生学习空间,丰富了学生学习经历,形成了特色课程的新生长点。

为了增加学生对湿地文化的了解和探索,学校开辟了"湿地文化探究院",开展湿地观鸟活动,并研发了《湿地课程学生实践手册》。学生们在手册的指导下,深入湿地探究,感受湿地的美丽与神奇,增强了保护湿地的意识。

学校依托丰富的湿地课程资源,积极参与科学教育研究工作,研发省级教育科学规划课题"基于海洋文化背景下'海润童心'校本课程开发与实践研究"、市级劳动教育课题"基于地域特色的小学劳动教育课程资源开发研究"。此外,学校还承担了国家、省、市、区级30余项课题的研究工作,师生们在科学实践中不断探索、创新,取得了丰硕成果。

在生态语文的引领下,学生们通过生态写作记录下每一次湿地探究的经历与感受,用文字描绘出湿地的美丽与神秘。这些作品不仅是对学生湿地素养的展现,更是对生态语文教育理念与湿地教育结合的生动实践。

二、融汇多元生态活动,焕发科学探索生机

在深化全环境育人理念,促进学校、家庭与社会三者间和谐共生的宏大背景下,学校立足校内资源之基,积极拓展校外科学教育的广阔天地。我们以黄河入海这一自然奇观为独特纽带,精心策划并实施了一系列围绕黄河、湿地、海洋生态系统的实践活动与科普教育,将黄河入海口自然保护区、广利港、黄河文化馆、东营市植物园,悉数纳入校外科学教育的宏伟蓝图之中,构筑起一个生态化、立体化的科学探索乐园。

(一)以科学之名,绘就"游园"新篇章

1."绘"校园:笔墨间流淌的自然之美

漫步于校园的每一寸土地,学生们手持画笔,以自然为师,以心灵为墨,将校园的一花一木、一云一石悉数捕捉于画布之上。这不仅仅是一场视觉艺术的盛宴,更是对学生观察力、想象力与创造力的深度滋养。在笔触与色彩的交织中,学生们不仅提升了绘画技艺,更在无形中培育了创新精神与审美情趣,让校园成为他们心中最生动的画布。

2."述"校园:文字里跃动的生命之歌

语文课堂,成了学生们用文字记录自然、抒发情感的舞台。在老师的引领下,他们细心观察校园内的动植物,用细腻的笔触描绘出每一片叶子的脉络、每一朵花的娇艳,以及那些平日里不曾留意的生命奇迹。这样的写作练习,不仅锻炼了学生的观察力与表达能力,更让他们学会了以一颗温柔的心去感知世界,用文字编织出校园独有的生命诗篇。

3."探"校园:科学探索的启蒙之旅

科学课上,校园化身为一个巨大的自然实验室。学生们在老师的指导下,化身小小科学家,观察植物的生长周期,探究动物的行为习性,每一次发现都闪耀着好奇与智慧的光芒。特别是"我和动物做朋友"专题活动,让学生们近距离接触校园内的小生命。而"校园气象观测站"的建立,更是为学生们打开了一扇通往天气奥秘的大门,让他们在数据的记录与分析中,逐步构建起科学的思维框架,培养严谨的科学态度与解决问题的能力。

(二)生态研学:在自然的怀抱中探寻真知

1.海洋探秘:扬帆起航,逐梦深蓝

校外实践基地的充分利用,为学生们提供了探索海洋奥秘的宝贵机会。节假日,学生们踏上海监船,乘风破浪,亲身体验大海的壮阔与深邃。在这片蔚蓝之中,他们不仅感受到了大海的包容与伟大,更在"守护美丽海岸线"的公益活动中,学会了责任与担当,共同守护这片给予我们生命之源的蓝色家园。

2.鸟类博物馆:羽翼下的自然教育

每年一度的鸟类科普展是学生们与自然界精灵亲密接触的绝佳时机。无论是自发组织还是集体参观,"鸟类科普乐园"都成为他们了解鸟类知识、增强生态保护

意识的生动课堂。在这里，学生们不仅学习了鸟类的形态特征、生活习性，更重要的是，学会了尊重生命、爱护自然，让爱鸟、护鸟的理念在心中生根发芽。

3.黄河口文化馆：文化的河流，历史的见证

黄河文化馆作为连接过去与未来的桥梁，承载着黄河文化的深厚底蕴。学生们在这里通过数据分析与实地考察，深入了解了黄河地理地貌的变迁，感受到了东营独特的地理位置与黄河文化的交融之美。这不仅是一次地理知识的学习，更是一场文化的洗礼，让学生们在历史的长河中，找到了自己的位置，也激发了他们对家乡、对祖国的热爱之情。

此外，学校还依托花仙谷、动物园、植物园、园博园等十余个研学基地，开展了一系列丰富多彩的综合实践活动。在这些自然的殿堂里，学生们不仅领略了大自然的鬼斧神工，更在亲身体验中激发了探索自然的热情，培养了解密自然的勇气与能力。每一次实践活动，都是对学生科学素养的一次提升，也是对他们心灵世界的一次滋养，让他们在探索与体验中，逐渐成长为具有科学精神、人文情怀的新时代少年。

创新科学教育，筑梦未来之旅。学校以"四维校园"的构建与湿海文化的创新融合为基石，积极探索科学创新教育的新路径。通过这一系列生态化、生活化的活动设计，我们不仅培养了学生的科学兴趣，浸润了他们的身心，更在无形中提升了他们的科学素养，实现了德智体美劳五育并举的育人目标。我们坚信，这样的科学教育，将为学生们铺设一条通往幸福人生的坚实道路，让他们的梦想在科学的光芒下熠熠生辉，绽放出属于自己的亮丽色彩。

第七章 "双线融合自主学习"模式在生态语文教学中的尝试

传统教学模式往往将教师与学生置于对立关系之中，忽视了学生之间的差异性，难以培养学生的自主学习能力，无法满足不同层次学生的个性化学习需求。而在线学习作为一种全新的教学改革模式，以其更强的针对性、选择性和操作性，为因材施教提供了可能。然而，完全的线上学习由于缺乏教师的主导与监

管,往往导致学生学习习惯的退化与教学效果的打折。因此,线下面授与在线教学的有效融合,成为实现优势互补、提升教学效果的重要途径。

一、思考:线上教育对生态语文教学的启发

(一)构建开放、多元、互动的教学环境

传统线下课堂教学往往以教师为主体,学生被动接受知识,这种"一刀切"的教学方式忽视了学生之间的个体差异性与个性化学习需求,导致学生在课堂上缺乏积极性与主动性。而线上教育以其丰富的资源与灵活的方式,为生态语文教学提供了新的思路。通过线上线下的融合,我们可以构建更加开放、多元、互动的教学环境,让学生在生态化的语文学习中主动探索、合作交流、创新实践。

(二)大数据分析在生态语文教学中的应用

大数据分析在生态语文教学中发挥着重要作用。它能够实现线上、线下教育的无缝对接,根据学生的线上学习数据与线下表现,为教师提供精准的教学反馈与决策支持。同时,大数据还可以帮助学生进行自我评估与知识探究,优化学习路径与策略。通过大数据分析技术的运用,我们可以更好地把握学生的学习动态与需求,为生态语文教学提供有力的数据支撑。

二、深度融合:双线并行,构建生态语文学习体系

我们根据不同课型与任务需求,从三个角度实现了双线深度融合与生态语文体系的构建。

(一)三段式融合课堂:让学习效果最优化

我们将课堂分为新授知识课、复习梳理课与任务驱动课三种类型。在新授知识课中,通过"课前线上导学 + 线下检学、课上线下点拨 + 线上重难点分层指导、课下线下作业实践 + 线上深度讨论"的方式开展自主学习;在复习梳理课中,注重"课前线上自主复习 + 线下讲练结合、课中线下检测、课后线下自主纠错 + 线上易错点反馈点评";在任务驱动课中,以综合实践与校本课程为主,通过"线上 + 线下"的展示方式呈现实践过程与结果。这样的双线融合与生态化构建,不仅转变了传统的教学模式,还提高了学生的自主学习能力与兴趣,锻炼了他们的独立思考能力,使其养成了良好的学习习惯。

（二）菜单式融合：让学习资源生态化、丰富化

在疫情防控期间，各级各类教育部门开发了大量的课程资源。我们根据学科特点与学情需求，将这些资源进行整合与分类，形成了菜单式的融合学习资源。这些资源涵盖了课前预习、课堂指导、专项训练与学习检测等多个方面，为学生提供了丰富的学习支架与选择空间。在线下面授阶段，教师结合学生在线上自学的情况进行深入讲解与指导，并引导学生进行小组协作学习与深度讨论。

（三）针对性任务驱动：让自主学习更有方向、更生态

结合家庭生活、疫情防控与学科特点，我们研发实施了专题活动课程与项目式学习。这些课程与项目以问题解决为驱动，通过线上、线下融合的方式展开。例如，围绕"疫情防控"这一主题设计了 4 个维度、25 个任务单的学习内容，学生通过完成项目任务来认识疫情、尊重生命、敬畏自然。这样的教学方式不仅让学生在深度学习与实践创造中实现了学用合一，还让他们在生态化的语文学习中感受到了生命的意义与价值。

三、实践案例：生态语文课"绿"的教学

随着教育技术的不断进步和教学理念的持续革新，双线融合式自主学习模式逐渐成为教育领域的新趋势。生态语文教学作为这一趋势中的重要实践，强调在自然、和谐的学习环境中，通过线上与线下教学的有机融合，提升学生的语文核心素养和自主学习能力。本部分将以生态语文课"绿"为例，详细阐述如何在课前、课中和课后三个阶段实施双线融合式自主学习模式，并探讨其对学生学习效果的积极影响。

（一）课前：线上预习与学情分析

在生态语文课"绿"的教学准备阶段，教师充分利用线上资源，设计了一系列预习活动，旨在激发学生的学习兴趣，为线下课堂做好充分准备。

首先，教师精心制作了预学单，通过学校在线学习平台发布给学生。预学单内容涵盖了课文的基本信息、作者简介、生字词预习、初步阅读感受等多个方面。学生根据预学单的要求，自主完成预习任务，并通过线上平台提交预习成果。教师则通过平台后台数据，实时了解学生的预习情况，包括预习进度、难点疑惑等，为后续的课堂教学提供有针对性的指导。

其次，为了帮助学生更好地理解课文内容，教师还录制了课文朗读视频，并

配以生动的画面和背景音乐,营造出让学生身临其境的学习氛围。学生通过观看视频,不仅能够纠正自己的发音,还能初步感受课文所描绘的绿色之美,激发对大自然的热爱之情。

此外,通过线上预习活动,学生不仅提前熟悉了课文内容,还培养了自主学习和独立思考的能力。同时,教师也通过学情分析,掌握了学生的学习需求和难点,为线下课堂的精准施教打下了坚实基础。

(二)课中:线下精讲与实践环节

在生态语文课"绿"的课堂教学阶段,教师将线上预习的成果与线下精讲相结合,通过一系列实践环节,引导学生深入理解课文内容,掌握语文要素。

首先,教师根据学情分析的结果,对课文中的重点、难点进行精讲点拨。在讲解过程中,教师注重启发式教学,通过提问、讨论等方式,引导学生主动思考、积极发言。同时,教师还利用多媒体教学手段,展示与课文内容相关的图片、视频等资料,帮助学生更直观地理解课文所描绘的绿色世界。

其次,为了让学生更好地感受绿色之美,教师设计了多个实践环节。例如,组织学生开展"寻找身边的绿色"活动,要求学生走出教室,观察校园内外的绿色植物,并用文字或图画记录下来。通过这一活动,学生不仅加深了对课文内容的理解,还培养了观察能力和表达能力。

此外,教师还结合课文内容,引导学生开展写作练习。例如,要求学生以"我心中的绿色家园"为主题,写一篇短文。在写作过程中,教师鼓励学生发挥想象力,运用所学词汇和句式,表达自己的真情实感。通过写作练习,学生不仅锻炼了写作能力,还进一步加深了对绿色家园的认识和向往。

通过线下精讲与实践环节的结合,学生在轻松愉快的氛围中掌握了语文要素,提升了语文素养。同时,这种教学方式也培养了学生的实践能力和创新精神,为他们的全面发展奠定了坚实基础。

(三)课后:线上检测与反馈指导

在生态语文课"绿"的教学结束后,教师并没有停止对学生学习的关注,而是通过线上平台继续跟踪学生的学习情况,提供针对性的指导与反馈。

首先,教师利用在线学习平台发布了课后检测题,包括阅读理解题、词汇运用题、写作练习等,旨在全面检测学生对课文内容的掌握情况。学生通过线上平台完成检测题并提交答案,教师可以通过后台数据实时了解学生的答题情况。

其次,教师根据学生的答题情况,提供个性化的指导与反馈。对于答题正确的学生,教师给予表扬和鼓励;对于答题错误的学生,教师则耐心分析错误原因,并提供正确的解题思路和方法。同时,教师还鼓励学生之间开展互评互学活动,通过交流分享学习心得和经验,共同提高学习效果。

此外,教师还利用线上平台建立了学习社群,鼓励学生在社群中分享自己的学习成果和心得体会。通过社群互动,学生不仅加深了对课文内容的理解,还培养了团队合作和沟通交流的能力。

通过课后线上检测与反馈指导的结合,教师不仅及时掌握了学生的学习情况,还为学生提供了个性化的学习支持。这种教学方式不仅提高了教学效率,还让学生在生态化的语文学习中感受到了学习的乐趣与成就感。

(四)双线融合式自主学习模式的优势

通过生态语文课“绿”的教学实践,我们可以看出双线融合式自主学习模式具有显著的优势。

首先,这种教学模式充分利用了线上和线下两种教学资源的优势,实现了优势互补。线上预习和检测为学生提供了自主学习的平台和机会,线下精讲和实践则为学生提供了深入学习和体验的空间和环境。两者相结合,既提高了教学效率,又培养了学生的自主学习能力。

其次,这种教学模式注重学情分析和个性化指导。教师通过线上平台实时了解学生的预习情况和答题情况,为线下课堂的精准施教提供了有力支持。同时,教师还根据学生的个体差异提供个性化的指导与反馈,满足了不同学生的学习需求。

最后,这种教学模式营造了生态化的学习环境。在线上预习和检测过程中,学生可以根据自己的兴趣和需求自主选择学习内容和方式;在线下精讲和实践过程中,学生则可以在轻松愉快的氛围中与教师和同学进行互动和交流。这种学习方式不仅提高了学生的学习兴趣和积极性,还培养了他们的团队合作精神和创新能力。

综上所述,双线融合式自主学习模式在生态语文教学中具有显著的优势和良好的效果。通过这种模式的教学实践,我们可以更好地培养学生的语文素养和自主学习能力,为他们的全面发展奠定坚实基础。

四、希冀:构建移动式生态化学习环境,让教学更智慧

基于网络教学平台与移动技术的支持,我们可以构建更加生态化、智慧化的

移动式学习环境。教师可以通过简单易用的课程设计模块让教学过程变得更加生动与有趣;学生则可以在多终端设备上随时随地按需参与教学活动;而教学管理者则可以通过大数据的分析掌握教学动态并为教改提供支持。这样的教学模式变革不仅提升了教学质量与效率,还推动了教材的编写与教师教学、研究水平的提升。

相信在未来的日子里,双线融合式自主学习模式与生态语文教学将不断融合与创新,为学生的学习与生活带来更加丰富的体验与更广阔的发展空间。虽然困难与挑战依然存在,但只要我们积极应对、勇于探索,就一定能够把握住信息化教学的机遇与未来。

第二篇 »

语文与生态教育融合的课程设计与开发探索

第一章　生态教育与阅读课程的融合设计

第一节　"汇·阅读"项目下的生态阅读探索与实践

科达小学自创立之初，便秉持"经典养正梯级阅读项目"的核心理念，致力于在学生的心田播撒阅读的种子，培育人文素养的沃土。在新时代教育改革的浪潮中，我们紧跟时代步伐，依托全科大阅读的前沿理念，对原有项目进行了深度革新与全面升级，推出了"涓滴汇海·全科阅读"之"汇·阅读"项目。此项目不仅深度融合了"海润童心"智能评价体系，更将生态教育的绿色理念融入语文阅读之中，开启了学校阅读教育的新纪元，实现了从单一阅读到全科阅读、从知识积累到五育融合、从文本理解到生态感知的跨越性转变。

一、经典润心：滋养灵魂，为五育融合奠基

"经典养正梯级阅读项目"作为学校的阅读基石，其内涵深厚，层次清晰。我们将其细分为三大学段，内容囊括古诗词诵读、国学经典研读、美文欣赏与朗读等，旨在通过多维度、多层次的阅读体验，滋养学生的精神世界，奠定其深厚的文化底蕴。在此基础上，我们融入了生态教育的元素，让学生在阅读中感受自然的韵律，领悟生态的奥秘，从而培养出对自然的敬畏之心和爱护之情。

（一）四维阅读场景：空间无限，资源丰盈

我们精心构建了"校园、教室、家庭、网络＋生态"四维一体的阅读环境，确保阅读无处不在、无时不有，且与自然生态紧密相连。校园内，阅读驿站、书香长廊与湿地生态园交相辉映，让学生在阅读中感受自然的和谐之美；教室里，阅读区与生态角相得益彰，引导学生探索自然与文本的内在联系；家庭中，亲子阅读与生态实践相结合，让阅读成为家庭生态教育的重要一环；网络上，我们搭建生态阅读平台，提供丰富的生态文学作品和自然资源，让学生在虚拟空间中也能领略生态的魅力。

（二）经典六步走：耳濡目染，习惯养成

通过经典六步走策略，我们实现了阅读的全覆盖与深度渗透。其中，特别融

入了生态教育的元素。如在清晨入校时播放生态环保的音频，让学生在聆听自然之声中开启一天的绿色阅读之旅；主题晨诵中，我们选取与生态相关的诗词或文章，让学生在诵读中感受自然的韵律与生命的奥秘；课型磨砺中，我们探索出生态阅读课、生态写作课等新型课型，为学生深度阅读提供有力支撑；路队诵诗中，我们穿插生态诗歌，让学生在行走中也能领略自然的魅力；跬步在线与假期阅读中，我们设置生态阅读任务，鼓励学生利用假期时间深入自然，进行实地观察与阅读，培养生态意识与阅读习惯。

二、生态启智：汇细流，成江海，全科阅读谱新篇

"汇·阅读"项目不仅打破了学科界限，更将生态教育的理念融入全科阅读之中。我们通过汇·诵、汇·读、汇·写、汇·讲、汇·演、汇·创等多种形式，以及汇·学科、汇·读者、汇·资源、汇·渠道、汇·场域、汇·形式等多元路径，让学生在阅读中感受生态的韵味，领悟自然的智慧。特别是在全科阅读的整体设计与日常推进中，我们注重将生态教育融入各学科，如英语学科的生态故事阅读、数学学科的生态数据分析、艺术学科的生态艺术创作，让学生在全科阅读中全面感知生态的奥秘与魅力。

（一）全科阅读整体设计：生态融合，体系构建

在全科阅读的整体设计中，我们特别注重生态教育的融合。内容设置上，我们选取与生态相关的主题作为阅读的核心内容，通过配套短文、精读书目、选读推荐等层层推进，实现全科贯通与生态教育的深度融合；时间安排上，我们灵活采用长短课的形式，将生态阅读活动整合穿插于各科日常教学中；阅读方式上，我们倡导纸质书阅读与多介质阅读相结合的综合立体阅读方式，让学生在阅读中享受多元的生态体验；课型研讨中，我们鼓励各科教师探索适合本学科的生态阅读方式，让生态教育在各科教学中生根发芽。

（二）全科阅读日常推进：生态实践，习惯养成

在全科阅读的日常推进中，我们注重将生态教育融入学生的日常阅读与实践之中。通过英语学科的生态故事分享、综合学科的生态主题演讲、数学学科的生态数据收集与分析等活动，培养学生的生态意识与表达能力；通过艺术学科的生态艺术创作与展示、体育学科的户外生态运动等活动，提升学生的艺术素养与身体素质；通过全科之星的评选与表彰，激励学生全面发展。这些做法成为五育融合与生态教育的典范。

（三）全科阅读特色活动：生态展示，风采绽放

在全科阅读的特色活动中，我们注重将生态教育融入各类阅读活动之中。如全科阅读日中的生态盲盒设计、全科阅读周中的共读生态书籍活动、全科阅读月中的生态读书节与诗词大会等，都旨在通过丰富多彩的活动形式，展示学生的阅读成果与生态素养。特别是全科阅读展示一条街与全科户外阅读会等活动，更让学生在实践中感受到生态阅读的乐趣与魅力，分享阅读的收获与感悟。

三、海润童心：多维评价，生态育人

"涓滴恒毅向未来"不仅是我们学校的教育哲学，更是五育融合与生态教育理念下的生动实践。为精准实施教学评一致性，学校创新构建了"水滴汇海"学生综合素质智能评价体系。这一体系以阅读为纽带，将德育、智育、体育、美育、劳育以及生态教育六育融合，旨在通过聚少成多、聚滴汇海的积累，激励学生凝聚独特的阅读小水滴，滋养全面发展的生命之树。在表现性评价、阶段性评价与结果性评价中，我们注重融入生态教育的元素，通过多元阅读单的设计、阅读盛会的举办以及三大比拼的开展，全面评价学生的阅读能力与生态素养，激发学生的阅读兴趣与生态意识，为培养具有生态智慧与人文素养的新时代少年奠定坚实的基础。

第二节　全科阅读视野下学生绿色足迹与生态智慧之旅

生态变化之美：每天都有新发现

一、项目简介

在四年级的金色秋季，我们与学生们携手踏上了一场别开生面的"奇幻观察之旅"。这不仅是对学生观察与记录能力的深度培养，更是跨学科知识与生态教育的完美融合。学生们通过积极参与丰富多样的实践活动，在探索中感悟自然的奥秘，肩负起保护环境的责任，成为生态教育的传播者与践行者。

二、项目学习目标和评价设计

（一）学习目标

跨学科融合：运用全科知识，深度洞察自然界的奥秘。

生态意识：培养尊重生命、珍惜资源的生态意识与责任感。

观察记录：掌握连续观察与记录的技巧，用多种方式表达生态之美。

实践能力：通过实地探秘与团队协作，将知识转化为实际行动，提升解决问题的能力。

（二）评价设计

多元化评价体系：结合过程性评价与表现性评价，全面评估学生在团队合作、个人观察、跨学科应用、创意表达及生态意识等方面的成长。

评价主体多样：科任教师、学生、家长及跨学科教师共同参与，确保评价的全面性与客观性。

生态行为激励：注重对学生生态行为的引导与激励，鼓励学生将所学知识转化为保护环境的实际行动，并给予相应的奖励与认可。

（三）项目实施与成果

1. 全科阅读：智慧的火花

（1）精读与跨界融合：通过精选文本，如《爬山虎的脚》《蟋蟀的住宅》，引导学生深入探寻生物学、建筑学等跨学科知识。同时，结合艺术课的色彩与构图教学，培养学生的审美与表达能力。

（2）学生参与：学生自主选择阅读材料，进行小组分享，讨论不同学科视角下的生态现象，提高学习的主动性与参与度。

2. 团队协作：全科记录

（1）团队构建与跨学科协作：学生根据兴趣与专长组建观察小队，共同绘制跨学科观察记录表，学会分工合作、相互学习，体验跨学科学习的魅力。

（2）实地探秘与学生主导：学生在教师指导下，自主制订观察计划，选择观察地点与对象，进行实地探秘。过程中，学生负责记录数据、拍摄照片或视频，增强实践操作能力。

3. 整合观察：日记创作

范例引领与创意激发：以"绿豆发芽记"为起点，引导学生将观察记录转化为富有艺术感染力的观察日记。鼓励学生发挥创意，用多种方式（如绘画、诗歌、故事）描述观察到的生态现象。

学生展示与交流：组织观察日记展览与分享会，让学生展示自己的作品，与同学交流观察心得，互相学习，共同提升。

（四）成果展示与评价

（1）小组互评与精益求精：小组内相互评价，提出建设性修改建议，鼓励学生不断完善自己的观察日记等作品，提升作品质量，增强生态意识。

（2）多元评价促成长：通过班级或全校展览，邀请教师、家长、环保与生态学者等多方参与评价，给予学生全面的反馈与指导，进一步提升学生的生态素养与创新能力。

（3）学生参与评价：鼓励学生参与评价过程，如制定评价标准、参与评审，提升他们的自我评价能力与批判性思维能力。

三、项目反思

"奇幻观察之旅"不仅是一次对自然界的深度探索，更是学生心灵与智慧的双重成长。通过全科阅读、团队协作、实地探秘与日记创作等丰富多样的实践活动，学生们学会了观察、记录、思考与创造，成为生态教育的传播者与践行者。他们用行动影响着身边的人，共同守护美丽的蓝色星球。未来，我们将继续完善学生参与和实践的部分，拓展更多元化的学习方式与活动，让每一名学生都能在生态与知识的海洋中茁壮成长，成为具有跨学科视野、创新能力与生态责任感的新时代小公民。

小水滴奇遇记：全科阅读与写作的绿色探索

一、项目描述

在蔚蓝星球的怀抱中，水，这一生命之源，以其无尽的变幻和深邃的寓意，滋养万物，启迪智慧。对于二年级学生而言，水不仅是日常生活的必需品，更是他们探索自然、认识世界的钥匙。因此，在二年级的全科教育中，我们精心策划了一场名为"小水滴历险记"的生态阅读与写作项目化学习活动，旨在通过全科融合的阅读与创作活动，引领学生走进水的世界，感受其生态之美，培养其环保意识与人文素养。

（一）项目背景

随着《义务教育课程标准（2022年版）》的深入实施，生态教育已成为新时代教育的重要组成部分。全科阅读，作为培养学生核心素养的有效途径，不仅要求学生在语文阅读中汲取知识，更需要学生在其他学科的融合中拓宽视野，形成跨学科的综合能力。二年级的学生正处于认知发展的关键期，他们对世界充满好奇,对自然充满敬畏。选择"水"作为项目主题,不仅因其与生活的紧密联系,更因其背后蕴含的重要的生态意义和人文价值。通过全科阅读与生态写作,我们期望学生能够深刻理解水的珍贵,学会尊重自然,保护生态环境。

(二)项目概要

本项目以部编版语文二年级上册的相关课文为起点,如《我是什么》《雾在哪里》。这些课文以生动的笔触描绘了水的多变形态,为学生提供了广阔的想象空间。在此基础上,我们巧妙融入科学课程中的水循环、生态平衡等内容,引导学生从科学的角度认识水;同时,结合艺术课程中的绘画、泥塑等艺术形式,鼓励学生用创意表达自己对水的理解和感受。通过识字写字、课文阅读、科学实验、艺术创作等多种方式,学生将全面探索水的奥秘,体验生态之美,培养对自然的敬畏之心。

二、项目设计

(一)学科大概念深化:生态智慧与创新表达

"生态智慧与创新表达"作为本项目的核心大概念,旨在通过全科阅读,引导学生深入理解生态系统中水的角色与功能,同时激发他们的创造力和表达能力。生态智慧不仅包括对自然现象的科学认识,更包含对生态平衡的敬畏与维护;而创新表达则要求学生将所学知识转化为独特的艺术语言,以绘本、诗歌、科普小报等多种形式,展现自己对水的理解与感悟。

(二)驱动性问题具体化:引导深度探索

为了引导学生深入探索水的生态奥秘,并以创意的方式展现小水滴的历险经历,我们设计了以下三个具体的驱动性问题。

(1)小水滴在生态系统中的旅行路径是怎样的? 这个问题引导学生从生态系统的角度,了解水循环的过程,包括蒸发、降水、地表径流等,以及水在生态系统中的作用。

(2)水在不同文化作品中有哪些象征意义? 通过阅读文学作品、观看纪录片,学生将探索水在诗歌、神话、故事中的象征意义,理解水与人类情感、文化的深刻联系。

(3)如何用艺术手段表现小水滴的生态之旅? 这个问题鼓励学生运用绘画、雕塑、写作等艺术形式,创造性地展现小水滴在生态系统中的旅行,表达自己对生态美的理解与感悟。

（三）分解驱动性问题：细化学习任务

我们进一步将上述驱动性问题分解为具体的子任务和活动，确保学生在每个阶段都能有所收获。

1. 子问题一：小水滴的生态循环

子任务：阅读科学书籍，了解水循环的科学原理；进行实地考察，观察河流、湖泊等水体；记录观察日记，用科学语言描述水的形态变化。

活动：组织"水循环小专家"讲座，邀请水利专家讲解水循环的过程；开展"我是小小观察员"活动，鼓励学生记录并分享自己的观察发现。

2. 子问题二：水在文学作品中的象征

子任务：阅读关于水的文学作品，如诗歌、散文、童话；分析作品中水的象征意义；撰写读书笔记，表达自己的理解与感悟。

活动：举办"水与文学"主题沙龙，邀请文学家分享水在文学创作中的独特魅力；开展"我心中的水"征文比赛，鼓励学生用文字描绘自己对水的理解与情感。

3. 子问题三：小水滴的生态艺术表达

子任务：学习绘画、雕塑等艺术技巧；构思并创作关于小水滴生态之旅的艺术作品；进行作品展示与分享。

活动：组织"小水滴艺术展"，展示学生的绘画、雕塑等作品；举办"小水滴故事会"，让学生用自己的艺术作品讲述小水滴的历险故事。

三、项目实施

（一）入项活动：开启生态之旅

1. 全科阅读启动会

在启动会上，教师介绍项目背景、目标及任务，激发学生兴趣。分发全科阅读材料包，包括科学书籍、文学作品集、艺术绘本等，为学生学习提供丰富资源。

开展"水的重要性"主题讨论，引导学生思考水在生活中的作用，以及保护水资源的重要性。

2. 科学小实验与语文朗读

组织"水的三态变化"小实验，让学生直观观察水从液态到气态再到固态的变化,理解水的物理性质。

朗读关于水的文学作品,如《小水滴旅行记》,让学生通过分角色朗读,感受作品中水的感情色彩,加深对水的理解。

3. 绘本阅读引导

精选关于水生态的绘本,如《水的奇妙世界》《小水滴的冒险》,引导学生阅读并讨论,启发他们的想象力,为后续的绘本创作做铺垫。

(二)项目推进:跨学科融合的实践

1. 学习实践活动一:全科阅读与交流

学生自主阅读全科资料,包括科学书籍、文学作品集、艺术绘本等,记录阅读笔记和心得体会。

组织小组分享会,学生交流阅读收获,分享对水的科学认识、文学感悟和获得的艺术启发,促进跨学科知识的融合与碰撞。

2. 学习实践活动二:观察与实验探究

鼓励学生走进自然,观察水的各种现象,如河流的流动、湖泊的平静、雨滴的落下,记录观察日记。

开展科学实验,如水的净化实验、水的蒸发与凝结实验,让学生亲手操作,观察实验现象,记录实验过程,培养观察能力和实验技能。

3. 学习实践活动三:艺术创作与绘本创编

学生运用所学的绘画技巧和绘本创作方法,创作自己的绘本故事《小水滴历险记》。他们先绘制水的形态变化图,设计角色形象和场景布局,然后分工合作进行文字撰写和插图绘制。

在创作过程中,教师引导学生将科学知识与文学想象相结合,用艺术的语言展现小水滴在生态系统中的旅行,表达对生态美的赞美与敬畏。

(三)项目深化:生态意识的培育

1. 生态教育讲座

邀请环保专家或水利专家来校讲座,讲解水资源的珍贵性、水生态的保护以及节水的重要性,增强学生的环保意识。

2. 实地考察与志愿服务

组织学生参观水库、污水处理厂等水利设施,了解水的处理过程和水资源的管理。

开展"节水小卫士"志愿服务活动,鼓励学生参与节水宣传,将所学知识应用于实践,为保护水资源贡献自己的力量。

四、项目成果

在生态阅读与全科阅读的引领下,学生们历经一番辛勤耕耘,最终收获了满载知识与创意的项目成果。这些成果宛如一颗颗璀璨的珍珠,串联起他们对水世界的深刻理解与无限想象。

(一)全科阅读笔记:知识与思考的二重奏

学生们的全科阅读笔记,如同一本本精致的日记,记录着他们与水的每一次心灵对话。这些笔记,不仅涵盖了科学知识的严谨与深邃,还融入了文学作品的柔情与哲思,以及艺术作品的色彩与线条。它们内容丰富,条理清晰,字里行间透露出学生们对水的全面认知与深刻感悟。每一篇心得体会,都是学生们内心世界的真实写照,他们或惊叹于水的循环之妙,或感慨于水的生命之力。这些文字如同涓涓细流,汇聚成学生们对水的敬畏与热爱。

(二)观察与实验记录:科学探索与艺术创作的桥梁

学生们以镜头为笔,以实验为墨,绘制成一幅幅生动的水世界画卷。他们拍摄的照片,定格了水的瞬息万变;他们录制的视频,捕捉了水的灵动与活力;他们的实验记录,则详细而准确地揭示了水的科学奥秘。这些记录,不仅是学生们科学探索的宝贵财富,更是他们艺术创作的灵感源泉。在观察与实验中,学生们学会了如何用科学的眼光审视自然,用艺术的心灵感受世界,从而在水与生命、科学与艺术的交汇点上,找到了属于自己的创作之路。

(三)绘本故事《小水滴历险记》:想象力与创造力的结晶

学生们创编的绘本故事《小水滴历险记》,是他们项目成果的璀璨明珠。这些绘本,以丰富的情节、曲折的故事、精美的画面和生动的语言,构建了一个个充满奇幻色彩的水世界。学生们在绘本中,让小水滴化身为探险家,穿越山川湖海,经历风雨雷电,最终回归大海,完成了自然界的一场大循环。这些故事,不仅展现了学生们的想象力与创造力,更传递了他们对水的敬重与感恩之情。在绘本的创作与分享中,学生们学会了如何用艺术的语言表达科学的思想,如何在故事的叙述中融入生态的理念,从而实现了科学与艺术的完美融合。

五、项目评估与反思

本项目以全科阅读为引擎,驱动学生们在语文、科学、艺术等多学科领域中自由穿梭,探索知识的无限可能。在项目推进的过程中,我们始终秉持"以生为本"的教育理念,注重培养学生的自主学习能力和合作学习能力,鼓励他们主动探索、勇于创新。同时,我们也构建了一套多元化、立体化的评价体系,通过自评、互评、师评相结合的方式,全面、客观地评价了学生的学习成果和表现。

第二章　生态教育视域下语文与黄河课程的融合设计

第一节　依托"黄河魂"校本课程探究黄河文化与语文生态教育融合

在科达小学的深厚文化底蕴中,"黄河魂"校本课程如同一股清泉,滋养着学生的心田。该课程以"湿海"课程为引领,精心构建了"黄河魂•湿地情•海洋心"三位一体的课程体系,旨在通过多元化的教学活动,引导学生深入了解黄河文化,培养其热爱黄河、珍视传统文化的情感。

一、课程开发的初衷与意义

本课程旨在响应国家基础教育课程改革的号召,结合学校特色与地域文化,通过丰富的实践活动,让学生亲身感受黄河的壮美与文化的深邃,从而激发他们的民族自豪感和文化自信。同时,该课程也注重培养学生的实践能力、探究精神和团队合作精神,为他们的全面发展奠定坚实基础。

二、课程内容与实施策略

（一）内容框架概览

"黄河魂"校本课程精心构建了"黄河之境落校园""黄河文化驻校园""黄河精魂育校园"三大板块。其中,"黄河之境落校园"通过校园内的微景观与黄河文化长廊,生动展现黄河的壮丽景色;"黄河文化驻校园"深入挖掘黄河的根祖文化、农耕文化、名人文化及治理文化,让学生全面领略黄河文化的博大精深;"黄河精魂育校园"则通过一系列实践活动,让学生亲身感受黄河精神的熏陶,培养他们热爱黄河、珍视传统文化的品质。

(二)实施策略精析

(1)分层教学:根据年级特点与学生能力,精心设计不同难度的课程内容,确保每位学生都能在适合自己的水平上获得成长。

(2)多元教学:融合劳动实践、创意手抄报、手工制作、影视鉴赏、实地考察等多种教学方式,激发学生的学习兴趣与创造力。

(3)研学旅行:组织学生亲临黄河入海口、黄河口生态旅游区、清风湖公园等地,让学生在行走中感受黄河的魅力。

(4)社团活动:利用社团课时间,开展黄河文化主题的文学创作、绘画比赛等活动,丰富学生的课余生活。

(三)课程评价体系的创新

本课程采用多元化的评价体系,涵盖个人自评、组长互评、家长评价与教师评价等多个维度。同时,依托学校智能评价系统,通过"集星争章"的方式,实现评价的公正性、有效性与趣味性。这种评价方式不仅关注学生的学习成果,更重视他们的学习过程与成长轨迹。

三、课程特色与创新

本课程充分利用科达小学的校园环境和东营市的地域特色,打造出具有独特性的校本课程。它强调实践性,让学生在亲身体验中学习黄河文化;同时,它也注重综合性,将知识、实践、人文等多个方面融为一体。此外,本课程还实现了跨学科融合,将语文、历史、地理、艺术等多学科知识融入其中,并通过项目式学习培养学生的自主学习和团队合作能力。智能评价系统的应用则进一步提高了评价的精准性和效率。

(一)特色彰显

(1)因地制宜:充分利用科达小学校园环境与东营市地域特色,打造独具特色的校本课程。

(2)实践导向:通过大量实践活动,让学生亲身体验黄河文化,增强感受力与理解力。

（3）综合培养：课程内容涵盖知识传授、实践锻炼与人文素养提升等多个方面，致力于培养学生的综合素质。

（二）创新引领

（1）跨学科融合：打破学科壁垒，将语文、历史、地理、艺术等多学科知识融入课程之中，实现跨学科教学的深度融合。

（2）项目式学习：采用项目式学习方式，让学生在实践中探索黄河文化，培养他们的自主学习与团队协作能力。

（3）智能评价：借助学校智能评价系统，实现评价的自动化与精准化，提高评价效率与准确性。

"黄河魂"校本课程的开发与实施，是科达小学在校园文化建设方面的一次重要探索与创新。它深入挖掘黄河文化的内涵与价值，构建了具有地域特色的课程体系，不仅丰富了学生的学习内容与形式，更在潜移默化中培养了学生的文化素养、实践能力与创新精神。展望未来，科达小学将继续致力于完善课程内容、拓展课程资源与推广课程经验，为培养具有深厚文化底蕴与创新能力的新时代人才贡献力量。

第二节　"黄河魂"与语文生态的深度融合探索

湿地情思：城在湿地中

一、教材解析

"湿地情思：城在湿地中"，这不仅仅是一节的标题，更像是一扇通往神秘世界的门扉，缓缓在"黄河入海，我们回家"的壮阔旅程之中开启。作为第三章的璀璨开篇，它如一座桥梁，连接着黄河的壮丽与东营的柔情，引领我们深入湿地的心脏，感受那份与自然共生的独特魅力。

学生们在这条生态之路上已行走多时，他们见证了黄河的奔腾不息，领略了诗词的悠长韵味，探寻了黄河入海口的奇妙景观，更见证了东营这座城市的诞生与成长。然而，东营作为湿地之城的独特风貌，却如同一幅未揭开的神秘面纱，等待着他们用最真挚的情感去触摸、去感悟。

学习之路，既是对知识的追求，也是对情感的升华。我们将引导学生通过丰富多样的资料分享与创意活动,深入湿地,感受东营湿地的独特魅力。我们将激发他们的好奇心与探究欲,培养他们获取信息、分析信息、整合信息的能力,让他们在探索中收获知识,在感悟中升华情感。

二、教学目标

湿地之识,生态之基:我们将带学生走进湿地的世界,让他们深刻理解湿地的概念及其对于生态平衡、生物多样性保护的重要价值。我们将引导他们认识到东营作为湿地之城所承载的生态使命与独特魅力,让他们在心中种下生态的种子,为未来的绿色生活奠定基础。

探究之乐,能力之翼:搜集、整理东营湿地的相关资料,将不仅仅是一项学习任务,更是一次生态探险。我们将鼓励学生主动出击,用他们的眼睛去发现,用他们的心灵去感受。在这个过程中,他们的探究能力将得到锻炼,信息处理能力将得到提升,为未来的生态学习与探索插上翅膀。

情感之桥,家乡之恋:东营湿地之美,不仅在于它的自然风光,更在于它与人们情感的深厚联系。我们将通过资料分享、创意活动等形式,加深学生对东营湿地的了解与感受,让这份美成为连接学生与家乡情感的桥梁。我们将引导他们用画笔描绘湿地之美,用文字抒发对家乡的热爱,让这份情感在心中生根发芽,成为他们永恒的记忆。

三、学与教活动设计

(一)视频启航,探湿地之源——一场视觉与心灵的双重盛宴

观看《认识湿地》视频,学生们仿佛置身于湿地的怀抱之中。他们看到了湿地的广阔与神秘,感受到了湿地的生机与活力。教师的深情讲述,如同一股清泉,滋润着他们的心田,引领他们踏上探索东营湿地的生态之旅。

(二)资料共享,赏湿地之美——一幅生态与人文的绚丽画卷

当一幅幅关于东营湿地的图片、一段段生动的文字、一个个精彩的视频呈现在学生们眼前时,他们仿佛置身于一个生态与人文交织的绚丽世界。他们看到了森林湿地公园的郁郁葱葱,感受到了广利河生态廊道的蜿蜒曲折,领略了明月湖国家级城市湿地公园的宁静清幽……每一幅画面都是东营湿地之美的生动写照,每一个细节都透露出东营与湿地共生的独特魅力。

在小组合作探索的过程中,学生们更是发现了东营湿地的无限宝藏。从朝

气蓬勃的动物到芦花飞雪的浪漫景致,从"红地毯"的绚烂色彩到野生动物资源的丰富多样,再到黄河入海、黄蓝交汇的壮观景象……每一个发现都让他们惊叹不已,每一个细节都让他们对东营湿地充满了深深的敬意与热爱。

(三)创意绽放,诉湿地之情——一次情感与创意的激情碰撞

当学生们挥洒笔墨时,他们的心中充满了对东营湿地的无限热爱与赞美。他们用自己的方式表达着对这片湿地的深情厚谊,有的绘制了精美的手抄报,有的设计了独特的宣传名片……每一份作品都是他们对东营湿地之美的独特诠释,每一笔、每一画都凝聚着他们对家乡的深深眷恋。

在作品展示与交流的环节中,学生们更是将这份情感传递给了每一个人。他们自信地走上台前,展示自己的作品,分享自己的感悟。在相互欣赏与评价中,这份对东营湿地的爱被无限放大,成为连接彼此心灵的纽带。

(四)总结升华,咏湿地之诗——一场生态与情感的完美融合

站立在黄河入海口湿地,学生们仿佛置身于一个充满神秘与遐想的世界。他们感受到了黄河水的奔腾不息,听到了渤海潮的轰鸣声声。在这片湿地之城中,他们不仅领略了自然的壮美与和谐,更收获了生命的感悟与情感的升华。

此刻,让我们以诗为媒,将这份对东营湿地的爱化作最真挚的咏叹。在《诗意倾城•东营之恋》的诵读中,学生们仿佛看到了东营湿地的青翠欲滴、风姿绰约,仿佛听到了大海的澎湃与激情、大河的真情与眷恋。这首诗不仅是对东营湿地的赞美与歌颂,更是对学生们心中那份对家乡深沉而持久的爱的最好诠释。

在这场生态与情感的深度对话中,我们不仅学习了知识、锻炼了能力,更收获了情感、升华了灵魂。让我们带着这份对东营湿地的深情与热爱,继续前行在生态语文的广阔天地中,探索更多未知的美丽与奇迹吧!

黄河记忆:黄河文化的变迁

一、背景分析

黄河,这条奔腾不息的母亲河,孕育了璀璨夺目的中华文明,铸就了中华民族坚韧不拔的精神特质。黄河文化,作为中华文明不可或缺的重要组成部分,深深植根于每一个华夏儿女的心田,是中华民族的根与魂。在新时代的征程中,为了延续历史文脉,坚定文化自信,我们有必要深入探寻黄河文化的变迁轨迹,感受其深厚的文化底蕴和独特魅力。本单元的学习,旨在引领学生们走进黄河农

耕文化的历史长河,通过对黄河容颜的描绘、对农具等用品的变迁以及校园中黄河记忆的探寻,让学生们在生态语文的浸润下,深刻领悟黄河文化的精髓,增强民族自豪感,激发探索热情。

二、学习目标

生态视角探农具:通过生态阅读的视角,深入了解黄河沿岸农具等用品的变迁历程,想象并描绘出各时期人们的生活状态,感受农耕文明的进步与发展。

校园寻踪黄河忆:探寻黄河记忆在校园中的生动表现,通过实地考察、资料搜集等方式,将黄河文化与校园生活紧密相连,营造浓厚的生态文化氛围。

情感共鸣增自豪:在生态阅读的引领下,深刻感受黄河文化的博大精深,增强民族自豪感,激发对黄河文化的热爱与传承意识。

实践探索激兴趣:通过实践活动,激发学生探索黄河文化的浓厚兴趣,鼓励他们主动参与实践与研究,成为黄河文化传承与创新的生力军。

三、学与教活动设计

(一)图片引入,激活生态思维

教师:(展示一系列农具图片)同学们,这些承载着岁月痕迹的农具,你们能认出它们吗?它们曾是黄河沿岸农民们耕耘土地的得力助手。今天,就让我们以这些农具为线索,顺着黄河历史的记忆,去领略农耕文明的变迁,感受那份来自远古的生态智慧。

(二)农耕文明变迁的生态之旅

1.原始农业时期:生态萌芽的初探

(1)生态图片展与实物模拟:展示原始农业时期的农具等用品图片,并引导学生用简易材料制作模拟农具,如石刀、石斧,通过亲手制作感受原始农耕工具的简陋与实用。

(2)生态场景再现与角色扮演:鼓励学生发挥想象力,小组合作演绎先民生活的场景,包括耕种、收获、制作工具等,通过角色扮演深入体会原始农耕文化的魅力。

(3)生态访谈与感悟分享:教师扮演"生态记者",对学生扮演的"先民"进行访谈,了解他们使用农具的感受,引导学生分享自己的感悟,从而更加珍惜现代文明的成果。

小结:在距今五六千年的原始社会,黄河沿岸的先民以粟等粮食作物为主要食物来源,他们不仅掌握了彩陶制造技术,还学会了纺线、织布和制衣。然而,由于生产经验的匮乏,石制工具简单粗陋,生活充满了挑战与艰辛。这正是黄河农耕文明生态萌芽的初探,也是我们探寻黄河文化变迁的起点。

2. 夏商周时期至近代时期:生态演进的历程

（1）生态自主学习与资料搜集:引导学生根据课前搜集的资料,自主学习不同时期农具的变迁,并制作农具变迁的时间轴或海报,展示农耕文明的生态演进。

（2）生态思维导图与创意绘制:小组合作,画出农具变迁的思维导图,并鼓励学生在思维导图的基础上,添加创意元素,如插画、小故事,使学习成果更加生动有趣。

（3）生态讲解员与互动问答:小组派代表上台担任"生态讲解员",展示并解说自己小组最感兴趣的农具变迁阶段,其他同学可以提问互动,增强学习的参与感和趣味性。

（4）生态体验与农耕实践:组织学生参观当地的农耕博物馆或农场,亲身体验传统农具的使用,感受农耕技术的进步与劳作方式的变革。同时,可以邀请农民伯伯或农耕专家进行现场教学,让学生更加深入地了解农耕文化。

小结:随着时代的变迁,黄河沿岸的农具经历了从木石到青铜、再到铁制的材质变革,从原始的掘挖、脱粒到整地、播种、中耕、灌溉、收获、加工及收藏等多种功能的完善,从人力到畜力、水力,再到机械动力的演变,以及从实用到兼具审美功能的外观提升。这一系列的生态演进,不仅见证了农耕文明的繁荣与发展,更彰显了黄河沿岸劳动人民的智慧与创造力。

3. 现代时期:生态科技的融合

（1）生态科技展示与未来设想:鼓励学生分享自己了解的现代化农业机械,并阐述其功能与优势。同时,引导学生设想未来的农业生产方式,讨论科技如何进一步改变农耕文化。

（2）生态科技对比与辩论赛:组织学生开展一场关于"传统农耕与现代科技"的辩论赛,让学生从不同角度探讨传统农耕文化的价值与现代科技对农业生产的影响。

（3）生态科技创作与展示:引导学生利用现代科技手段,如3D打印、编程,创作与农耕文化相关的作品,以及农具模型、农耕场景模型,并在校园内进行展示。

小结:在现代科技的推动下,黄河沿岸的农业生产方式发生了翻天覆地的变化。现代化农业机械的广泛应用,不仅提高了生产效率,降低了生产成本,还减少了环境污染,实现了农业生产与生态环境的和谐共生。这是黄河农耕文明生态演进的新篇章,也是我们未来探索与传承黄河文化的重要方向。

(三)校园农耕氛围的生态体验与实践活动

(1)校园农耕文化节:组织一场校园农耕文化节,包括农耕知识竞赛、农耕文化展览、农耕体验活动等,让学生在活动中感受农耕文化的魅力,增强对黄河文化的认同感和自豪感。

(2)校园农耕基地建设与维护:在校园内设立农耕基地,如小菜园、小果园,组织学生参与基地的建设和维护工作,如播种、浇水、施肥、除草,让学生亲身体验农耕的艰辛与乐趣。

(3)校园农耕故事征集与创作:鼓励学生征集和创作与校园农耕相关的故事,可以是真实的经历、虚构的传奇或寓言故事等,通过故事的形式传播农耕文化,增强校园文化的内涵和底蕴。

(4)校园农耕志愿服务活动:组织学生参与校园周边的农耕志愿服务活动,如帮助农民伯伯收割庄稼、种植树木,通过实际行动传承农耕文化。

小结:在科达小学,"半亩方塘"不仅是一个生态教育的实践基地,更是一个充满农耕文化气息的乐园。在这里,我们可以轻而易举地拥有一个精心雕琢的大自然——水稻田的绿意盎然、百果园的硕果累累、大棚科技的智慧之光、蔬菜种植基地的生机勃勃、农耕体验馆的古朴韵味……这些都让我们亲身感受到母亲河带给我们的关爱与滋养。黄河养育了一代代中华儿女,我们都是华夏儿女,我们共饮黄河水,共承黄河情。

(四)实践与行动:生态写作的延伸与成果展示

(1)生态写作工作坊:组织学生参加生态写作工作坊,引导他们以黄河文化为主题,结合自己的实践经历和感悟,创作诗歌、散文、小说等文学作品。

(2)生态写作成果展示与交流:在校园内设立生态写作成果展示区,展示学生的优秀作品,并组织学生进行作品交流和分享会,让学生相互学习、相互启发。

(3)生态写作比赛与奖励机制:举办校园生态写作比赛,设立奖项和奖励机制,激励更多学生参与生态写作和实践探索活动。

(4)生态写作与社区传播:鼓励学生向校外媒体或网络平台投稿,扩大黄河文化的影响力,让更多人了解和关注黄河文化的变迁与传承。

同学们,让我们以黄河文化为纽带,以生态语文为桥梁,以实践探索为路径,共同探寻黄河记忆的深处,感受来自远古的呼唤与力量。让我们用笔触记录历史,用行动传承文化,让黄河文化在我们的心中生根发芽、开花结果!

诗词黄河：黄河之水天上来

一、背景分析

(一)教材分析

在《黄河之水天上来·诗词黄河》这一课中,我们置身于主题"黄河入海,我们回家"的壮阔画卷之中。之前的学习内容已引领我们初步领略了黄河的雄壮,那滔滔江水、滚滚黄沙,仿佛一幅流动的画卷,展现在我们眼前。而本课,则是在认识黄河的基础之上,以诗词为媒介,将我们带入一个更加深邃、情感更加丰富的黄河世界。诗词,作为中华文化的瑰宝,承载着千年的历史与情感,它与黄河的结合,无疑是一场生态语文的盛宴,让我们在文字与意象的交织中,感受黄河的韵味,领悟黄河的精神。

(二)学生分析

经过之前的学习,学生们已对黄河的壮丽景色有了初步的了解,心中或许已激起了对这条母亲河的无限遐想。同时,他们也具备了一定的诗词基础,能够欣赏诗词的韵律与意境。然而,对于与黄河紧密相关的诗词,他们的积累可能尚显单薄。因此,本课旨在通过丰富的诗词资源,引导学生深入挖掘黄河的文化内涵,感受黄河与诗词之间千丝万缕的联系。

(三)学习重点和难点分析

生态朗诵,感悟诗情:通过朗诵与黄河有关的诗词,引导学生体会诗人们面对黄河时内心的激荡与感慨,从而加深学生对黄河这一自然与人文景观的理解与印象。朗诵诗词不仅是语言的表达,更是情感的传递,是生态语文中不可或缺的一环。

创意实践,传承文化:通过制作诗词卡片、唱黄河歌曲等实践活动,让学生触摸黄河文化的脉搏,感受其灿烂与辉煌。这样的活动不仅能够增强学生的民族自豪感,还能激发他们对黄河文化的热爱与传承意识。

二、学习目标

掌握黄河知识,构建生态认知:在生态阅读的视角下,引导学生系统地掌握与黄河相关的知识,包括其地理特征、历史沿革、文化意义等,从而构建起对黄河全面的认知框架。

朗诵诗词,体会诗情画意:通过反复朗诵与黄河有关的诗词,引导学生深入体会诗人们笔下的黄河之美,感受那份跨越时空的情感共鸣。在朗诵中,注重对语调、节奏、情感的把握,让诗词成为连接学生与黄河之间的桥梁。

实践活动,传承黄河文化:以制作诗词卡片、唱黄河歌曲等实践活动为载体,让学生在行动中感受黄河文化的魅力,增强对黄河文化的认同感与归属感。同时,通过实践活动成果的展示与交流,促进黄河文化的传承与创新。

三、学与教活动设计

(一)课前准备:黄河文化初探

(1)黄河地图绘制:要求学生分组合作,根据搜集到的资料绘制黄河流域地图,标注重要城市、河流分支、历史文化遗址等。这既锻炼了学生的地理信息处理能力,又增进了学生对黄河地理范围的认识。

(2)黄河故事搜集:鼓励学生从社区、图书馆、网络等渠道搜集与黄河相关的民间故事、历史传说,并在课堂上分享,以此激发学生对黄河文化的兴趣。

(二)激情导入,板书课题

(1)音乐渲染,激发情感。播放歌曲《保卫黄河》。激昂的旋律仿佛将我们带到了那个烽火连天的年代,黄河儿女为了保卫家园而英勇奋斗。音乐是情感的载体,也是生态语文中不可或缺的元素,它能够迅速激发学生的情感共鸣,为接下来的学习奠定基调。

(2)教师引言,引出课题。"提到黄河,我们的眼前不禁浮现出她波涛澎湃、掀起万丈狂澜的磅礴气势。黄河,这条中华民族的母亲河,她不仅孕育了我们的生命,更滋养了我们的灵魂。古往今来,有多少文人墨客为她倾倒,为她歌唱。今天,就让我们以诗词为舟,一起驶向那片属于黄河的诗意海洋吧!"

(3)学生回忆,分享诗词。鼓励学生自由朗诵自己能够背诵的与黄河有关的古诗词,如"白日依山尽,黄河入海流""大漠孤烟直,长河落日圆"。这些诗词如同一颗颗璀璨的明珠,镶嵌在黄河文化的长河之中,闪耀着独特的光芒。

(三)走进诗歌,走进黄河

(1)诗词呈现,感受魅力:出示李白的《将进酒》、刘禹锡的《浪淘沙》、王之涣的《凉州词》、王之涣的《登鹳雀楼》、王维的《使至塞上》等五首与黄河有关的诗歌。这些诗歌不仅描绘了黄河的壮丽景色，更蕴含了诗人们对黄河的情感与独特感悟。

（2）学习任务，明确方向：以小组为单位，每组选取一首诗进行深入研究，通过流利、准确、有节奏的朗读，感受诗歌的韵律美与意境美。

选择自己喜欢的方式（如配乐朗诵、情景剧表演）将诗歌表现出来，让诗歌中的黄河之美跃然眼前。

结合课前搜集的资料，深入体会诗歌所表达的情感与意蕴，感受诗人们对黄河的热爱与赞美。

（3）全班交流，共享成果：在全班范围内进行交流分享，每组展示自己的学习成果。教师配乐示范朗读《将进酒》，那激昂的语调、深情的演绎仿佛将我们带入了李白的世界，与诗人一同畅饮、一同歌唱。同时，配上黄河的图片与音乐，让诗词与黄河的意象在学生的心中交织成一幅幅动人的画卷。

（四）补充知识，了解黄河

（1）学生分享，拓宽视野：鼓励学生分享自己课前搜集的与黄河有关的知识，如黄河的源头、流经的省份、重要的水利工程。这些知识不仅丰富了学生对黄河的认知，也激发了他们对黄河文化的探索兴趣。

（2）教师补充，深化理解：教师在此基础上进行补充，介绍黄河的历史沿革、文化意义以及在现代社会中的重要地位。同时，出示更多与黄河相关的诗句，引导学生齐声朗读、男女生接力读、师生合作读等，让诗词成为连接学生与黄河文化的纽带。

（五）创意活动，赞颂黄河

（1）唱一唱，感受音乐之美：赏析歌曲《黄河入海，我们回家》，那悠扬的旋律、深情的歌词仿佛诉说着黄河儿女的心声。鼓励学生跟唱歌曲，感受音乐与黄河文化的完美融合。

（2）读一读，品味诗词之韵：阅读与黄河有关的古诗词，引导学生深入品味诗词的韵律美与意境美。同时，鼓励学生背诵《黄河之水天上来》等经典诗词，让诗词成为他们心中永恒的旋律。

（3）讲一讲，传承黄河文化：将了解到的黄河知识讲给爸爸、妈妈或伙伴听一听，让黄河文化在学生的口中传承与发扬。同时，鼓励学生结合自己的感悟与体验，创作与黄河有关的诗歌或短文，让黄河文化在他们的笔下绽放光彩。

（4）做一做，创意无限：制作诗词卡片、绘制黄河画卷、创作黄河主题的手工艺品等实践活动，让学生在动手操作中感受黄河文化的魅力与深度。这些实践活动不仅锻炼了学生的动手能力与创造力，更让他们在实践中深刻体会到了黄河文化的博大精深与独特魅力。

（六）总结升华

黄河，她是摇篮，孕育了中华民族的生生不息；她是屏障，守护着华夏儿女的安宁与幸福；她是臂膀，支撑着祖国儿女的勇往直前。黄河的精神，如同那不息的江水，永远激励着我们前进。同学们，让我们以诗词为媒，以实践为桥，共同表达对黄河的热爱与赞美吧！爱黄河，就是爱祖国；赞颂黄河，就是赞颂我们伟大的民族。让我们一起深情地朗诵《将进酒》，让那激昂的诗词与奔腾的黄河一同永远铭记在我们的心中！

（七）课后延伸

（1）黄河文化调研：鼓励学生利用课余时间，进行黄河文化的深入调研。可以通过实地考察、网络查询、访谈专家等多种方式，了解黄河的历史变迁、文化传承、生态保护等方面的信息。调研结束后，撰写调研报告或制作 PPT 进行展示，让更多人了解黄河、关注黄河。

（2）诗词创作比赛：组织一场以"黄河"为主题的诗词创作比赛，鼓励学生发挥想象力与创造力，用诗词的形式表达对黄河的感悟与情感。比赛可以设置不同的奖项，如最佳创意奖、最佳韵律奖、最佳情感奖，以激发学生的参与热情与创作潜力。

（3）黄河生态保护行动：结合当前社会关注的黄河生态保护问题，组织学生参与黄河生态保护行动，可以是植树造林、清理河岸垃圾、宣传环保知识等具体活动，让学生在实践中增强环保意识，为黄河的可持续发展贡献自己的力量。

（4）黄河文化进校园：举行黄河文化进校园活动，通过讲座、展览、演出等形式，让黄河文化在校园内生根发芽。可以邀请黄河文化专家、学者来校讲学，也可以组织学生参观黄河文化博物馆、遗址等，让学生近距离感受黄河文化的魅力与深度。

四、教学反思

在《黄河之水天上来·诗词黄河》的教学过程中，我们始终秉持着生态语文的理念，注重知识的整合与情感的熏陶。通过诗词的朗诵、课堂实践活动的开展以及课后的延伸活动,学生不仅对黄河有了更加全面而深刻的了解,也在这个过程中培养了阅读兴趣、提升了写作能力、增强了环保意识。

教学是一个不断反思与完善的过程。在未来的教学中,我们将继续探索生态语文的更多可能性,注重学科之间的融合与渗透,让学生的学习更加立体、多元。同时,我们也将更加关注学生的个体差异与需求,提供个性化的教学指导与支持,让每一个学生都能在生态语文的滋养下茁壮成长。

总之,《黄河之水天上来·诗词黄河》不仅是一堂语文课,更是一堂关于黄河、关于文化、关于生态的启蒙课。让我们携手共进,在生态语文的道路上不断前行,为培养具有深厚文化底蕴、强烈民族自豪感与责任感的新时代少年而努力奋斗!

第三节　生态教育视域下黄河文化与语文实践的融合之旅

温情芦苇画

一、教材分析

本单元以"温情芦苇画"为主题,巧妙融合了艺术教育与语文生态教育。通过芦苇画这一独特的艺术形式,引导学生深入了解黄河文化,感受自然与人文的和谐共生。教材以情境渲染为起点,通过视频《黄河畔的芦苇画传奇》展现芦苇画的艺术魅力与黄河文化的深厚底蕴,为后续学习奠定情感基础。随后,通过问题导航和合作探究的方式,引导学生分组探究芦苇画的分类、风格、制作工艺、选材与加工等方面,培养学生的观察力、分析力、团队协作能力和信息整合能力。艺术实践环节则让学生亲身体验芦苇画的创作过程,感受艺术的魅力,同时培养创新思维、动手能力和语言表达能力。成果展示与多元评价环节旨在增强学生的自信心与成就感,培养他们的审美鉴赏能力、批判性思维和口头表达能力。课后拓展作业则引导学生将所学知识运用到实践中,自主探究黄河文化元素,为芦苇画艺术注入新的活力。

二、教学目标

(一)知识与技能目标

(1)了解芦苇画的起源、分类、风格及制作工艺,掌握芦苇画的选材与加工方法。

（2）通过艺术实践,掌握芦苇画的基本创作技巧,能够独立完成一幅芦苇画作品。

（二）过程与方法目标

（1）通过情境渲染、问题导航和合作探究,培养学生的观察力、分析力、团队协作能力和信息整合能力。

（2）在艺术实践过程中,培养学生的创新思维、动手能力和语言表达能力。

（三）情感态度与价值观目标

（1）感受芦苇画的艺术魅力与黄河文化的深厚底蕴,激发对家乡文化的热爱与传承意识。

（2）在艺术创作与成果展示中,培养自信心与成就感,学会欣赏他人作品,尊重多元文化。

（3）通过课后拓展作业,培养自主探究能力与创新精神,增强对黄河文化传承的责任感。

三、教学过程

（一）情境渲染,文化启航

在黄河之畔,有一种艺术,它以自然的馈赠为笔,以匠人的智慧为墨,绘制出一幅幅生动而富有温情的画卷——芦苇画。这不仅是一门技艺,更是对黄河文化的传承。今天,让我们携手走进这片艺术的沃土,探寻芦苇画背后的故事与魅力。

教师活动:播放精心制作的视频《黄河畔的芦苇画传奇》。视频中不仅展现了芦苇画艺人的精湛技艺,还穿插了黄河文化的深厚底蕴,让学生在视觉与听觉的双重享受中,初步感受芦苇画与黄河文化的紧密联系。

设计意图:通过情境的渲染,激发学生对芦苇画及黄河文化的浓厚兴趣,为后续的深入学习奠定情感基础。

（二）问题导航,合作探究

1.芦苇画艺术之旅

学生活动:分组进行,每组领取不同的探究任务卡,如“芦苇画的分类与风格”“芦苇画的制作工艺揭秘”“芦苇画的选材与加工”。

分类与风格:通过欣赏芦苇画作品,小组讨论并归纳出芦苇画的分类(如水乡风情、人物肖像、动物世界、自然风景、名人字画)与风格(如传统、现代、抽象、写实)。

制作工艺:小组合作,通过查阅资料、观看视频或采访艺人,梳理出芦苇画的制作流程,并尝试用流程图的形式呈现。特别提醒学生在使用烙铁等工具时的安全注意事项。

选材与加工:引导学生探究芦苇画的选材标准(如芦苇的质地、颜色、长度)及加工过程(如裁剪、熨烫、粘贴),鼓励学生通过观察或实践来加深理解。

设计意图:通过问题导航和合作探究,培养学生的观察能力、分析能力、团队协作能力和信息整合能力,同时加深对芦苇画艺术的理解。

2. 小组汇报与分享

每组选派代表上台汇报探究成果,其他同学进行补充或提问,形成互动交流的良好氛围。教师适时点评,引导学生深入思考芦苇画与黄河文化的关系,以及如何在现代社会中传承和发展这门艺术。

(三)以学促创,艺术实践

(1)我眼中的芦苇画:请学生根据自己的理解和感受,创作一幅芦苇画草图,可以是黄河风光、家乡景色,也可以是心中的梦想与愿景。

(2)我手中的芦苇画:在教师的指导下,学生分组进行芦苇画的制作实践。从选材、裁剪、熨烫到拼合、装裱,每一步都凝聚着学生的心血与汗水。

(3)我讲述的芦苇画:制作完成后,请学生为自己的作品命名,并撰写一段简短的介绍或创作心得,分享自己的创作过程与感受。

设计意图:通过艺术实践,让学生亲身体验芦苇画的创作过程,感受艺术的魅力与黄河文化的深厚底蕴。同时,培养学生的创新思维、动手能力和语言表达能力。

(四)成果展示,多元评价

(1)芦苇画艺术展:将学生的作品布置成展览,邀请师生参观。每件作品前都放置一张介绍卡,方便观众了解作品的创作背景与寓意。

(2)多元评价体系:建立包括自我评价、同伴评价、教师评价在内的多元评价体系。评价标准涵盖主题创意、构图设计、色彩搭配、制作工艺、文化内涵等多个方面。鼓励学生相互学习、取长补短,共同提高。

（3）传承与创新论坛：组织一场小型的论坛活动，邀请学生就"如何在现代社会中传承和发展芦苇画艺术"这一主题发表自己的观点和看法。通过讨论与交流，激发学生的文化传承意识与创新精神。

设计意图：通过成果展示与多元评价，激发学生的自信心与成就感，同时培养他们的审美鉴赏能力、批判性思维和口头表达能力。论坛活动则进一步加深学生对芦苇画艺术及其文化传承的认识与理解。

（五）课后拓展，文化传承

教师寄语：同学们，芦苇画不仅是黄河文化的一朵奇葩，更是我们民族智慧与创造力的结晶。希望你们在今后的学习与生活中，能够继续关注和传承这门艺术，让芦苇画的光芒照亮更多人的心灵。同时，也期待你们能够发挥自己的创造力与想象力，为芦苇画艺术注入新的活力与内涵。

课后作业：请学生选择一种自己感兴趣的黄河文化元素（如黄河石、黄河泥、黄河号子），进行深入研究与创作，可以是文字描述、绘画作品、手工艺品等形式。下节课我们将一起分享大家的成果与感悟。

设计意图：通过课后拓展作业，引导学生将所学知识运用到实践中去，培养他们的自主探究能力与创新精神，同时，也为学生提供更多了解和传承黄河文化的机会与平台。

四、教学反思

以"温情芦苇画"为主题的单元教学，让我深刻体会到了艺术与语文生态教育相融合的独特魅力。芦苇画这一载体，不仅让学生领略了艺术的精妙，更引导他们深入探索了黄河文化的博大精深。回顾整个教学过程，我有以下几点反思。

首先，情境渲染起到了至关重要的作用。视频《黄河畔的芦苇画传奇》让学生对芦苇画及黄河文化产生了浓厚的兴趣。这为我后续的教学奠定了坚实的情感基础。我意识到，在教学中，情感的激发是引导学生深入学习的重要前提。

其次，问题导航和合作探究的方式极大地培养了学生的自主学习能力和团队协作能力。学生在分组探究中，积极查阅资料、观看视频、采访艺人，不仅加深了对芦苇画艺术的理解，还锻炼了观察力、分析力和信息整合能力。这让我深刻体会到，教学应以学生为中心，通过问题引导，激发学生的探究欲望，让他们在合作中共同成长。

再次，在艺术实践环节，学生亲身体验了芦苇画的创作过程，从草图设计到成品制作,每一步都凝聚着他们的心血与汗水。这不仅让他们感受到了艺术的魅力,还培养了创新思维、动手能力和语言表达能力。我意识到,艺术实践是提升学生综合素质的有效途径,应在教学过程中得到充分重视。

最后,成果展示与多元评价环节,更是激发了学生的自信心与成就感。通过艺术展、评价体系和论坛活动,学生不仅展示了自己的作品,还学会了欣赏他人、尊重多元文化,培养了审美鉴赏能力和批判性思维。这让我认识到,评价应多元化、全面化,注重学生个体差异和全面发展。

芦苇绘就故乡景

一、教材分析

《魅力黄河口,童眼观草编》这一单元以芦苇画为载体,巧妙融合了艺术教育与生态语文教育,旨在引导学生通过亲身体验与创作实践,深入了解并传承家乡的非物质文化遗产。教材以"黄河口故乡"为情感纽带,以"芦苇"为艺术媒介,通过情境的营造、问题的提出、材料的探索、技艺的传承以及自由创作等多个环节,逐步引导学生走进自然、感受生态、理解文化、传承技艺。

在内容编排上,教材注重生态语文教育的渗透。播放黄河口芦苇荡的宣传视频,不仅让学生领略到自然风光的壮美,更引导他们思考人与自然的关系,培养生态意识。在材料探索与技艺传承环节,教材鼓励学生走进自然、寻找灵感,学习并传承民间艺人的精湛技艺,从而加深对家乡文化的理解与认同。同时,教材还注重培养学生的观察力、想象力、创造力与团队协作能力,让他们在艺术创作中学会观察、思考、表达与合作。

此外,教材在评价方式上也体现了生态语文教育的理念。通过多元评价标准鼓励学生相互学习、共同进步,培养他们的审美能力与批判性思维。在表彰优秀与激励前行环节,教材更是强调对学生的肯定与鼓励,激发他们的创作热情与自信心,为他们的全面发展奠定坚实基础。

二、教学目标

(一)知识与技能目标

(1)学生能够了解芦苇画的起源、发展及其艺术特点,掌握芦苇画的基本制作流程与技巧,提高艺术表现能力。

(2)通过实践创作,学生能够熟练运用芦苇及其他自然材料,结合生态语文教育理念,绘制出具有个人风格与生态特色的芦苇画作品。

（3）培养学生的观察力、想象力、创造力与动手能力,提升他们的艺术审美与综合素养。

（二）过程与方法目标

（1）通过情境的营造与问题的提出,激发学生的学习兴趣与探索欲望,引导他们主动走进自然、感受生态、思考文化。

（2）通过分组研讨与材料探索,培养学生的团队合作意识与问题解决能力,学会从生态语文的视角观察世界、表达情感。

（3）通过技艺的传承与创作的实践,让学生深入理解芦苇画的艺术魅力与生态价值,学会将传统技艺与现代审美相结合,进行艺术创新。

（三）情感态度与价值观目标

（1）激发学生对家乡文化的热爱与自豪感,培养他们传承与发扬家乡非物质文化遗产的责任感与使命感,增强文化自信。

（2）在创作过程中,培养学生的生态意识与环保意识,引导他们尊重自然、保护生态、珍惜资源。

（3）通过作品展示与评价,让学生学会欣赏他人的作品,尊重他人的劳动成果,培养审美能力与批判性思维,形成积极向上的艺术态度与人生观念,同时加深对生态语文教育的理解与认同。

三、教学过程

（一）情境浸润,启迪艺术之门

1. 梦回故乡,情系芦苇

同学们,让我们一同踏上心灵的归途,回到那片被黄河温柔环抱的故乡。今日,张老师将引领大家走进一片神秘的芦苇荡,感受那份源自自然的纯粹与美好。

播放黄河口芦苇荡的宣传视频。画面流转间,是风的低语,是水的轻吟,更是芦苇的轻舞。观后,请大家畅谈心中所感,让思绪随着芦苇的摇曳而飞扬。

2. 问题激趣,创意萌芽

如何以"黄河口故乡"为魂,以芦苇为笔,绘制一幅幅生动的装饰画?芦苇画,这一传统与现代交融的艺术形式,承载着匠人的智慧与情感。今日,我们也将成为这艺术的传承者与创造者,用芦苇"绘"出心中的故乡。

设计意图：通过情境的营造与问题的提出，激发学生的探索欲望与创作热情，为后续的实践活动奠定情感与认知基础。

（二）分组研讨，探寻草编奥秘

1.材料探索，创意无限

材料寻宝：请各小组在提供的综合材料中挑选，思考哪些材料能与芦苇相得益彰，共同构建出独特的艺术效果。同时，鼓励学生拓宽思路，寻找更多可能的材料来源。

创意碰撞：小组内讨论，分享各自对材料使用的想法，探讨如何通过材料的巧妙搭配，让芦苇画更加生动有趣。

设计意图：通过材料的探索与创意的碰撞，培养学生的观察力与想象力，为芦苇画的创作提供丰富的素材与灵感。

2.技艺传承，匠心独运

走访艺人：组织小组走访民间芦苇画艺人，近距离感受他们的精湛技艺与创作热情，学习如何将传统技艺融入现代审美。

协作创作：在老师的指导下，各小组围绕"黄河口故乡"的主题，协作完成一幅芦苇画作品。在创作过程中，鼓励大家勇于尝试、敢于创新，为作品赋予独特的灵魂。

教师示范：通过微视频展示芦苇画的制作流程与技巧，为学生提供直观的参考与指导。随后，请学生根据所学，结合个人风格与材料特点，进行创作实践。

设计意图：通过技艺的传承与创作的实践，让学生深入理解芦苇画的艺术魅力，培养其动手能力与团队协作能力。

（三）实践创作，艺术之旅

学生根据所学知识与技能，自由发挥，创作自己的芦苇画作品。教师巡回指导，确保安全，鼓励创新，引导学生将个人情感与家乡特色融入作品之中。

设计意图：让学生自由创作，充分释放灵感，体验艺术创作的乐趣与成就感，同时加深对家乡文化的理解与热爱。

（四）作品展示，艺术盛宴

1.作品展览，共享成果

将学生的作品布置成展览，邀请全校师生共同欣赏。每幅作品前都附有创作者对作品的介绍与创作心得,让观者能更深入地理解作品背后的故事与情感。

2. 评价标准,多元评价

制定明确的评价标准,包括作品完整性、创意性、技艺表现、情感表达等多个方面。采用自评、互评、师评相结合的方式,全面评价学生的作品,鼓励学生相互学习,共同进步。

3. 表彰优秀,激励前行

对优秀作品进行表彰与奖励,激发学生的创作热情与自信心。同时,组织获奖者进行经验分享,为其他同学提供借鉴与启示。

设计意图:通过作品展示与评价,让学生感受到自己的成长与进步,同时学会欣赏他人的作品,培养审美能力与批判性思维。

(五)总结反思,展望未来

1. 回顾历程,感悟成长

引导学生回顾整个学习过程,思考自己的收获与成长。鼓励学生交流学习中的困难以及克服困难的经历,培养坚忍不拔的精神。

2. 拓展延伸,传承创新

讨论如何将芦苇画这一传统艺术形式与现代生活相结合,创造出更多具有时代特色的作品。同时,鼓励学生关注家乡的其他非物质文化遗产,思考如何为它们的传承与发展贡献自己的力量。

设计意图:通过总结反思与拓展延伸,深化学生对家乡文化的认识与情感,激发学生传承与创新家乡文化的责任感与使命感。

本单元教学旨在通过芦苇画的创作实践,让学生深入了解并传承家乡文化。在教学过程中,注重培养学生的观察力、想象力、创造力与团队协作能力,同时加强对学生情感态度与价值观的培养,激发其对家乡文化的热爱与传承意识。

四、反思:生态语文下的艺术传承

《魅力黄河口,童眼观草编》这一单元以芦苇画为独特媒介,将艺术教育与生态语文教育巧妙融合。它引领学生亲身实践,探索家乡的非物质文化遗产,以"黄河口故乡"为情感寄托,以"芦苇"为艺术之笔,逐步引导学生走进自然生态,深入理解文化,并传承技艺。

教材编排中,生态语文教育理念贯穿始终。展现黄河口芦苇荡的壮丽景色的视频,让学生不仅领略到自然之美,更在心灵深处种下生态意识的种子。在材料探索与技艺传承的实践中,学生被鼓励走进自然,从民间艺人那里汲取灵感、学习技艺,从而加深对家乡文化的认同与热爱。同时,学生的观察力、想象力、创造力与团队协作能力在艺术创作中得到全面培养。

教学过程中,情境浸润与艺术实践相结合。学生在"梦回故乡,情系芦苇"的情境中启发艺术灵感,通过分组研讨、材料探索与技艺传承,逐步掌握芦苇画的精髓。自由创作环节更是让学生充分释放个性,将个人情感与家乡特色融入作品,体验艺术创作的乐趣与成就感。

作品展示与评价环节,注重多元评价与生态语文教育理念的结合。学生作品不仅展现了他们的技艺与创意,更传递出他们对家乡文化的热爱与生态意识。

第三章　生态教育视域下语文与湿海课程的融合设计

第一节　湿海课程与生态写作的融合探索

东营市科达小学被正式批准为"全国海洋科普教育基地",这不仅是对学校海洋文化建设的肯定,也为将东营湿地资源与海洋文化相结合,引领学生从湿地走向海洋提供了创新思路。通过全校师生的共同努力,借助师生的实践热情,结合海纳百川的海洋殿堂、独具特色的湿地体验馆、异彩纷呈的湿地实践基地以及"湿地驻校园"模拟展示区,学校全方位、多层次、全景式地渗透、融合、展示了湿地文化,实现了文化与立德树人的和谐共振,为学生放飞五彩梦想提供了坚实的基础,也推动了学校向德育特色学校的发展愿景迈进。

一、湿地课程与生态阅读融合,开启逐梦之旅

2017 年,东营市海洋与渔业发展局投资 30 余万元,在科达小学建成了滨海湿地意识体验馆,将湿地"搬"到了孩子们身边。学校积极打造"海润童心,情系湿地"育人体系,编写了《来自湿地的邀请》校本教材,让湿地文化通过生态阅读的方式浸润每一个学生的心灵。通过湿地故事的阅读、湿地诗歌的朗诵、湿地科

普文章的学习，学生们在文字间感受湿地的魅力，培养了对湿地的深厚情感，激发了探索湿地的热情。湿地生态阅读的开展，为学生开启了扬帆远航的逐梦之旅，让"爱东营、爱海洋、爱湿地"的生态种子在每个学生心中生根发芽，未来成长为保护湿地的绿色屏障。

二、湿地教研团队群策群力，引领生态写作全面开展

为了更好地开发湿地课程，引领生态写作全面开展，学校教师群策群力，不断创新。

（1）成立"湿地特色文化研发小组"，引领湿地课程管理。由校长担任小组组长，教科室负责带领教师研发教材，少先队和政教处组织学生开展各种实践活动，教务处则负责教师特色课、特色实践小组以及特色社团教案的撰写，确保各项活动有序开展。

（2）营造生态写作环境，彰显学校文化主题。学校注重"海润童心"文化氛围的营造，通过班本环境创设、走廊文化、展示墙等，构建有品位、有特色的校园文化氛围，培养学生浓厚的湿地情感。同时，充分利用湿地文化橱窗、黄蓝交汇风景鸟瞰图、牵手湿地主题展示墙等资源，通过广播、班会、特色课以及板报等形式，加强湿地文化的宣传。

（3）开展主题式校本教研，带动生态写作特色课程开发与研究。学校依托"滨海湿地"生态教育主题，构建了以"湿地教育"为科普面、以"湿地生态教育"为主线、以"小课题探究"为突破点的综合实践活动与地校课程结构体系。结合湿地文化特色课程的几个板块，融合湿地远足之旅、湿地假日小分队、湿地特色实践小组等活动，引导学生进行生态写作，记录湿地探索的点点滴滴。

（4）开发校本教材，丰富生态写作资源。在《来自湿地的邀请》校本资源基础上，学校开发了《大美湿地》校本课程资源，并配套了《神奇的耐盐碱植物种植实践手册》《湿地夏令营实践手册》《候鸟天堂实践手册》等系列实践手册，为学生的生态写作提供了丰富的素材和灵感。

（5）开展特色湿地社团活动，创建生态写作教育项目。学校开设了湿地课，将湿地探索研究性学习、湿地文学、湿地实践和湿地行动融入地方课程。同时，成立了"湿地王国"绘画社团、"湿地世界"创意美术社团、"湿地美味"手工社团等，鼓励学生在实践中发现美、创造美，用艺术作品记录湿地之美。

（6）打造湿地文化实践基地，张扬生态写作生命意义。学校以"海润童心，情系湿地"为德育课程，充分利用黄河入海口、广利港、渔村、湿地公园等社区资

源作为实践基地,拓宽学生学习空间,丰富学生学习经历,引导学生在实践中观察、思考、写作,将湿地文化融入生态写作之中。

三、创新湿地实践基地内容,营造浓郁生态写作氛围

学校为师生搭建了走进湿地、研究湿地的实践平台,开启了生态写作的智慧之门。

(1)打造"湿地文化探究院",引导学生进行湿地生态研究,形成研究报告集,为生态写作提供素材。

(2)成立"湿地文化书画苑",邀请艺术家与师生交流湿地绘画,引导学生用画笔描绘湿地之美,用文字记录湿地之情。

(3)成立"湿地文化创作室",鼓励学生用文字书写湿地感悟,用语言描绘湿地壮丽。

(4)开辟"耐盐碱植物种植园",引导学生观察、记录耐盐碱植物的生长过程,为生态写作积累第一手资料。

四、凭借湿地之心,厚植生态写作情怀

(1)湿地课堂示范引领,确保湿地课程生态化实践。学校每周安排骨干教师上示范课,通过听课、研讨、打磨,提升湿地课堂的教学质量,为生态写作提供坚实的基础。

(2)湿地课程开展,促进师生素养和谐发展。通过湿地德育活动、湿地实践活动等,培养学生的爱国情怀、环保意识、创新精神和实践能力,为生态写作提供丰富的情感和思想资源。

(3)湿地特色课程建设成果丰硕。在东营市教育局组织的优秀课程资源评选活动中,学校教师荣获多个奖项,学校也被确立为"东营市中等以下教育科研先进单位"。同时,"亲情德育模式的探索与实践"荣获教育部典型案例,"基于海洋文化背景下'海润童心'校本课程开发与实践研究"被确立为山东省教育科学规划课题。

创新湿地课程,以生态阅读与写作为逐梦之旅护航。在海洋文化背景下,学校将湿地元素融入学生核心素养的培养中,通过生态阅读和生态写作,浸润学生品德、智慧和创新能力,为学生的一生奠定坚实的精神基础。

第二节 生态教育视域下湿地文化与语文实践的融合之旅

"湿"情画意，语文生态"荷"你共探

一、活动背景

（一）"荷"——文化之韵，流淌千年

荷花，中国花卉之瑰宝，以其绰约风姿、清雅韵味，赢得了"水中芙蓉"之美名。其"出淤泥而不染，濯清涟而不妖"的独特气质，更是被世人传颂为佳话。在我国悠久的文化长河中，"荷"与"和""合"谐音相通，寓意和谐、和平、合作与联合；"莲"则与"联""连""廉"音近意合，象征廉洁与高雅。荷花品种多样，展现了"和而不同"的包容之美，共同构筑了高洁的荷之国度，诠释了"和为贵"的深刻哲理。开展"湿"情画意、"荷"你相约劳动实践活动，不仅是对"和"文化的传承与弘扬，更是对构建和谐社会、促进祖国统一、维护世界和平的美好愿景的积极响应；同时，结合语文课程资源，让学生在赏荷、品荷中领略古诗词的韵味，感受传统文化的博大精深。

（二）"荷"——东营之魂，熠熠生辉

东营，这座屹立于渤海之滨的湿地城市，在盐碱地上书写着开拓与进取的壮丽篇章。2018年，东营荣获全球首批"国际湿地城市"的殊荣，市花亦定为荷花，这不仅是东营湿地生态的生动写照，更是东营人民祥和、友好、高雅、清廉精神风貌的象征。荷花，作为东营湿地景观的璀璨明珠，以其独特的魅力，成为湿地之城——东营的亮丽名片。因此，融合生态与语文课程资源，开展"湿"情画意、"荷"你相约主题劳动实践活动，对于弘扬东营荷花精神、塑造城市品牌、全面提升东营市的风貌特色和文化品位，具有不可估量的价值。同时，通过语文课程的引导，让学生更加深入地理解荷花与东营文化的内在联系，增强对家乡的热爱与自豪感。

（三）"荷"——校园之活，创新之源

科达小学以"湿海"文化为基石，致力于将劳动课程系统化、科学化、常态化，倾力打造劳动实践基地和湿地文化实践基地。2020年，市花荷花被引入校园清浅荷塘，为青青校园增添了一抹亮丽的色彩。荷花在校园的绽放，不仅为校园增添了生机与活力，更激发了学生们对荷的浓厚兴趣与喜爱。学校以荷立品、以

和善行、以合共赢,形成了浓厚的和合氛围。在此基础上,以"荷"文化为载体,融合生态与语文课程资源,开展"湿"情画意、"荷"你相约主题劳动实践活动,对于构建文明校园、丰盈学生精神家园、淬炼学生劳动品质及提升学生语文素养,具有举足轻重的意义。通过语文课程的引导,让学生在劳动实践中感受荷文化的魅力,培养对传统文化的热爱与传承意识。

二、活动目标

(一)劳动观念:在荷的陪伴下成长,领悟生活之美

通过一系列与荷相关的实践活动,让学生亲身体验荷的美感,深入了解荷的知识与文化内涵,激发学生对荷的热爱之情,以及对传统文化的传承之责。在劳动的过程中,让学生深刻理解美好生活是靠劳动创造的,从而树立正确的劳动价值观,认识到劳动的价值与意义。同时,结合语文课程中的古诗词与散文,引导学生领悟其中蕴含的劳动精神与人生哲理,让劳动观念在学生的心中生根发芽。

(二)参与性目标:主动探索,创造无限可能

在实践任务单的引领下,鼓励学生主动搜集整理有关荷的资料,通过调查、探究等方式,掌握荷的绘画方法、工艺品的制作技巧等。将简单的体力劳动转化为具有思维含量的创造性劳动,如绘画、手工、烹饪等,让学生在实践中得到全方位的锻炼与成长。同时,结合语文课程中的实践活动,如编写荷花主题的故事、诗歌等,激发学生的创造力与想象力,让参与成为一种习惯、一种乐趣。

(三)劳动技能:层层递进,掌握多项技能

根据学生的年龄特点与认知水平,设计由易到难、层层递进的劳动实践活动。通过"湿"情画意、"荷"你相约主题活动,让学生逐渐掌握荷的绘画技法、工艺制作、美食烹饪等劳动技能。在绘画中感受荷的美,在手工中体验创造的乐趣,在烹饪中品味生活的甜美。同时,结合语文课程中的写作训练,引导学生将劳动过程中的所见所闻、所思所感记录下来,提升学生的文字表达能力与观察能力。

(四)劳动品质:细物润无声,养成良好习惯

通过劳动体验与成果分享,让学生在实践中养成良好的劳动习惯与品质。在劳动中学会合作、学会分享、学会承担责任,让劳动成为生活的一部分。同时,结合语文课程中的品德教育,引导学生学习荷的高洁品格与坚韧精神,培养学生的自信心、责任心与进取心。在润物细无声的系列活动中,让学生逐渐具备行动力

与执行力,为未来的成长奠定坚实的基础。

(五)劳动精神:以荷为镜,磨炼坚忍意志

通过"湿"情画意、"荷"你相约劳动实践活动,让学生深入领会荷的品格与精神。荷花出淤泥而不染的高洁品质,正是我们的追求。在劳动中,引导学生学习荷的坚忍不拔与开拓进取的精神,培养学生的劳动意志与劳动精神。同时,结合语文课程中的经典诵读与故事分享,让学生更加深刻地理解荷文化的内涵与价值,让荷的精神成为激励学生前行的动力。

三、活动内容

(一)"荷"你相约阅书籍,探寻文化之源

在课程伊始,便引导学生踏上探寻荷文化的旅程。借助书籍与网络资源,学生们搜集、查阅、整理有关荷的丰富知识,从荷的生长习性、形态特征,到其食用价值、药用价值、文化价值等,无一不成为学生们探究的对象。活动成果以知识卡、思维导图、古诗词卡等多种形式呈现,既锻炼了学生的资料搜集与整理能力,又让学生在阅读中领略了荷文化的博大精深。特别是结合语文课程中的古诗词学习,学生们在品读《爱莲说》《晓出净慈寺送林子方》等经典篇章时,更加深刻地理解了荷的文化内涵与审美价值。

(二)"荷"你相约赏荷塘,领略自然之韵

随着对荷文化的深入了解,学生们已迫不及待想要目睹荷的风采。在美术老师的带领下,各班级学生一同游园赏荷塘,通过视觉、嗅觉、触觉等多感官的体验,全方位地感受荷的魅力。从初生的"莲叶何田田"到初长的"小荷才露尖尖角",再到绽放的"映日荷花别样红",学生们在观察中领略了荷的不同形态美与色彩美。同时,结合语文课程中的描写手法的学习,学生们尝试用生动的语言描绘所见之景,将荷塘美景转化为笔下的文字,既锻炼了写作能力,又加深了对荷之美的感悟。

(三)"荷"你相约绘丹青,再现荷之美

荷花之美,不仅在于其外在的娇艳与高雅,更在于其内在的气度与风节。历代文人墨客以荷寄情,挥毫泼墨,留下了无数描绘荷花的佳作。在引导学生欣赏名家佳作与带有"荷"元素的经典艺术品时,我们结合语文课程中的艺术鉴赏与创作指导,激发学生对绘画艺术的热爱与追求。学生们在欣赏中领悟了画荷的

技法与意境,进而在教师指导下进行绘画创作。他们或细腻勾勒荷花的轮廓,或挥毫泼墨展现荷叶的飘逸,或巧妙运用色彩渲染荷塘的生机。通过绘画创作,学生们不仅提升了鉴赏水平,更锻炼了发现自然美、创造艺术美的能力。同时,结合语文课程中的写作训练,学生们还尝试将绘画作品转化为文字描述,实现了艺术与文学的完美融合。

(四)"荷"你相约巧制作,传承工艺之魅

荷花不仅是自然界的瑰宝,更是人类创作的灵感来源。在中国古代,以"荷"为元素的经典工艺品层出不穷,如荷花灯、荷花雕刻、莲花壶,它们不仅展现了匠人的精湛技艺,更承载了深厚的文化内涵。在引导学生欣赏这些经典工艺品时,我们结合语文课程中的传统文化学习,激发学生对传统工艺的热爱与敬畏。随后,在教师的指导下,学生们动手制作荷花手工艺品,如荷花折纸、荷花剪纸、荷花灯。在制作过程中,学生们不仅体验了传统工艺的魅力与乐趣,更锻炼了动手能力与创新能力。同时,他们还将自己的作品与语文课程中的写作练习相结合,撰写了制作心得与感悟,实现了动手能力与文学水平的双重提升。

(五)"荷"你相约赛厨艺,品味生活之乐

荷花不仅具有观赏价值,更有着丰富的食用价值。其叶、花、籽、茎等均可入菜,成为餐桌上的美味佳肴。在引导学生了解荷花的食用价值时,我们结合语文课程中的生活实践指导,鼓励学生尝试将荷花融入日常饮食中。通过家校合作的方式,我们举办了"寻找舌尖上的荷味——科达小学线上厨艺大赛"活动。学生们在家长的协助下,动手制作了荷花粥、炸荷花、荷叶饭等美食,并在比赛中展示了自己的厨艺成果。通过这一活动,学生们不仅加深了对荷花食用价值的理解,更培养了烹饪兴趣与动手操作能力。同时,他们还将自己的烹饪经历与感受撰写成文章,与同学们分享交流,实现了生活实践与文学创作的有机结合。

(六)"荷"你相约做君子,传承美德之魂

荷花以其高洁品格被誉为"花中君子",成为人们追求的理想人格象征。在引导学生学习荷之品格时,我们结合语文课程中的品德教育指导,通过背荷诗、颂荷文、书荷作等方式,让学生在诵读中感悟经典、传承经典。同时,我们还组织了以"荷之君子"为主题的演讲比赛。在教师的引领下,学生们沉浸于荷的诗词歌赋,吟诵荷之美文,挥毫泼墨书写荷之韵致,于字里行间领悟经典之深邃,传承文化之精髓。此过程不仅增强了学生对传统文化的认同感,更在悠扬的经典传

唱中，激荡起他们心中的民族自豪感。我们以荷为镜，旨在塑造学生如荷般清雅正直的品格。

四、成效反思

我们巧妙利用校园内的荷塘资源，精心策划并实施了一系列"湿"情画意、"荷"你相约主题劳动实践活动。这些活动不仅极大地激发了学生们对荷花的热爱之情，还让他们深入了解了中华"和"文化的博大精深。更为重要的是，通过实践活动，荷花精神得以薪火相传，学生的劳动热情被充分点燃，劳动实践能力与创新思维能力均得到显著提升。这一系列举措不仅为学生的校园生活增添了丰富的色彩，更源源不断地滋养了他们的精神世界，让学习"荷"之君子风范在校园内蔚然成风。

揭秘芦荟密语：在语文与生态教育中体味劳动真谛

在波澜壮阔的时代洪流中，劳动教育如春风化雨，正潜移默化地影响着学生的全面发展。《中共中央国务院关于全面加强新时代大中小学劳动教育的意见》高瞻远瞩，为我们擘画了劳动教育的宏伟蓝图。它强调：把劳动教育纳入人才培养全过程，贯通大中小学各学段，贯穿家庭、学校、社会各方面。科达小学以其独树一帜的海洋特色课程为基石，积极响应国家号召，开发出了一系列既富有诗意又充满实践智慧的校本课程。其中，"揭秘芦荟密语，领略劳动真谛"便是一次深度融合生态阅读与生态写作的崭新尝试与实践。

芦荟，这一寻常家居中的"绿色精灵"，以其易于培育的特性和广泛的生活用途，成为学生们心中的宠儿。在参观种植园时，学生们被那一片片生机盎然的翠绿所吸引，对芦荟产生了浓厚的兴趣。由此，一场关于芦荟的奇妙探索之旅在学生们的期待中徐徐展开。

一、躬耕实践，探寻生态之奥

在教师和家长的悉心指导下，学生们自发组成小组，亲手将芦荟的种子播撒在土壤中。他们日复一日地观察、记录，见证着芦荟从种子破土而出到枝繁叶茂的每一个瞬间。在这一过程中，学生们不仅学会了如何精心培育植物，更在身体力行的劳动中体会到了耕耘的艰辛与收获的喜悦。

与此同时，通过对芦荟生长环境的细致观察，学生们惊奇地发现，芦荟拥有着极强的生命力和耐旱性，它对土壤和水分的要求并不苛刻。然而，任何事物都有其度,过度的关爱,如过多浇水或其他不适宜的环境条件,同样会让芦荟陷入困境。这些宝贵的发现,不仅让学生们对芦荟的生长奥秘有了更深一层的认识,也培养了他们严谨细致的科学态度。

二、沉浸书香,体悟芦荟之韵

在探寻芦荟奥秘的旅途中,阅读如同一盏明灯,照亮了学生们的求知之路。他们如饥似渴地阅读着关于芦荟的绘本和科学文献,不仅逐步解开了芦荟的形态特征、生长环境之谜,还深入了解了芦荟在日常生活中的百般用途。这些丰富的阅读材料,如同智慧的钥匙,为学生们打开了探索芦荟世界的大门。

此外,学生们还通过对比分析芦荟与仙人掌的异同,进一步揭示了芦荟的独特魅力。他们惊奇地发现,尽管芦荟与仙人掌在形态上有几分相似,但在细微之处却展现出截然不同的风采。这一发现不仅锻炼了学生们的洞察能力,更激发了他们对多姿多彩的植物世界的无限好奇。

三、笔下生花,抒写芦荟之美

在深入探索与感悟的基础上,学生们用自己的笔触深情地描绘着心中的芦荟形象。他们通过绘画、写作等方式,尽情抒发着对芦荟的喜爱以及对劳动的深刻感悟。在他们的笔下,芦荟不再仅仅是一株普通的植物,而是被赋予了丰富的情感和梦想。

学生们的作品充满了天马行空的创意和深邃的思考。他们用清新脱俗的语言描绘着芦荟的婀娜身姿、翠绿叶片和淡雅香气,用色彩斑斓的画面展现着芦荟在生活中营造的温馨场景。这些作品如同一扇扇窗户,透过它们可以窥见学生们内心的纯净世界以及他们在探索旅途中的成长与蜕变。

四、分享喜悦,品尝芦荟之味

当探索之旅接近尾声时,学生们尝试着亲手制作芦荟美食,并与亲朋好友共同分享这份来自大自然的馈赠。他们怀着对食物的敬畏之心,亲手采摘、清洗、烹饪芦荟,不仅体会到了制作美食的乐趣,更感受到了与家人共度美好时光的温暖与幸福。在这一过程中,学生们不仅学会了如何珍惜和感恩大自然的馈赠,更培养了对家庭的责任感和团队协作精神。

而品尝芦荟美食的独特口感和清新香气,更是让学生们对芦荟的价值有了更加深刻的认识。他们惊喜地发现,芦荟不仅可以作为观赏植物和药用植物,还可以摇身一变,成为餐桌上的美味佳肴。这一发现为学生们打开了更加广阔的想象空间,也进一步点燃了他们探索未知和创新实践的热情火花。

五、反思升华,涵养劳动情怀

在这次关于芦荟的探索之旅中,学生们如同小小的探险家,一路披荆斩棘、收获满满。他们不仅积累了丰富的知识和技能储备,更在亲身体验中深刻感受到了劳动的艰辛与美好。通过躬耕实践、沉浸阅读、创意写作和美食分享等多种方式的全方位探索,学生们得以一窥芦荟的奥秘和价值所在。在这一过程中,他们的劳动观念得到了更新,劳动思维得到了拓展,劳动能力得到了锻炼,劳动习惯也得到了培养。

同时,这次难忘的探索之旅也让学生们更加懂得珍惜和感恩身边的每一份劳动成果,他们开始明白劳动不仅仅是为了满足生存和生活的需求,更是一种对社会的责任和担当精神的体现。在未来的日子里,学生们将继续以满腔的热情和积极的态度投身于丰富多彩的劳动实践中去,用自己的双手和智慧去创造更加绚烂多彩的未来生活。

葫芦里的语文生态世界

在当今教育改革的浪潮中,语文核心素养的培育已成为语文教学的重中之重。语文核心素养不仅包括语言建构与运用、思维发展与提升、审美鉴赏与创造、文化传承与理解等关键能力,还强调学生在真实情境中综合运用这些能力解决实际问题的能力。在"缤纷葫芦艺术"这一独具特色的校本课程中,我们尝试将语文核心素养的培育与生态阅读、生态写作紧密结合,通过葫芦这一文化载体,让学生在艺术的熏陶中全面提升语文素养。

一、语言建构与运用:在葫芦文学中锤炼语言

1. 精选葫芦文学作品,丰富语言积累

我们精心挑选了一系列与葫芦相关的文学作品,包括民间故事、古诗词、现代散文等。这些作品词汇丰富、风格多样,为学生提供了丰富的语言素材。通过阅读这些作品,学生不仅能够积累优美的词句,还能学习如何运用不同的语言风格来表达思想和情感。

2. 葫芦生长日记,实践语言运用

在种植葫芦的过程中,学生以日记的形式记录葫芦的生长变化。他们需要

用准确、生动的语言来描述葫芦的形态、生长状态等,这不仅锻炼了学生的观察能力,更让他们在实践中学会了如何运用语言来精确表达自然之美。

二、思维发展与提升:在跨学科阅读中培养批判性思维

1. 跨学科阅读,拓宽思维视野

我们将葫芦艺术与历史、地理、生物等多学科知识相融合,编写了《葫芦里的世界》校本阅读材料。通过阅读,学生不仅能够了解葫芦的生物学特性,还能探究葫芦在不同地域的文化习俗,以及它在历史长河中的变迁。这种跨学科阅读方式,促使学生从不同角度思考问题,培养了他们的批判性思维和综合分析能力。

2. 葫芦艺术创作心得,深化思维反思

在完成葫芦艺术品后,学生撰写创作心得,反思创作过程中的灵感来源、技艺运用、艺术表达等方面。这种反思性写作,促使学生对自己的创作过程进行深度思考,提升了他们的自我认知能力和问题解决能力。

三、审美鉴赏与创造:在葫芦艺术中培养审美情趣

1. 葫芦文学作品鉴赏,提升审美品位

通过阅读葫芦相关的文学作品,学生不仅能够感受葫芦文化的魅力,还能在文字的海洋中领略古典诗词的韵律美、现代散文的意境美等。这种审美体验,提升了学生的审美品位,让他们学会了如何欣赏和评价文学作品中的美。

2. 葫芦艺术创作,实践审美创造

在葫芦艺术创作过程中,学生根据自己的审美趣味和创作灵感,将葫芦雕刻成各种精美的艺术品。这种创作实践,不仅锻炼了学生的动手能力,更让他们在实践中体验到了审美创造的乐趣和成就感。

四、文化传承与理解:在葫芦文化中增强文化认同感

1. 葫芦文化读书会,传承文化精髓

定期举办的葫芦文化读书会,为学生提供了一个分享和交流的平台。他们通过分享自己阅读的葫芦文学作品、讲述葫芦的民间故事等方式,共同探寻葫芦文化的深层内涵。这种活动不仅增强了学生的文化认同感,还促进了他们对传统文化的传承和发扬。

2. 葫芦文化手册编纂,记录文化足迹

组织学生将阅读葫芦文学作品、创作葫芦艺术的心得以及跨学科写作的成果进行整理与编纂,形成《葫芦文化手册》。这本手册不仅是对学生学习成果的展示,更是对葫芦文化的一种记录和传承。通过编纂手册,学生更加深入地理解了葫芦文化的价值和意义,也增强了他们对本土文化的自豪感和归属感。

"缤纷葫芦艺术"课程与生态阅读、生态写作的深度融合实践,不仅让学生在艺术的熏陶中提升了语文素养,更让学生在语文的学习中深化了对葫芦文化的理解。通过这一课程,学生不仅在语言建构与运用、思维发展与提升、审美鉴赏与创造、文化传承与理解等方面取得了显著进步,还学会了如何在真实情境中综合运用这些能力解决实际问题。未来,我们将继续探索和创新,以葫芦为媒,共筑学生语文核心素养之基,让他们在艺术的海洋中遨游,在语文的世界里翱翔。

第四章　生态教育视域下语文与劳动课程的融合设计

第一节　"三线"交织,生态语文引领劳动教育新模式

在教育的沃土上,劳动教育如同一颗种子,深深植根于学生的心田,滋养着他们的成长。近年来,学校积极响应国家关于劳动教育的号召,以"劳动力行,成长成功"为主题,通过"三线"——长线规划、短线实施、自由线创新的引领,统整劳动教育资源,开创了一种新颖且富有实效的劳动教育模式。以下,我们将通过具体实例,展示这一模式的生动实践与丰硕成果。

一、长线规划:构建劳动教育的生态蓝图

（一）生命之维:劳动与生命共鸣

负重感母爱:低年级的孩子们背上特制的"孕肚背包",模拟母亲孕期的日常劳动,如做饭、打扫卫生。小悦在体验后写道:"背着'孕肚'做饭真的好累,我终于明白了妈妈怀我时的辛苦,以后我要多帮妈妈分担家务。"

小鬼当家:中年级学生轮流担任"家庭小管家",负责一周的家庭食谱规划、

食材采购和家务分配。小明在家长的指导下,不仅学会了烹饪简单的家常菜,还学会了如何合理安排家庭开支,他的"一周健康食谱"在班级展示中获得了广泛好评。

(二)自然之维:劳动与自然和谐共生

环保小卫士:高年级学生组成环保小组,定期在校园内外进行垃圾分类宣传等实践活动。他们设计了创意十足的垃圾分类小游戏,寓教于乐,有效提升了师生的环保意识。

农耕体验日:学校与当地农场合作,组织学生参与农作物的种植与收获。在金黄色的麦田里,学生们亲手收割小麦,体验了"汗滴禾下土"的艰辛,领悟到"粒粒皆辛苦"的深意。

(三)社会之维:劳动与成长同行

职业探索之旅:学校邀请各行各业的代表来校进行职业感悟分享,并安排学生到实地参观体验。小李在参观消防站后,被消防员们的英勇与奉献精神深深打动,立志将来也要成为一名守护人民安全的消防员。

二、短线实施:让劳动教育触手可及

班级绿化角:每个班认领一块校园空地,种植花草蔬菜。五年级二班的"绿意盎然"小队,利用课余时间种植了多肉植物和向日葵,不仅美化了校园环境,还学会了植物养护知识。

节日劳动特辑:结合传统节日,开展特色劳动活动。春节期间,学生们亲手制作灯笼、剪纸,既传承了传统文化,又锻炼了动手能力。端午节时,大家一起包粽子,体验传统节日的习俗与乐趣。

三、自由线创新:激发劳动教育的无限创意

创意工坊:学校设立创意工坊,鼓励学生利用废旧物品进行再创作。小张用废弃的塑料瓶制作了精美的花盆,既环保又实用,他的作品在学校的环保创意展上大放异彩。

小小发明家:高年级学生组成发明小组,针对日常生活中的问题设计解决方案。一组学生针对校园垃圾分类不彻底的问题,发明了"智能垃圾分类助手",通过小程序引导正确分类,提高了垃圾分类的准确率。

四、生态阅读与生态写作：劳动教育的文化滋养

生态阅读角：学校图书馆设立了"劳动之美"阅读角，收藏了《劳动创造美好生活》《小小工匠》等书籍。定期举办的"劳动故事分享会"，让学生们从书中汲取劳动的智慧与力量。

劳动日记：鼓励学生记录每天的劳动经历与感受。小丽的劳动日记中，详细记录了她参与校园绿化项目的点点滴滴，从选种、播种到浇水、除草，每一页都充满了对劳动的热爱。

通过这一系列具体而生动的实践，学校的劳动教育模式不仅让学生们在劳动中学会了生活技能，更让他们在实践中体会到了劳动的价值与尊严。未来，我们将继续深化"三线"引领的劳动教育模式，探索更多元化的劳动教育路径，让劳动成为学生们成长道路上最亮丽的风景线。我们相信，每一滴汗水都将浇灌出更加灿烂的花朵，每一次劳动都将铸就更加坚实的成长基石。

第二节　三线织梦，四维共鸣，三域共绘生态语文新图景

在教育那片广袤无垠的天地里，劳动教育如同一股清新而充满活力的溪流，它潺潺流淌，不仅滋润着孩子们稚嫩的心田，更在他们心中播撒下热爱劳动、尊重劳动的种子。科达小学，这所荣膺"山东省劳动教育实验学校"美誉的学府，凭借其独树一帜的"三线三支·四维联动·三域同行"教育模式，精心绘制了一幅绚丽多彩、生机勃勃的劳动教育生态画卷，旨在培育出一代又一代崇尚劳动、珍视劳动果实的新时代少年。

一、三线交织，绘劳动教育之绚烂底色

"三线三支"这一匠心独运的教育架构，宛若三条蜿蜒流淌的河流，最终汇聚成劳动教育的浩瀚江海。它不仅体现在学校构建的"三线并行"劳动教育常态模式上，更融入了三支充满活力与创意的劳动实践小队，它们并肩前行，共同推动着科达小学的劳动教育迈向新的辉煌。

（一）低段：生命与劳动的启蒙乐章

在低段年级，学校以"劳动与生命同行"为序曲，巧妙地将生命教育与劳动教育相融合。通过"认识生命、尊重生命"的主题活动，孩子们在观看生命诞生

的奇迹后,深情讲述自己的出生故事,并亲身参与"负重感母爱"等实践活动,深切体会母爱的伟大与生命的艰辛。而"小鬼当家"活动,则让孩子们在设计食谱、制作拼盘、参与大扫除的过程中,学会感恩与担当,奏响了生命与劳动的和谐乐章。

(二)中段:爱与劳动的共鸣诗篇

进入中段,学校以"劳动与爱同行"为主题,精心编排了一系列劳动实践活动。孩子们化身"环保小卫士",走近环卫工人,参与绿色清洁,环保意识悄然生根;成为"正义小警察",通过参观派出所、采访警察,了解警察的辛劳,安全意识油然而生;在"勤劳小菜农"活动中,孩子们走进农贸市场,体验买卖的艰辛与乐趣;而"卖报小行家"与"诚信小商贩"活动,则让孩子们在锻炼沟通与团队协作能力的同时,深刻体会到诚信经营的重要性。爱与劳动的共鸣在孩子们心中回响。

(三)高段:成长与劳动的深度融合

到了高段,学校以"劳动与成长同行"为核心,注重劳动实践活动的整体育人功能与学科间的和谐共鸣。节日成为劳动教育的最佳舞台,孩子们在劳动节、中秋节等节日中体验劳动的快乐与意义;在"探究中的劳动"中,孩子们通过缤纷葫芦课程、中草药种植课程等,边探究边劳动,提升探究能力与创新能力;而"个性中的劳动"则让各班级结合班品课程开展特色劳动实践,让孩子们在个性任务中展现才华与魅力。成长与劳动在孩子们的生命中深度融合。

同时,三支特色小队——"劳动小队""湿地小队"和"海洋小队"如同三颗璀璨的星星,点缀在劳动教育的夜空之中,为孩子们提供了更加丰富多彩、生动有趣的劳动体验平台。

二、四维联动,构筑劳动教育的立体生态画卷

在科达小学这片充满创新与活力的教育沃土上,劳动教育不仅仅是一门课程,更是一种生活哲学、一种成长方式。学校以"大概念、大融合"为核心理念,犹如一位巧手的园艺师,精心培育着劳动教育的花朵,让劳动教育在学科融合与课程整合的土壤中绽放出绚丽的光彩。在这里,主题式、项目式劳动教育课程如雨后春笋般涌现,构建起了一个"多学科协同、促五育融合"的课程资源新生态,为孩子们的全面发展铺设了坚实的基石。

（一）课程统整：劳动教育融入日常，润物细无声

走进科达小学，你会被这里浓厚的劳动氛围所感染。每周一节的劳动课，如同春雨般滋润着孩子们的心田，让他们在动手实践中感受劳动的乐趣与价值。而如火如荼的劳动周活动，更是将劳动教育推向了高潮，孩子们在丰富多彩的活动中体验着劳动的艰辛与荣耀。日日班务劳动日，则让劳动成了孩子们日常生活的一部分，他们在整理教室、清扫校园的过程中，学会了责任与担当。这些活动，如同涓涓细流，汇聚成了劳动教育的滔滔江河，让劳动教育真正成为日常教学不可或缺的一部分。

（二）四维联动：多维并进，共绘劳动教育新图景

科达小学的劳动教育，不仅仅停留在课堂知识的传授上，更注重通过四维联动的模式，让孩子们在实践中学习，在体验中成长。

1. 校本课题研究：广阔天地，大有作为

学校鼓励师生围绕劳动教育开展校本课题研究，为他们提供了广阔的劳动体验与探究空间。孩子们在导师的指导下，走进田野、走进工厂、走进社区，用双眼去观察，用双手去触摸，用心灵去感受。在这个过程中，他们的创新思维与实践能力得到了极大的激发，劳动教育的种子在他们心中生根发芽，茁壮成长。

2. 校本资源开发：贴近生活，丰富内涵

科达小学深知，劳动教育的内容只有贴近学生的生活实际，才能引起他们的共鸣与兴趣。因此，学校不断丰富劳动教育内容，开发出了一系列贴近学生生活的校本资源。从简单的家务劳动到复杂的农事活动，从传统的手工艺到现代的科技制作，这些资源让孩子们在劳动中找到了乐趣，在乐趣中提升了劳动素养。

3. 微项目案例式研究：沉浸式体验，深化理念

学校还推行了微项目案例式研究，让孩子们在真实的劳动情境中沉浸式学习。他们或化身小小农夫，在田间地头播种希望；或成为小小工匠，在车间里打磨技艺；或担任小小环保员，在社区里宣传环保知识。这些微项目不仅让孩子们在实践中学习了知识，更让他们在体验中深化了劳动育人的理念，明白了劳动的价值与意义。

4. "水滴汇海"评价：智能激励，汇聚力量

为了激励孩子们积极参与劳动教育，科达小学创新性地推出了"水滴汇海"评价体系。通过智能评价系统，记录孩子们在劳动中的表现与成果，给予他们相

应的奖励与荣誉。每个孩子都像是一滴水,他们在劳动的海洋中不断汇聚,最终汇聚成了一股强大的力量。这种评价体系不仅让孩子们在劳动中找到了自己的价值与位置,更让他们明白了团结合作的重要性。

三、三域同行,共绘劳动教育的融合生态画卷

科达小学的劳动教育不仅仅局限于校园之内,更延伸到了家庭、社会这两个广阔的教育场景。学校深入挖掘地域特色,整合劳动教育课程资源,促进学校、家庭、社会三大教育场景的深度融合与协同发展,共同绘制了一幅劳动教育的融合生态画卷。

(一)校内基地系统化:劳动乐园,快乐成长

在科达小学,小农夫蔬菜园、种养区、农科实践基地等校内基地成为孩子们劳动实践的乐园。他们在这里播种、浇水、施肥、收获,体验着劳动的艰辛与喜悦。这些基地不仅让孩子们亲近了自然,更让他们在劳动中学会了观察、思考与创新。每一次劳动实践,都是一次成长的旅程,让孩子们在快乐中收获了知识,在收获中增长了智慧。

(二)创新基地模块化:探究工厂,激发潜能

科达小学还打造了一系列创新基地,如"温室科技大棚""海洋意识体验馆""湿海探究馆"。这些基地如同一个个模块化的探究工厂,为孩子们提供了广阔的探究空间与实验平台。他们在这里进行科学实验,探索未知领域;在这里学习海洋知识,培养环保意识;在这里进行艺术创作,展现个性才华。这些创新基地不仅激发了孩子们的探究精神与研究意识,更培养了他们的创新思维与实践能力。

(三)校外基地多样化:真实情境,使命在肩

除了校内基地外,科达小学还积极建设校外实践基地,让孩子们在真实的劳动情境中学习成长。他们走进工厂,了解生产流程;走进社区,参与志愿服务;走进农村,体验农耕文化。这些校外基地不仅让孩子们增长了见识,更让他们在实践中增强了社会责任感与使命感。他们明白了劳动不仅是个人成长的需要,更是社会进步与发展的重要推动力。

科达小学的劳动教育就这样在生态阅读与生态写作的交织中缓缓铺展,一步步做实、做精、做出特色。我们深知,劳动教育的终极目标是让每一位孩子都能在劳动的阳光下茁壮成长,成为新时代的栋梁之材。未来,我们将继续深耕地

域特色,传承发展"三线三支·四维联动·三域同行"的劳动教育生态链,为孩子们的健康成长与全面发展奠定坚实的基石。

第三节　生态教育视域下劳动文化与语文实践的融合之旅

稻香深处的生态语文之旅

在城市化进程的浪潮中,我们与自然的距离似乎越来越远。学校的四周,曾经的田园风光逐渐被高楼大厦所替代,孩子们对于自然的感知和体验也日渐减少。这种"自然缺失症"不仅影响了孩子们的身心发展,更限制了他们的视野和创造力。为了弥补这一缺失,科达小学巧妙地借助校园内的水稻田,开展了"校园种水稻"这一多学科统整的教学活动,希望通过这一实践,重新点燃孩子们对自然的热爱,培养他们的综合素质。

一、课程背景

随着《大中小学劳动教育指导纲要(试行)》的颁布,劳动教育的重要性日益凸显。与此同时,习近平总书记在党的二十大报告中也强调了劳动精神和中华优秀传统文化的重要性。

在这样的时代背景下,学校依托本土丰富的自然资源,于2022年开辟了"水稻田"综合实践基地,正式启动了"校园种水稻"这一独具特色的校本课程。这一课程不仅让科达小学以"湿海"文化为基石,将劳动课程系统化、科学化、常态化,而且将学校打造成了一个融合劳动实践与湿地文化教育的特色平台。

孩子们在课程中亲手翻土、播种、插秧、施肥、除草、除虫、收割、脱粒,全程参与水稻的生长过程。他们在观察水稻的生长变化中,感受到了生命的奇迹;在品尝稻米的香甜中,体会到了劳动的艰辛与喜悦;在创作以水稻为主题的诗歌和画作中,发挥了自己的想象力和创造力;在探讨水稻的种植技术和节约利用的方法中,培养了自己的探究精神和环保意识。这一系列丰富多彩的活动,不仅让孩子们对水稻有了更深入的了解和喜爱之情,更以"水稻"为载体,深入挖掘了水稻文化的内涵与价值,对于构建文明校园、丰富学生精神世界具有重要意义。

二、课程目标

本课程旨在通过深度融合生态阅读与写作,实现以下四大目标。

增进知识体验:通过亲身参与水稻种植,学生将学习水稻的生长发育、栽培技术等知识;阅读相关书籍和文章,了解水稻的历史渊源、文化内涵,从而加深对传统文化的理解与传承。同时,劳动实践将使学生深刻理解劳动的价值,树立正确的劳动观念。

培养观察能力:引导学生回归自然,在真实的生态情境中观察、记录水稻的生长变化。通过阅读生态文学作品,激发学生对自然的热爱和敬畏之情。设计递进式的实践活动,培养学生善于观察、乐于搜集信息的习惯,提升他们的动手能力。

提升综合素养:通过阅读以水稻为主题的文学作品、科普文章等多元化阅读材料,拓宽学生的知识视野。鼓励学生进行以水稻为主题的写作,如诗歌、散文、科普小论文,培养他们的审美情趣和创造力。同时,劳动体验和成果分享将帮助学生形成良好的劳动习惯和品质,增强自信心和责任感。

促进全面发展:本课程注重跨学科学习,融合语文、科学、艺术等多个学科领域的知识。通过综合性的学习活动,如水稻文化研究、稻田生态系统探究,培养学生的综合素质和解决问题的能力。最终,期望学生能在这一过程中形成丰富的情感体验、正确的价值观念,并深刻体会生命成长的意义和价值。

三、课程内容与安排

本课程围绕"水稻"这一核心主题,精心设计了六大学习单元。每个单元均融合了生态阅读与写作的元素,旨在通过阅读与写作的有机结合,引导学生深入探究水稻文化的奥秘,感受自然的魅力。

(一)单元一:稻之源——探寻起源与传说

通过阅读古籍、民间传说等文本资料,引导学生探寻水稻的历史脉络。同时,鼓励学生发挥想象力与创造力,以水稻起源为主题进行故事创作或诗歌撰写,表达对水稻文化的独特理解与感受。

(二)单元二:稻之韵——品味诗文交融之美

精选经典的水稻题材诗文进行赏析教学,让学生领略水稻在文学作品中的韵味与意境。在此基础上,启发学生结合自己的生活体验和观察所得,创作与水稻相关的诗文作品,抒发对自然的热爱与敬畏之情。

(三)单元三:稻之博——探索生物多样性之奥秘

通过阅读科普资料、观看纪录片等方式,引导学生了解稻田中的生物多样性及其生态平衡的重要性。组织学生开展实地观察活动,记录稻田中的生物种类及其变化过程,并撰写观察日记或科普小论文,培养学生的科学探究能力和环保意识。

(四)单元四:稻之香——体验烹饪与美食文化之魅力

介绍稻米的烹饪方法和各地的稻米美食文化,让学生通过亲手制作稻米美食来感受其独特风味。鼓励学生撰写制作心得或美食评论文章,分享自己烹饪的经验和品尝美食的感受,培养学生的动手能力和审美情趣。

(五)单元五:稻之艺——欣赏与创作艺术作品之灵感

展示以水稻为主题的艺术作品如绘画、摄影,并邀请艺术家进行现场创作与讲解。引导学生欣赏艺术作品并感受水稻的艺术魅力,同时鼓励学生运用所学的艺术技能进行创作实践。撰写创作说明或艺术评论文章来阐述自己的创作理念和艺术感受,培养学生的艺术素养和创新能力。

(六)单元六:稻之思——反思与探讨现代价值和意义

通过阅读相关文献资料和组织讨论活动等方式来引导学生深入思考水稻文化在现代社会中的价值和意义。组织学生就水稻文化的传承与发展、稻米产业的现状与未来等话题进行辩论或撰写调研报告,表达自己的观点和见解。培养学生的批判性思维能力和社会责任感。

四季农植园的生态读写之旅

四季农植园,宛如科达小学内的一颗璀璨明珠,以其丰富的生态景观和深厚的文化底蕴,照亮每一个孩子的心灵。这片绿意盎然的天地,不仅是学生们学习知识的课堂,更是他们亲近自然、感悟生命的乐园。在这里,校园主路、围墙、空地都被赋予了生态的意义,学生们在劳动体验中与自然和谐共生,用生态阅读和生态写作的方式,记录下与大自然的每一次亲密接触,绘就出一幅幅生动的绿色童年画卷。

一、春之播种:在生态阅读中唤醒生命意识

春天,当第一缕温暖的阳光洒在校园,农植园便迎来了它生机勃勃的时刻。学生们手捧《种子的旅行》《大自然的奥秘》等生态读物,围坐在草地上,沉浸在生命的奇迹之中。他们了解到每一颗种子都蕴含着无限的可能,每一次破土而出都是对生命的颂歌。在老师的指导下,学生们开始规划园区、选择品种,他们小心翼翼地种下希望的种子,仿佛自己也化身为一颗颗即将破土而出的嫩芽。在

桃花盛开之时,学生们不仅品味着"一夜好风吹,新花一万枝"的诗意,更在生态写作中记录下种子发芽、幼苗出土的瞬间。他们用笔尖捕捉春天的气息,用文字描绘生命的律动,唤醒内心深处对生命的敬畏与热爱。

二、夏之培育:在生态实践中深化自然认知

夏日炎炎,农植园里绿意更浓,学生们也迎来了最忙碌的季节。他们身穿劳作服,头戴草帽,手持小铲子和浇水壶,穿梭在田间地头。每一次除草、每一次浇水,都是对生命成长的呵护与期待。学生们观察作物的生长过程,记录植物成长日记,用生态写作的方式描绘每一片叶子的舒展、每一朵花的绽放。他们学会了如何识别病虫害、如何给作物施肥。这些实践经历让他们深刻体会到大自然的伟大与生命的神奇。在夏日的午后,学生们围坐在一起,分享自己的观察心得,他们的脸上洋溢着汗水与笑容,心中充满了对生命的敬畏与对未来的憧憬。

三、秋之收获:在生态感悟中体会生命价值

秋天,是收获的季节,也是感恩的时刻。农植园里硕果累累,学生们在欢声笑语中采摘自己亲手种植的果实。他们品尝着南瓜的甘甜、苹果的香脆,那份喜悦与满足溢于言表。在南瓜雕刻课上,学生们用灵巧的双手雕刻出一个个栩栩如生的作品,他们不仅学会了烹饪技能,更在劳动中体验到了创造的快乐与成就感。在生态写作中,学生们用文字记录下收获的喜悦与感悟,他们开始思考生命的意义与价值,懂得珍惜每一份劳动成果,感恩大自然的馈赠。他们明白了"春种一粒粟,秋收万颗子"的艰辛与幸福,也体会到了"粒粒皆辛苦"的深刻含义。

四、冬之修整:在生态期待中孕育新的希望

冬天,虽然万物凋零,但农植园里依然充满生机与希望。学生们在《冬天的秘密》《雪花的旅行》等生态读物中寻找大自然的智慧与力量。他们观察红萝卜、青萝卜、胡萝卜在寒冷中的坚韧生长,期待着来年春天生命的再次绽放。在南瓜美食的制作过程中,学生们不仅学会了烹饪技能,更在团队合作中学会了分享与协作。他们明白,虽然冬天寒冷,但正是这份寒冷孕育了春天的希望与生机。在生态写作中,学生们用文字记录下冬天的静谧与美丽,他们期待着春天的到来,期待着新的生命在农植园中再次绽放。

四季农植园及系列生态读写实践活动,不仅让学生们掌握了劳动技能、培养了生态素养,更在他们心中播下了绿色生活的种子。这里,是学生们探索自然、

感悟生命的乐园;这里,是他们用生态读写绘就绿色童年画卷的起点。在这片充满生机与希望的土地上,学生们将成长为热爱自然、珍惜生命、勇于探索、懂得感恩的未来之星。他们将以更加饱满的热情和更加坚定的信念,去迎接生活中的每一个挑战与机遇,去创造属于自己的美好未来。

艾草之韵,生态与情的交织篇章

在那片被阳光轻抚的田野上,艾草以一种近乎诗意的姿态生长着,它们不仅是大地的孩子,更是生态语文中不可或缺的篇章。在这片盎然绿意中,我们开启了一场关于劳动、生态与文化的深度探索,让"悠悠艾草香,绵绵情意长"成为连接过去与未来的桥梁。

一、生态语文的呼唤

生态语文,它不仅仅是一种教学的方式,更是一种生活的哲学;它教会我们如何在自然的怀抱中聆听生命的呢喃,如何在文化的长河中寻觅生命的真谛。当艾草与端午相遇,当劳动与教育相融,一场关于生态、文化与情感的盛宴便悄然拉开序幕。

二、艾草之诗,生态的启示

在《庚子年端午节抒怀》的韵律中,我们仿佛能听到艾草在微风中轻轻摇曳的声音,它诉说着人与自然和谐共生的故事。我们引导学生从生态的视角解读古诗,让艾草成为连接传统与现代的纽带。在艾草的芬芳中,学生们学会了敬畏自然,懂得了生态平衡的重要性,这是生态语文给予我们的第一份礼物。

三、艾草与节,文化的传承

端午节不仅仅是一个节日的符号,更是艾草与文化的交融,是生态与情感的共鸣。我们鼓励学生以生态语文的笔触,记录下艾草与节日的点点滴滴。无论是艾草的采摘、晾晒,还是艾团的制作、品尝,都成了他们笔下生动的篇章。在文字的流淌中,学生们不仅传承了文化,更领悟了生态与文化的相互依存。

四、艾草之艺,劳动的赞歌

劳动,是生态语文中不可或缺的一环。在艾香包的制作过程中,学生们亲手触摸着自然的馈赠,感受着劳动的快乐。他们以艾草为媒,将创意与生态相结合,制作出一个个独一无二的艾香包。这些艾香包不仅是劳动的成果,更是生态语文中"生活即艺术"的最好诠释。

五、艾草之智,中医的奥秘

艾草不仅是节日的装饰,更是中医文化中的瑰宝。我们引导学生深入了解艾草的医疗价值,自制艾条,体验中医文化的神奇魅力。在生态语文的引领下,学生们不仅学会了如何使用艾草,更领悟了中医文化中蕴含的生态智慧,这是生态语文给予我们的又一份宝贵财富。

六、艾草之情,生态的守望

活动落下帷幕,学生们带着满满的收获与感悟,继续在生态语文的道路上前行。艾草,已经成为他们心中一道独特的风景,它见证了人与自然的和谐共处,见证了文化与生态的相互交融。在未来的日子里,我们将继续以艾草为笔,以生态语文为墨,书写更多关于生命、文化与生态的动人篇章。

在这场关于艾草与生态语文的探索中,我们不仅收获了知识与技能,更收获了对于生命、文化与生态的深刻理解。让我们以艾草为伴,以生态语文为友,共同守望这片美丽的土地。

第五章　生态教育视域下语文与海洋课程的融合设计

第一节　以海洋文化为舟,开启小学语文教学的特色之旅

在追求素质教育的广阔海域中,我们不仅需以时代前沿的教育理念为灯塔,照亮前行的道路,更需以滋养心灵的德育为风帆,助力学生综合素质的全面提升。尤其在倡导学生全面发展的今天,德育的实施,乃是每位教育工作者不可推卸的使命。海洋文化,以其深邃而迷人的魅力,吸引着每一位教育者的目光。挖掘海洋文化内涵,将德育与海洋文化相融合,构筑生态化的德育体系,无疑是推动小学语文德育迈向新高度的关键一环。

一、汲取海洋之灵，培育"海的儿女"

德育可借海洋文化之翼，深挖大海的精神宝藏，滋养出一代又一代胸怀宽广的"海的儿女"。在海洋精神的引领下，学生们对"海纳百川"的理解将更为深刻。

（一）以海之包容，育心之宽广

大海以其"海纳百川"的胸襟，成为包容精神的象征。在德育的课堂上，我们可将这份博大与包容化为生动的教材，引导学生搜集关于包容的名言警句、故事传说，通过讨论与交流，让学生深刻理解包容的真谛，让这份品质如海浪般涌入他们的心田，成为他们性格中不可或缺的一部分。

（二）以海之和谐，筑校之温馨

构建生态和谐的校园环境，是小学教育的重要目标。海洋文化的融入，为师生关系、同学情谊增添了一抹和谐的色彩。通过评选班级海洋吉祥物，赋予其精神特质，不仅增强了班级的凝聚力，还让学生在模仿与学习海洋吉祥物精神的过程中，学会了团结协作、和谐共处，共同绘制出班级文化的绚丽画卷。

（三）以海之勇往直前，激志之高昂

海洋的勇往直前，是对抗一切阻碍的力量展现。在德育课程中，我们以海洋的不屈不挠为镜，教导学生面对困难时应有一往无前、追求卓越的勇气，鼓励他们在人生的航道上，即使遭遇风浪，也要勇往直前，乘风破浪，直抵梦想的彼岸。

（四）以海之永不言败，铸魂之坚忍

面对挑战，当代学生或许易于退缩。而海洋的精神，正是无论遭遇何种困境，都能坚忍不拔，从容应对。通过组织远足等实践活动，让学生在身体力行中体验坚持与不屈，让大海的精神成为他们面对挫折时最坚实的后盾。

（五）以海之恒长，启智之创新

海洋虽变幻莫测，但其核心精神恒久不变，激励着人们不断探索与创新。带领学生走进海洋馆，开展户外探索，让他们在实践中激发创造力，将创新精神的种子深植于心，让广阔的海洋成为他们思维无限延伸的空间。

（六）以渔民之团结，促学之共进

渔民在波涛中同舟共济，展现了团结协作的精神。在德育中，我们倡导同舟

共济的精神,鼓励学生在学习上互帮互助,共同攻克难关,让这份团结的力量成为他们成长路上的宝贵财富。

二、海洋文化为源,滋养自立之根

(一)唤醒环保意识,守护蓝色家园

面对日益严重的海洋环境问题,我们引导学生开展海洋污染调查,让他们见证海洋生态的脆弱,从而激发起保护环境的责任感,从点滴做起,为守护这片蓝色家园贡献自己的力量。

(二)培养可持续观念,共筑绿色未来

通过跨学科整合教学,将历史、地理、海洋文化融为一体,让学生在观看海洋生态纪录片的过程中,深刻理解人与自然和谐共生的重要性,培养他们的可持续发展观念,让节约与环保成为他们生活的习惯。

(三)科学利用资源,促进生态和谐

海洋资源的合理利用,是人与自然和谐相处的典范。我们通过分析成功案例,让学生认识到科学开发海洋资源的重要性,激发他们探索绿色经济、维护生态平衡的热情。

三、海洋文化为魂,深化德育之韵

(一)名人事迹为鉴,照亮前行之路

海洋文化中,不乏探索者的光辉足迹。我们以郑和下西洋、鉴真东渡等历史事迹为教材,让学生在这些名人的故事中汲取力量,让他们的精神成为指引学生前行的明灯。

(二)"海的儿女"荣誉,激励成长之旅

设立"海的儿女"荣誉称号,表彰那些在学习和生活中展现出海洋精神的优秀学生,不仅激励了他们,也为其他学生树立了榜样,让海洋精神成为校园文化的鲜明底色。

(三)海洋主题教育,点燃心灵之火

以"面朝大海,春暖花开"为主题的系列活动,让学生在歌唱、朗诵中感受

海洋的魅力，让海洋精神在欢声笑语中渗透到每个学生的心田，为德育注入新的活力。

（四）户外实践活动，拓宽视野之界

组织学生走近海洋，开展户外实践活动，如海边拾贝、堆沙雕，让学生在亲身体验中领略海洋的广阔与深邃，不仅锻炼了他们的动手能力，更在无形中培养了他们的合作精神与对自然的敬畏之情。

总而言之，以海洋文化为基石的小学德育，如同一股清泉，滋润着学生的心田，助力他们全面发展。将海洋文化、海洋精神融入德育课程，不仅丰富了教育内容，更丰富了教育的内涵，这是实现素质教育目标、践行全面育人理念的重要途径。让我们携手海洋，扬帆起航，共同驶向德育的美好未来。

第二节　生态教育视域下海洋文化与语文实践的融合之旅

绿意盎然中草药，语文生态共飘香

在教育这片广袤的沃土上，我们以儿童为中心，以项目化阅读为引领，以跨学科融合为路径，精心培育着知识的幼苗，期待它们在孩子们的心田生根发芽，绽放出灿烂的知识之花。在这场关于成长与探索的旅程中，"百草园"成为科达小学校园里一颗璀璨的明珠，它不仅承载着孩子们对童年的美好记忆，更成为现代孩子们亲近自然、探索中草药奥秘、实现跨学科学习的生态乐园。

一、百草园

"百草园"这个名字仿佛蕴含着无尽的生机与活力，它像一本打开的活教材，引领着孩子们走进自然的怀抱，探索中草药的神秘世界。始建于 2019 年 5 月的科达小学"百草园"，不仅是一片绿意盎然的天地，更是孩子们心中探索中草药文化的宝库。在这里，十六味中草药如同十六位智慧的使者，静静地诉说着自然的秘密，引领着孩子们踏上一段跨学科的学习之旅。

温室大棚的建立，为这些娇贵的生命提供了温暖的庇护，让它们能够在四季的更迭中茁壮成长。孩子们在这里化身为小小园艺师，从播种到收获，每一个环节都倾注了他们的心血与汗水。在项目化阅读的引导下，他们不仅学会了耐心等待和细心呵护，更通过查阅资料，了解了中草药的生长习性和药用价值，培养了对大自然的敬畏之心与感恩之情。

二、文化连廊

二楼的连廊像一条通往知识殿堂的必经之路,被赋予了新的生命与意义。墙面上是一幅幅由孩子们亲手创作的中草药美术作品,它们不仅是艺术的展现,更是孩子们对中草药文化跨学科理解的生动表达。这些作品,有的细腻描绘中草药的形态,有的巧妙构思中草药与人的故事,每一笔都透露出孩子们对自然的热爱与向往。

而最引人入胜的,莫过于那些精心布置的中草药标本展示区。从种子到茶叶,从原药材到炮制后的成品,每一件展品都凝聚着孩子们的汗水与智慧。在项目化阅读的推动下,孩子们不仅阅读了关于中草药的专业书籍,还亲手制作了标本,记录了中草药的生长过程。这些展品不仅成为吸引全校师生驻足观赏的亮丽风景线,更成为孩子们跨学科学习的成果展示。

三、班级植物角

由于资源的限制,"百草园"无法满足每个孩子个性化观赏的需求。于是,我们另辟蹊径,在每个班设立了一方小小的植物角。这里成为孩子们探索中草药世界的微观实验室和个性展示台。大蒜、迷迭香、芦荟……这些身边常见的中草药,在孩子们的精心照料下焕发出了新的生机。他们观察、记录、养护,每一个细节都透露出对生命的尊重与珍视。

在项目化阅读的引领下,孩子们不仅阅读了关于植物生长的科普书籍,还结合科学课的知识,进行了植物生长的实验和研究。他们学会了如何控制光照、水分和温度等条件,以促进植物的生长。同时,他们还通过美术课和语文课,用画笔和文字记录下了植物的生长过程和自己的感悟。植物角不仅丰富了孩子们的中草药知识,更锻炼了他们的动手能力、责任心和跨学科学习能力。

四、跨学科融合课程

课题研究最终要回归课堂,服务于教学。我们的课题架构以儿童为中心,以"百草园"和温室大棚为实践基地,巧妙地将理论知识学习与课外实践操作相结合,实现了跨学科融合教学。中草药,这一古老而神秘的媒介,成为连接语文、英语、科学、艺术等多门课程的桥梁。

在英语课上,孩子们阅读英文版的中草药书籍,用英语介绍"百草园"中的一草一木;在语文课上,他们诵读关于中草药的古诗词和散文,感受中草药的诗意与韵味；在科学课上，他们亲手种植和观察中草药，探索生命的奥秘；在美术课上，他们用画笔描绘心中的中草药世界……这些跨学科融合课程，不仅拓宽了孩子们的视野，更激发了他们的学习兴趣和创造力。在思维的碰撞中，他们学会了如何从不同角度看待问题，如何综合运用所学知识解决实际问题。

五、《百草园》教材：文化的传承，知识的宝库

校本教材《百草园》，是我们根据学校实际情况精心编写的综合实践活动教材。它以"百草园"为载体，通过一系列丰富多彩的活动，引导孩子们走进中草药的世界，感受中医文化的博大精深。从"走进中草药"的初探，到"芬芳的花朵——花类中草药植物"的细赏，从"葱郁的叶子——叶类中草药植物"的辨识，到"茂盛的草——全草入药类植物"的了解，从"肥硕的根茎——根茎类中草药植物"的挖掘，到"可口的果实——果实类中草药植物"的品尝……每一个章节都充满了知识与趣味，让孩子们在轻松愉快的氛围中学习中草药知识，培养对中医药文化的兴趣与自信。

在项目化阅读的指导下，孩子们不仅阅读了教材中的内容，还主动查阅资料、采访专家、参观中药房等，深入了解了中草药的文化背景和药用价值。他们通过制作中草药标本、绘制中草药图谱、编写中草药故事等方式，综合运用和展示所学知识。教材不仅成为孩子们学习中草药知识的宝库，更成为他们传承中医药文化、培养跨学科学习能力的载体。

六、社团活动

每周五的社团活动课，是孩子们最为期待的时光。高老师带领的"百草园"社团，成为孩子们探索中草药奥秘、实现梦想的乐园。在这里，他们不仅学习了艾草泡脚、金银花茶制作等实用技能，还亲手采摘、储存玫瑰花，制作艾条、驱蚊包等。每一次实践活动，都是一次全新的尝试与挑战，让孩子们在动手中学会了思考，在体验中收获了成长。

在项目化阅读的引领下，孩子们不仅阅读了关于中草药实用技能的资料，还结合了科学、艺术等多门课程的知识进行了创新和实践。他们学会了如何将所学知识综合运用到实际生活中去解决问题和创造价值。这些活动不仅开拓了孩子们的视野和思维，更让中草药文化在他们心中生根发芽，成为他们成长道路上宝贵的财富和梦想的起点。

七、线上平台与广播站

为了将中草药文化的魅力传递给更多的人,我们打造了线上分享平台和红领巾广播站。在"美篇"空间上,我们记录下每一次中草药活动的精彩瞬间和孩子们的感悟心得;聆听红领巾广播站的"快乐中草药"栏目成为孩子们期待的活动项目。他们通过广播分享中草药的知识和故事,传递中医的智慧与魅力。

在项目化阅读的推动下,孩子们不仅阅读了大量关于中草药文化的书籍,还主动参与了线上平台内容的创作和广播节目的制作。他们学会了如何筛选信息、如何组织内容、如何表达观点等技能,也通过分享和交流加深了对中草药文化的理解和热爱,并将这份热爱传递给了更多的人。线上平台和广播站不仅成为孩子们分享和交流的平台,更成为中草药文化传播的桥梁和纽带。

八、研学之旅

为了让孩子们更加深入地了解中草药文化和自然生态环境,我们精心组织了研学活动。孩子们走出校园、走进自然,实地考察中草药植物的生长环境和药用价值;他们参观中药厂和博物馆,了解中草药的炮制过程和历史文化;他们与中医药专家面对面交流,聆听专家的讲解和指导。在研学过程中,孩子们不仅阅读了关于中草药文化和自然生态环境的书籍,还结合了地理、历史等多门课程的知识进行了综合学习和探索。他们学会了如何观察自然、如何记录数据、如何分析问题等技能,也通过亲身体验和感受加深了对中草药文化和自然生态环境的理解和尊重,并将这份尊重和热爱融入了自己的生活和学习中。研学之旅不仅成为孩子们探索自然和传承文化的途径,更成为他们跨学科学习和成长的重要方式。

"绿意盎然•草药飘香"项目化阅读与跨学科生态实践探索活动为孩子们提供了一个全新的学习方式和成长平台。在这个平台上,孩子们不仅能够学到丰富的中草药知识和文化,还能够培养跨学科学习能力、创新思维能力和实践能力。我们相信在未来的日子里,"百草园"将继续作为孩子们心中探索自然和传承文化的乐园,为他们的成长和发展提供源源不断的动力和支持。

"海洋生物的启示"融合设计

一、内容简介

在三年级"蓝色的家园"这一主题的引领下,我们踏入了第六课"海洋生物的启示"的奇妙世界。本课不仅是一次对海洋生物外形与仿生学的深度探索,更是一次生态语文的实践之旅。在这里,学生们将跟随海洋生物的足迹,领略它们千奇百怪的形态与独特的习性,感受人类从自然中汲取的智慧,进而激发自己的创造力,仿照海洋生物的特点进行发明创造。最终,我们还将共同守护这片蓝色的家园,呼吁每一名学生成为海洋生物的守护者。

二、教学目标

（1）在生态语文的语境中,通过观看视频与图片,初步领略仿生学的魅力,理解人类如何从海洋生物中汲取灵感。

（2）通过生态语文的阅读与表达,进一步学习海洋生物的外形与习性,以及它们如何启迪人类的发明创造。

（3）借助海洋生物的形态和习性,鼓励学生发挥想象,运用生态语文的笔触,尝试进行仿生设计,描绘自己的创意蓝图。

（4）在生态语文的情感熏陶下,培养学生的环保意识,呼吁大家爱护海洋生物,守护我们共同的蓝色家园。

三、教学准备

（1）搜集与海洋生物相关的生态语文素材,包括生动的文字描述、精美的图片以及引人入胜的多媒体课件。

（2）拓展并整合丰富的海洋生物资料,特别是那些能够体现生态语文特色的内容,如海洋生物的生态习性、与人类的关系等。

（3）准备小组分享的资料包,鼓励学生自主搜集资料,以生态语文的方式呈现海洋生物的启示。

四、教学过程

（一）视频导入,初识仿生学的生态魅力

1. 情境创设

同学们,今天我们将一同踏上一段奇妙的旅程,探索"海洋生物的启示"。在启程之前,让我们先通过一段视频,感受一位游泳健将与"海洋霸主"——鲨鱼的较量。

2. 生态引导

请大家仔细观察,从视频中你捕捉到了哪些生态语文的元素？菲尔普斯的游泳速度如何？这背后又隐藏着怎样的生态智慧呢？

（预设回答：菲尔普斯的游泳速度惊人，这得益于他身上的鲨鱼皮泳衣，这是人类从鲨鱼身上汲取的灵感，是仿生学的杰作。）

3. 仿生学初探

教师引导学生理解仿生学的概念，强调它是人类从自然界中汲取智慧，进行发明创造的重要途径。同时，指出海洋中蕴藏着无数这样的智慧，等待我们去发现、去创造。

（二）生态语文解读，深入探究海洋生物的形态启示

1. 生态描绘

教师讲述海洋中一种游泳速度极快的鱼类，引导学生想象其形态特点，并思考这种特点如何启迪人类的发明。

（预设回答：学生可能会提到军舰、剑鱼摩托车等，这些都是人类从海洋生物形态汲取灵感而发明的产物。）

2. 体验与表达

教师展示一个美丽的贝壳，引导学生用生态语文的笔触描绘其外表的精美。让学生通过触摸贝壳，感受其质地的坚硬与自然的鬼斧神工。

3. 语文创作

请学生以"贝壳的启示"为题，写一篇小短文，描述贝壳的外形、质感以及它给予人类的启示。

4. 生态链接

教师引导学生思考新型螺旋桨与海洋生物的关系，揭示鲸鳍状肢的启示，让学生感受仿生学在日常生活中的应用。

（三）小组展示，共探海洋生物形态的功能启示

1. 资料搜集

课前，学生以小组为单位搜集了关于海洋生物形态的功能启示的资料。教师鼓励学生用生态语文的方式整理资料，准备展示。

2. 展示方式

鼓励学生采用多样化的展示方式，如日历、画册、资料角、魔术包，让展示过程充满生态语文的趣味与创意。

3. 小组交流

各小组依次上台展示,讲述海洋生物如何启迪人类的发明创造。

第一组:以日历的形式,记录潜水艇的发明历程,强调鱼鳔让鱼在水中自由浮潜的功能对潜水艇设计的启示。

第二组:通过画册展示鲨鱼皮肤结构如何减少水阻力,进而启迪人类发明"鲨鱼皮"泳衣的过程,让学生感受速度与美的结合。

第三组:利用资料角介绍鱼眼镜头,强调其放大效果与鱼眼的特性之间的关联。

第四组:通过魔术包揭秘 X 射线成像仪的发明,让学生惊叹于龙虾眼睛与医学技术的奇妙结合。

第五组:以手抄报的形式,讲述乌贼快速前行原理如何启迪喷水拖船的设计,让学生领略海洋生物的智慧与人类的创造力。

4. 阶段总结

教师引导学生总结人类从海洋生物中获得的启示,强调这些发明创造如何改善我们的生活,同时培养学生的感恩之心与环保意识。

(四)小组讨论,激发生态创造的火花

1. 创意激发

教师引导学生思考:还有哪些海洋生物的独特形态或习性能够启迪我们的发明创造?鼓励学生以小组为单位进行讨论,用生态语文的笔触描绘自己的创意蓝图。

2. 资料引导

教师提供章鱼、藤壶、水母等海洋生物的资料,激发学生的创造灵感。

3. 展示与点评

各小组展示自己的创意成果,可以是文字描述、图画展示或模型制作等。教师引导学生用生态语文的方式进行评价,强调创意的生态价值与实践意义。

(五)情感升华,共筑生态保护的愿景

1. 情感熏陶

教师引导学生回顾本课的学习历程,感受海洋生物的丰富多样与人类的智慧。同时,强调海洋生物对于维持生态平衡、保护地球家园的重要性。

2. 生态倡议

教师发出倡议,呼吁每一名学生成为海洋生物的守护者。鼓励学生用生态语文的笔触写下自己的环保誓言,承诺将爱护海洋生物、保护蓝色家园作为自己的责任与使命。

3. 课堂总语

让我们以海洋生物的启示为起点,以生态语文为桥梁,共同探索自然的奥秘、创造美好的未来。愿我们都能成为生态的守护者、语文的践行者,让爱与智慧在蓝色的家园中流淌。

五、教学随感

在讲授"海洋生物的启示"这一课时,我策划了一场名为"海洋生物启示的博览会"的航海之旅。灵感如海浪般涌向学生,他们以小组为舟,竞相展示从海洋生物那里汲取的智慧灵光。

课堂之初,我如一位故事讲述者,缓缓道出人类如何从海洋生物的形态中汲取灵感,揭开仿生学的神秘面纱。随着旅程的深入,当探讨至海洋生物所激发的种种发明时,我将探索的罗盘交予每个小组。课前,他们已如潜水员般潜入知识的深海,搜集资料,准备以各自独有的方式,展示海洋的馈赠。

为确保小组合作灵动高效,我为他们抛出了三条建议的锚:一是让沉默的珍珠先发声,让言辞的珊瑚后绽放;二是确保交流的浪潮持续三分钟以上,让思想充分碰撞;三是每位船员都要扬帆,了解彼此的航迹,共同筛选出最璀璨的宝藏。

于是,小组内交流的漩涡开始旋转。组长如领航员,分配着展示、辅助、记录的任务。准备过程中,有的小组化身海洋生物的代言人,自豪地诉说着给予人类的启示;有的则成为科普的灯塔,照亮知识的航道;更有的以魔术师的姿态,让启示如幻影般显现。每个小组都全力以赴,力求在博览会上留下最深刻的印记。

终于,"海洋生物启示的展览会"拉开了帷幕。第一小组以鱼的视角,讲述了潜水艇的诞生,让学生们惊叹于平常之中的不凡。第二小组则以知识卡为舟,载着鲨鱼皮泳衣的秘密,让学生们领悟到善待自然的重要性。第三小组如鱼雷般冲刺,展示了乌贼与喷水快艇的不解之缘。第四小组的资料角,则让学生们通过鱼眼镜头,窥见了广阔世界的奥秘。而第五小组则以魔术师的神秘,揭示了 X 射线成像仪与龙虾眼睛的奇妙联系,让学生们惊叹科学的魅力。

展览结束后,学生们仍沉浸在那片灵感的海洋中。我趁机引导:海底还有无数未被发现的宝藏,等待着我们去探索。章鱼强有力的吸盘、藤壶分泌的强力胶、水母制造的荧光蛋白……这些都能成为我们创新的源泉。于是,小组再次起航,带着新的使命,驶向创造的深海。

第二次合作,他们更加默契,如同经验丰富的航海家,各司其职,共同绘制着创新的蓝图。汇报时,他们的发明如珍珠般璀璨夺目,无论是强力胶还是章鱼吸盘般的工具,都凝聚着团队的智慧与汗水。

在这堂海洋课中,同学们不再是被动的听众,而是主动的分享者、创造者。他们共同分担任务,集思广益,思维的火花在交流中不断绽放。这样的课堂不仅激发了他们的学习热情,更让知识之舟在欢乐与探索中驶向更远的彼岸。这,就是孩子们梦寐以求的海洋课,一片充满生态语文、生态阅读与写作魅力的知识海洋。

"海上森林:红树林的生态探秘"融合设计

一、内容简介

在遥远的热带与亚热带边缘,潮起潮落间,隐藏着一片神秘而独特的生物王国——红树林。它不仅是陆地与海洋交织的梦幻之地,更是被誉为"地球之肺"的绿色奇迹。本节课,我们将携手踏上这场海上森林的奇幻之旅,深入探寻红树林中那些鲜为人知的生物群落,领略别具一格的植物风采,倾听潮间带动物精灵们的低语。让学生通过共读《如果没有红树林,地球会怎样?》这一生态绘本,激发对红树林的深切情感,共同守护这片生命的绿洲。

二、教学目标

(1)生态感知:借助观看视频、搜集资料等多元化手段,学生在任务的引领下,深入剖析红树林的生态环境及其独特特征,培养对自然生态的敏锐洞察力。

(2)生命探索:聚焦于红树林中的植物奇观,通过故事讲述揭示其生存智慧;结合个人课前探究,每位学生将化身潮间带动物的代言人,共同谱写生物多样性的赞歌。

(3)情感共鸣:在学习活动中拓宽视野,深化对红树林生态价值的认识,激发对红树林的热爱与保护之情,同时点燃对生物群落间相互依存关系的思考火花,为后续探索更多生态秘境埋下伏笔。

三、教学准备

精心准备的多媒体教学 PPT、生动形象的教具模型、引人深思的生态绘本、详细丰富的资料卡片以及精心设计的任务单,旨在为学生打造一场视觉与心灵的双重盛宴。

四、教学过程

(一)启航:谈话导入,唤醒好奇心

"同学们,你们可曾亲眼见证过海水的涨落,感受过潮间带那瞬息万变的魅力? 你们知道,在这片潮起潮落的神秘地带,蕴藏着怎样一个不为人知的生物群落吗?"随着问题的抛出,学生的好奇心被悄然唤醒。"今天,我们将共同揭开'海上森林'——红树林的神秘面纱,探索它作为陆地与海洋桥梁的独特之美。"

(二)探索:任务驱动,揭秘红树林

1. 初识海上森林

"想象一下,当潮水退去,一片郁郁葱葱的海滩森林映入眼帘;而当潮水涌来,那些枝繁叶茂的树冠又仿佛海岛般屹立于海面之上,这是不是很神奇?"在学生的惊叹声中,我们正式开启红树林的探索之旅。通过视频资料与课前搜集的信息,学生们在任务的指引下,分组探究红树林的生态环境及特征。一分钟的紧张讨论后,各小组竞相汇报,从根系的奇妙构造到胎生植物的独特繁殖方式,再到泌盐功能的生存智慧,红树林的每一个细节都让学生惊叹不已。

2. 植物奇趣录

"接下来,让我们更深入地走进红树林的植物世界。"随着故事的缓缓展开,四位学生分别朗读了书中关于红树林植物的精彩片段。在故事的引领下,学生们不仅认识了多种植物,还被它们各自的奇特本领深深吸引:有的能够"呼吸"海水中的盐分,有的通过特殊的根系稳固沙滩,还有的能够"孕育"出自己的幼苗。这些生命的奇迹,让学生们对红树林的敬畏之情油然而生。

3. 动物精灵的家园

"红树林不仅是植物的乐园,更是无数动物精灵的栖息地。"学生们结合课前的搜集,纷纷为自己最喜爱的潮间带动物代言,从招潮蟹的舞动到弹涂鱼的跳跃,从鹭鸟的翱翔到海娃的嬉戏,每一个生命的故事都充满了趣味与温情。在小组的推荐下,代表们上台交流,用生动的语言和丰富的资料卡,展现了红树林生

物多样性的魅力，也让学生们深刻体会到生物之间相互依存、和谐共生的美好。

（三）深思：心系红树林，共筑生态梦

1. 绘本启示，唤醒保护意识

"然而，这片生命的绿洲正面临着前所未有的挑战。"随着《如果没有红树林，地球会怎样？》绘本的翻开，一幅幅震撼人心的画面呈现在学生眼前。学生们沉默片刻后，纷纷畅所欲言，有的表达了对红树林净化空气、防风消浪功能的赞叹，有的则对红树林被破坏的现状表示担忧，更有学生提出要从自身做起，保护红树林，保护我们共同的家园。在学生的发言中，我们看到了他们对自然的深情与责任。

2. 课外拓展，播撒探索的种子

"红树林只是地球村众多生物群落中的一个缩影。"在课程的尾声，我鼓励学生将目光投向更广阔的天地，去探索、去发现那些隐藏在地球各个角落的生物奇迹。无论是热带雨林的神秘，还是极地冰川的壮丽，都是等待我们去解开的自然之谜。通过课外的持续探究，我们希望能在学生们心中种下探索的种子，让生态教育的理念在他们心中生根发芽。

五、教学随感

对于北方的孩童而言，红树林——那潮间带上的绿色奇迹，宛如遥远的梦幻之地。课程启程之际，我心中不免忐忑：孩子们未曾亲历红树林的奇妙，他们会提出怎样的问题？他们能否被这片海上森林深深吸引？我又能否成为他们探索之旅的称职向导？

我以轻松的对话为舟，带领学生缓缓驶入知识的海洋："同学们，你们可曾目睹海水那潮起潮落的壮观？"话音刚落，孩子们的眼神中便闪烁起了对大海的向往。我顺势而问："那你们知道潮间带这个神秘的地带吗？"一位小勇士自信地举起手："老师，我知道！潮间带就是潮水从最高点到最低点的那片魔法区域。"我赞许地点点头："你真是个小小探险家！今天，就让我们携手踏入这片潮间带的秘境，去探寻那片绿意盎然的海上森林——红树林。"

随着幻灯片的切换，红树林在潮水涨落中的千姿百态展现在孩子们眼前，他们瞪大了好奇的眼睛，仿佛被这片神奇的绿色世界深深吸引。我趁热打铁："看，落潮时红树林如绿毯铺展，涨潮时树冠则如岛屿般屹立海中。你们是不是觉得它既神秘又壮观？你们对红树林的哪些方面充满好奇呢？"孩子们的小手踊跃举起,问题如潮水般涌来:"老师,红树林为何绿意盎然却名中带'红'?""它们如何在滩涂上扎根生长?""在哪里可以目睹这片奇迹?""那里藏着哪些动植物的秘密?"……我被孩子们的求知欲深深打动,幸好早已备下红树林的宣传视频,为他们解开一个个谜团。视频观看后,我并未急于提问,而是将探索的任务单和资料分发给他们,小组内顿时热火朝天,讨论声此起彼伏。

待讨论渐入佳境,我轻声询问:"通过刚才的交流,红树林在你心中是否又添了几分神秘与亲近?"几位小勇士迫不及待地分享起他们的新发现:"老师,红树林的树拥有'红心',是因为单宁氧化后呈现的红色!""红树植物的根系像迷宫,呼吸根让它们在淤泥中也能自由呼吸!""它们还能通过叶片排盐,真是太神奇了!"孩子们的发现让我惊叹不已,他们主动探索的能力让我由衷佩服。

接下来,我们通过角色扮演,走进了红树林中丰富多彩的植物世界。孩子们化身动物精灵的代言人,用图文并茂的资料卡,生动大方地展示着招潮蟹、弹涂鱼、鹭鸟等红树林的居民。由于时间有限,孩子们意犹未尽,还有更多关于苍鹭、海娃的故事等待下次分享。

在知识的探索之余,情感的滋养同样重要。"红树林这片生物资源的宝库,不仅为动物们提供了栖息的乐园,还滋养了它们的生命。这之间,是怎样一种和谐共生的关系呢?"孩子们纷纷发表见解:"它们是一个大家庭,相互依存。""它们共生共存,缺一不可。""可是,人类的过度开发却让这个大家庭面临危机。通过阅读《如果没有红树林,地球会怎样?》这本绘本,你们有何感想?"孩子们的神情中透露出不舍与担忧:"红树林是大自然的瑰宝,我们必须珍惜。""它是动植物的家园,失去它,它们将何去何从?""红树林是海岸的守护者,保护它就是保护我们的家园。"孩子们的回答,让我看到了他们心中涌动的保护欲和求知欲。这堂课,不仅点燃了他们的好奇心,更在他们心中种下了保护自然的种子。

课堂,是知识的乐园,更是情感的沃土。在这片乐园里,孩子们是真正的主人,他们学得轻松、快乐。通过搜集资料、观看视频、任务探究、绘本阅读等多种方式,他们的探究能力和对自然的亲近感得到了培养。

后来,一个孩子在学校荷塘边的偶然发现,更是将这份对自然的关爱付诸实践。他捡到了一只小鸭子,精心照料了一夜,然后交给了老师。经过观鸟协会会长的辨认,这只小鸭子竟是国家二级重点保护鸟类——角䴙䴘。在孩子的细心呵护和专业人士的救治下,这只珍贵的角䴙䴘得以重获新生,有望回归大自然的怀抱。孩子的这一善举,正是他懂得保护珍稀动植物,在大自然中不断学习成长的最好证明。

第三篇 »

语文生态化课堂的构建与实施

第一章　语文生态课堂的建构之思

第一节　语文生态课堂建设的探索与实践

科达小学自 2010 年 9 月落成，便以省级规范化学校的严苛标准鞭策自身，矢志不渝地践行"为学生幸福人生绘就璀璨底色"的教育使命。我们以前瞻性的教育视野为引领，勇于在教育改革的浪潮中破浪前行，特别是在"育人模式"与"课程建设"领域，我们力求突破，全力构建以特色课程为核心、四维并进的全新育人生态，不断深化课堂教学的探索与实践。

回溯过往，从 2011 年至 2015 年，我们在省级"成功教育"课题的指引下，聚焦课堂，精心雕琢出"成功展示每一人，成功转化每一心，成功点燃每一梦"的课堂教学模式，成效显著。紧接着，2016 年至 2018 年，我们又勇挑市级小班化教育课题重任，紧密结合校情学情，以"精致小卷"为载体，创新性地构建了三段互动小班化教学模式，不仅为学生搭建了多元展示的舞台，更极大地激发了他们的自主学习潜能，两项成果均荣获市级教科研殊荣。

自 2019 年起，我们依托"学为中心"的理想高效课堂建设大讲堂，通过理论研读、全员赛课、主题研磨等一系列循序渐进的举措，深入挖掘并提炼出符合学校实际、贴合学生需求的"五步四维"生态化课堂模式。在生态语文课堂建设的征途上，我们更是取得了令人瞩目的成就。

一、启动：三管齐下，夯实生态语文课堂之基

（一）理论滋养，深植生态理念之根

我们积极引领教师利用假期时光，深入研读教育理论，每学期初通过"课标解读、教材剖析、课堂研讨"的"三讲"活动，以及"新课标"理论测试、"悦读智教"读书交流会，将理论与实践紧密相连，为生态语文课堂的建设奠定了坚实的理念基石。

（二）赛课切磋，探寻生态教学之道

全员赛课是我们探索生态化教学的重要平台。通过集体备课、个人深挖、课

堂展示等七大环节,我们鼓励教师在交流中碰撞思想,在切磋中共同成长,逐步摸索出契合生态化教学理念的课堂新范式。

二、运行:五步四维,绘就生态语文课堂新图

我们紧扣"学为中心"的核心理念,借鉴、研究、实践并创新,精心构建出"五步四维"的生态语文课堂教学模式。这一模式以"学"为圆心,围绕学习方式的有效性、教师教学的高站位、课程性质的深挖掘和课堂文化的暖氛围四个维度展开,通过导学启思、自学探究、助学解惑、测学反馈、延学拓展五步教学流程,实现教学效率的全面提升,让语文课堂焕发出勃勃生机和生态魅力。

在数学课堂,我们以"前测学习单"为支点,打造学思交融、学练结合、学评一体的生态化教学新景象。而在语文课堂,我们则聚焦"群诗阅读",通过主题教研的深入和特色阅读课的精心打磨,探索出低年级板块式阅读、情景拼音"五步拼写"等多样化的教学模式,为生态语文课堂注入了源源不断的活力与创意。

三、推进:双线融合,拓宽生态语文课堂新界

面对疫情的严峻挑战,我们积极应对,勇于探索"双线融合"的教学模式,将线上与线下教学有机融合,实现课堂教学与家庭学习的无缝衔接。在语文阅读和作文教学中,我们巧妙运用"线上激趣引导 + 线下精准点拨"等策略,有效提升学生的语文学习能力。在数学教学中,我们则以单元整合为突破口,梳理出"双线融合单元统整式学习"策略,帮助学生构建更加系统、完善的知识体系。

展望未来,我们将继续坚守"学为中心"的教育理念,深化"双线融合"教学的研究与实践,不断完善"五步四维"生态化课堂教学模式。我们矢志打造具有科达特色的智慧课堂、高效课堂,全面提升学生的综合素养和学业水平,为科达小学的生态语文课堂建设谱写更加辉煌的篇章。

第二节　"生态化"视域下"五步四维"语文课堂模式的探索

在当今教育改革的大潮中,"学为中心"的教育理念犹如一股清流,引领我们迈向教育的新境界。在这一理念的指引下,我们满怀激情与憧憬,投身于"五步四维"语文课堂教学模式的创新与实践之中。这一模式不仅是对传统教学模式的一次深刻反思与颠覆性突破,更是对"生态化"教育理念的一次生动诠释与有力践行。我们始终坚守以学生为中心的核心理念,全方位、多角度地关注学生的

学习状态、学习策略以及学习成效,致力于构建一个充满活力、和谐共生的语文课堂生态系统,让每一位学生都能在其中茁壮成长。

一、模式精髓

(一)生态化课堂的深刻内涵

生态化课堂是一种全新的教学理念,它超越了传统课堂的局限,将课堂视为一个生态系统,强调师生之间、生生之间的互动交流,注重学习过程的动态生成与多元化发展。在这个生态系统中,学生不再是被动接受知识的容器,而是知识探索的主体;教师也不再是知识的传授者,而是学生学习的引导者与伙伴。生态化课堂要求我们在传授知识技能的同时,更要深入关注学生的情感世界、态度倾向与价值观念,以促进学生全面发展为最终目标,让课堂成为学生身心成长的沃土。

(二)"五步四维"模式的构建框架与生态化解读

我们精心设计了"五步"教学流程:导学启思、自主研读、合作助学、测评反馈、延伸拓展。这五步流程,犹如生态化课堂中的五个生态环节,紧密相连,环环相扣,共同推动着学生的学习进程。每一步都旨在激发学生的学习热情,引导他们深入探究,促进知识的内化吸收与灵活迁移,让课堂成为学生学习和成长的乐园。

同时,我们围绕"四维"进行细致构建,为生态化课堂注入了丰富的内涵与活力:

(1)效度:我们着力提升学生学习的效率与效果,倡导积极主动学习与团队协作学习,通过优化学习流程、创新学习方式,显著提高学习效率,让学生的学习更加高效、有序。

(2)高度:要求教师立足课程全局,精心设计教学方案,以拓展教学的深度与广度为目标,提升学生的综合素养。我们鼓励教师跳出教材的束缚,将教学视野拓展到更广阔的领域,让学生在知识的海洋中自由翱翔。

(3)深度:我们深入挖掘课程内容的丰富内涵,注重知识的连贯性与系统性,着力培养学生的批判性思维与创新能力。通过引导学生深入探究、质疑反思,让课堂成为学生思维碰撞、智慧火花四溅的舞台。

(4)温度:我们营造充满人文关怀与生命活力的课堂氛围,通过情感交流与民主管理,激发学生的创造潜能与个性魅力,让课堂成为学生情感交流的温馨家园,让每一位学生都能在其中感受到关爱与尊重。

"五步四维"模式的构建,不仅体现了我们对生态化课堂的深刻理解与准确把握,更展示了我们对传统教学模式的颠覆性创新与超越。

二、理念基石

"五步四维"模式深受人本主义与建构主义学习理论的滋养与启迪。人本主义强调以学生为中心,关注学生的个人成长与自我实现;建构主义则注重学习的主动性与情境性,认为知识是通过学习者的主动探索与建构而获得的。这两大理论如同两股强大的生态力量,为"五步四维"模式提供了坚实的理论支撑与指导。

在人本主义与建构主义的生态交融下,"五步四维"模式得以不断丰富与完善。我们注重激发学生的学习动机与兴趣,引导他们主动参与学习活动;我们强调学习过程的情境性与实践性,让学生在真实情境中探究知识、解决问题;我们关注学生的个体差异与需求,为他们提供个性化的学习支持与服务。这些理念与实践的深度融合,让"五步四维"模式更加符合生态化课堂的要求,更加贴近学生的学习实际。

三、课堂构建

在"五步四维"模式的引领下,我们精心从四个维度打造生态化的语文课堂设计,让课堂成为学生身心成长的生态乐园。

(1)学生学习维度:我们倡导小组合作学习、探究式学习等生态化学习方式,通过组建学习小组、开展探究活动等方式,切实提升学生的自主学习能力与团队协作能力,让学生在学习过程中相互帮助、共同进步,形成积极向上的学习氛围。

(2)教师教学维度:我们鼓励教师采用情境教学、问题引导等教学策略,通过创设生动的教学情境、提出启发性的问题等方式,有效激发学生的学习兴趣与探究欲望。同时,我们注重教师的角色转变与能力提升,让教师成为学生学习的引导者与伙伴,与学生共同探索知识的奥秘。

(3)课程内容维度:我们注重课程内容的整合与创新,将课本知识与现实生活、社会文化紧密相连,通过引入生活案例、开展实践活动等方式,拓宽学生的知识视野与认知范围,让课程内容更加贴近学生的生活实际与兴趣爱好,增强课堂的生态性与吸引力。

(4)课堂文化维度:我们营造民主、和谐、创新的课堂氛围,通过建立平等的师生关系、鼓励学生勇于表达自我等方式,让课堂成为学生精神成长的生态乐园与心灵栖息地。我们注重培养学生的创新思维与个性品质,让他们在课堂中尽情展现自己的风采与才华。

这四个维度的设计与实践,共同构成了生态语文课堂环境的有机整体,让课堂成为学生身心成长的沃土与乐园。

四、实施路径

在具体实施过程中,"五步"教学程序是我们的核心策略与行动指南。我们按照"导学启思—自主研读—合作助学—测评反馈—延伸拓展"的流程,推动生态化教学的深入实践与落地生根。

(1)导学启思:我们通过精心创设教学情境、提出启发性问题等方式,引导学生迅速进入学习状态并明确学习目标与方向。同时,我们注重培养学生的问题意识与探究能力,让他们在问题的引领下主动探索、积极思考。

(2)自主研读:我们鼓励学生自主阅读、独立思考并培养他们自学能力与问题解决能力。通过提供丰富的学习资源与工具、设计合理的学习任务等方式,让学生在学习过程中不断挑战自我、实现知识的自主建构与内化吸收。

(3)合作助学:我们通过小组合作、教师适时指导等生态化方式帮助学生攻克自学中的难关并深化理解。在小组合作中,学生相互帮助、共同进步;在教师的指导下,学生明确方向、提升能力。这种合作助学的方式不仅促进了知识的共享与内化提升,还培养了学生的团队协作能力与社交技能。

(4)测评反馈:我们设计多样化的检测题与反馈机制并及时检测学生的学习效果。通过及时的反馈与评估,我们能够针对学生的问题及时调整教学策略并提供个性化的指导与帮助。这种测评反馈的方式不仅确保了生态化教学的有效性与针对性,还促进了学生自我反思与成长。

(5)延伸拓展:我们布置拓展性作业或项目任务并引导学生将所学知识应用于实践。通过拓展性学习任务的完成,学生不仅能够巩固所学知识并拓展学习的深度与广度,还能够实现知识的迁移与创新应用并培养实践能力与创新能力。

这五步教学程序的实施与实践不仅体现了生态化课堂的教学理念与要求,还促进了学生全面发展与个性成长,更让语文课堂焕发出了勃勃生机与活力。

五、推进举措

为了有力促进"五步四维"模式的实施,我们采取了理论研读与全员赛课相结合的生态化推进方式。这种方式不仅提升了教师的理论素养与教学实践能力，还促进了教学模式的不断完善与优化，更形成了具有学校特色的生态化教学风格与体系。

（1）理论研读：我们通过假期充电培训、开学初的"三讲"活动、"新课标"理论考试以及"悦读与智教"读书交流活动等多种形式不断提升教师的理论素养，完善教师的教学理念。这些活动不仅让教师深入理解了生态化课堂的教学理念与要求，还为他们提供了丰富的理论支撑与思想引领，更为他们的教学实践提供了有力的指导与帮助。

（2）全员赛课：我们通过集体备课研讨、个人深入挖掘、课堂展示比拼、打分公示反馈、说课评课交流等生态化环节让教师在实践中不断探索、完善"五步四维"模式。在全员赛课的过程中，教师们相互学习、相互借鉴，不断反思、不断提升，形成了浓厚的教研氛围与良好的教学风气。这种全员赛课的方式不仅促进了教师的专业成长与个性发展，还推动了教学模式的不断创新与完善，更形成了具有学校特色的生态化教学风格与体系。

展望未来，我们将继续深化"五步四维"生态语文课堂教学模式的研究与实践探索。我们坚信，在不懈的努力与持续的创新下，我们的语文课堂必将焕发出蓬勃生机。我们将致力于培养学生的核心素养与综合能力，让每一名学生都能在语文课堂中找到属于自己的舞台与天地，尽情绽放属于自己的璀璨光芒。

第三节　生态观引领下小学语文情境课堂的构建与优化

在教育的广阔舞台上，生态观犹如一盏明灯，照亮了小学语文课堂的新方向。它强调教育应如生态系统般和谐共生，注重学生的全面发展与个体差异，倡导在自然的、生活的、情感的情境中学习语文，让知识、情感、思维与生命在课堂中自由流淌、深度融合。情境课堂，作为生态观在小学语文教学中的具体实践，为学生搭建了一个充满活力与创意的学习空间。

一、生态语文的价值取向与课堂造境的融合

生态语文，是从"知识课堂"向"诗意课堂""思维课堂""情意课堂""生命课堂"的华丽转身。这一转变，要求教师在语文课堂的每一个环节，都需为学生的"学"精心搭建深度学习的"脚手架"。课堂造境，正是实现这一转变的关键。它要求教师以学生现有的认知水平为起点，通过精心设计的课堂环境，引导学生

穿越学习的"最近发展区",达到更高层次的学习目标。这种造境,不仅包括对语言环境的营造,更涉及对活动、生活乃至自然环境的巧妙利用,让语文课堂成为学生自由生长、快乐学习的乐园,也为生态阅读与生态写作提供了无限可能。

二、语言造境:构建诗意阅读的生态空间

诗意的语文课堂,是想象力与情趣的交融。在语言造境中,教师通过富有诗意和情趣的语言,创造出一个"有序、有情、有趣、有思"的课堂意境,激发学生的学习兴趣,引导他们走进文本的世界,感受语言的魅力。正如萧红的《祖父的园子》中那质朴而自然的语言,让学生在教师的引导下,仿佛置身于那个充满生机与自由的园子中,领略到语言的韵味与情感。这样的语言造境,不仅让学生的阅读体验更加丰富和深刻,也为他们的生态写作提供了灵感的源泉。

三、活动造境:激发思维写作的活力

思维的激发与培养,需要良好的土壤和循序渐进的过程。在活动造境中,教师通过设计富有启思性的课堂活动,如"品说"活动、地名故事创作,引导学生在活动中思考、感悟,让他们的思维在交流与碰撞中不断深化。这种活动造境,不仅让学生在轻松愉快的氛围中掌握了知识,更激发了他们的写作欲望和创造力。学生在活动中体验到的乐趣和成就感,成为他们持续写作的动力源泉。

四、生活造境:让阅读与写作回归生活

语文与生活密不可分。在生活造境中,教师将语文课堂与生活紧密相连,引导学生从生活中汲取素材,感悟生活真谛。如通过组织学生参与升国旗活动、观察自然景象等,让学生在亲身体验中感受语文的魅力,也让他们的阅读与写作更加贴近生活、反映生活。这种生活造境,不仅丰富了学生的阅读内容,也让他们的写作更加真实、生动、有感染力。

五、自然造境:构建生命写作的生态课堂

自然是人类最好的老师。在自然造境中,教师将自然当作语文课堂的延伸,引导学生走进自然、观察自然、感悟自然。如通过组织学生观看日出、游览山水,让学生在自然的怀抱中汲取灵感,用文字记录下自己的所见所感。这种自然造境,不仅让学生的写作更加富有生命力和活力,也让他们在阅读中更加能够感受到自然与人类的和谐共生。

综上所述,课堂造境是构筑生态语文的基石。通过语言造境、活动造境、生活造境和自然造境等多种方式,教师可以为学生创造一个充满诗意、思维活力、生活气息和生命力量的语文课堂。在这样的课堂中,学生的阅读与写作不再是机械的任务,而是他们生命成长的一部分,是他们与世界对话的方式。生态语文的课堂造境,让学生的阅读更加深入、写作更加自由、生命更加丰盈。

第四节　在游泳的碧波中寻觅教学之道——单元学历案的生态化探索与实践

“在战争中学习战争,在游泳中学会游泳”,这是毛泽东同志提出的实战学习法则。我在最近落幕的2024年全国中小学“学历案·为学而教”教学观摩研讨会上,从温江一位教研员的精彩发言中,再次被这句话深深触动。自己从学习、撰写到应用学历案,再带领全校教师共同探索的历程,无疑是一场波澜壮阔的旅程。正如孩童初学游泳时的忐忑与成长,我们在推进单元学历案的过程中,也经历了从排斥、迷茫到热爱、精通的转变。实践告诉我们,唯有亲身体验,方能破解难题。科达小学探寻学历案的真谛,便在于“紧握三大关键”:聚焦关键人群,锁定关键事件,开展关键活动。

一、勇敢跃入:以关键人群为引领,教师团队由疏至密

雁阵飞行,头雁领航,众雁紧随,方能展翅高飞。科达小学在推进学历案的过程中,亦借鉴了雁阵的智慧,于困境中寻得引领之光。

(一)头雁领航:核心组破冰前行

教务处与学科教研组长,如同学校的头雁,引领着教学的方向。我们成立了“学历案核心构建小组”,通过系列专题培训与沙龙论坛,率先突破理论与实践的壁垒,掌握单元学历案的精髓。这些核心小组在研发学历案的过程中,不仅自我成长,更成为教研组内传播的火种,点亮了他人,也照亮了自己前行的道路。

(二)众雁跟飞:创编团携手共进

头雁领航,众雁齐飞。教科室携手教研组长、备课组长及一批充满激情与智慧的骨干教师,组成了“单元学练案范例创编团”。寒假期间,我们分组协作,历经集中培训、创编讨论、修订审核,终于试编成功首套单元学历案。这不仅体现

出知识的积累,更体现出团队精神的凝聚。

(三)群雁齐飞:备课组全面铺开

雁阵之美,在于其整齐划一,共同飞翔。为不让任何一位教师掉队,我们分三步走,将学历案的建设推广至全校。从初识学历案的懵懂到深入研究的热爱,从合作中的摸索到探究中的梳理,每一步都凝聚着教师们的汗水与智慧。我们通过学习交流、自主研修、集体备课等活动,让学历案的理念深入人心,让应用学历案成为教师们教学的新常态。

二、悠然游弋:以关键事件为基石,探索实践由形至神

教师们已跃入教学的碧波,如何让他们在水中悠然游弋?如何让学历案从纸面走向课堂,实现"学习可见,素养可触,学会可落"?我们深知,这需要一场深刻的实践与探索。于是,学校基于全员赛课,启动了学历案教学设计大赛与学历案课堂实践大赛,并牢牢把握了三个关键事件。

(一)试水之作:主学科首篇学历案

面对设计与实践的脱节,我率先通过文献学习、课例观摩,创编了一篇赛课学历案,为语文组的研究提供了鲜活的样本。我们收集问题,形成清单,再通过样例释疑,不断优化,为后续的创编奠定了坚实的基础。

(二)合力精编:创编团打造精品学历案

为实现校内单元学历案水平的整体提升,我们集合教研组长、备课组长与骨干教师的力量,共同打磨出一套高质量的学历案样例。通过一对一指导、线上线下交流,我们确保了样例的精准与实用。随后,各学科教师根据赛课要求,抽取课题,创编属于自己的学历案。

(三)课堂比拼:学科组实战演练

从一篇到一套,从文本到课堂,这是学历案生命力的体现。2024年3—4月,学校举办了除体育学科外的各学科"单元学历案设计大赛与课堂实践比赛"。在全员参与、全程跟踪、全员评价的氛围中,教师们边听边改、边改边推,共同学习亮点,群策群力解决难题。每一堂课都凝聚着教师们的心血与智慧。教师们无论资历深浅,皆全力以赴,加班加点,只为那份对教育的热爱与执着。赛课结束后,各教研组总结经验,评价得失。我们认识到,学历案的"神"在于对课程标准的精

准把握、对"教学评"一致性的深刻理解与践行、对学科课程的透彻理解。于是，我们再次修订学历案，力求形神兼备。

三、破浪前行：以关键活动为引擎，课堂实践由浅入深

游起来，还要游得快。有了规范的学历案资源，我们着力开展关键活动，通过三段式主题教研，实现高品质课堂与学历案的深度融合。

（一）区域联盟：共筑范式之基

2024年4月11日，小学教研联盟三组齐聚科达小学，共同开展"聚焦学历案，落实教学评"系列主题活动。我们以《田忌赛马》为例，展示了学历案在课堂上的实践成果。四位教研组长结合课例，分别从不同角度分享了学历案的整体推进与实践经验。令人振奋的是教研室小学语文教研员徐会荣校长的点评与引领，他以其深厚的理论功底与丰富的实践经验，为我们指明了前进的方向。

（二）五步四维：创特色之路

学历案作为专业的教学方案，指向了"学为中心"的育人方式改革。我们借力开发区语数英学历案研讨活动，全力提升基于"五步四维"教学模式的学历案建设。从教学内容的处理到教学过程的设计，从教学方式的创新到教学方法的使用，我们针对语文、数学、英语三个学科进行了深入的探索与实践。初步梳理出"五步"即激学导思、共学研思、组学辩思、展学反思、拓学创思，以及四维评价维度：教师引导、学生学习、学习评价、课堂融合。我们鼓励教师结合此模式撰写学历案，考察其使用效果。

在专家的指导下，我们组建了三学科"学历案模式构建团队"，通过线上学习、线下研讨、骨干引领、教学实践等方式，不断磨砺课堂，践行学历案。如今，我们的学历案已经实现了从无到有、从有到优的提质突破。

（三）原始积累：拓外延之界

之前的探索主要集中在单元学历案与课时学历案上，而未来，我们将致力于习作学历案、复习学历案与纠错学历案的研究与使用。这三种课型更适合学历案的运行机制，且我们已有一定的研究基础。

在习作教学方面，我们多年来一直使用多功能动态评价量表，助推习作升格，让习作评价可视化。这一量表解决了评改吃力的困境，通过写前导向、写中分项、写后互动等方式，精准引导学生使用，发挥了应有的功能。

在纠错教学方面，我们也梳理出了纠错模式与"纠错神器"。根据专项题型纠错、单元纠错、阶段知识汇总型纠错等课型，以及"小先生制"互助纠错、"纠错小主播"等纠错形式，我们积极打造适性"纠错神器"，如纠错本、纠错小卷、纠错小报。同时，我们也梳理出了三学科基本的纠错课范式，为教师的纠错教学提供了有力的支撑。

回首这段历程，科达小学的学历案探索之旅犹如"在游泳中学会游泳"。我们紧握关键人群，勇敢跃入；锁定关键事件，悠然游弋；开展关键活动，破浪前行。从学校的专业提升到区域内的辐射共享，我们见证了学历案带来的巨大变化。未来，我们将继续深化学历案的教学实践研究，以核心素养为导向，学习新经验，应用新方式，完善学历案设计，优化教学过程，搭建"学为中心"的课堂，让"想得到的素养"变成"看得见的风景"。

第五节　学历案驱动下生态语文课堂变革探索与实践

2023年5月，教育部颁布的《基础教育课程教学改革深化行动方案》，犹如一股清泉，滋润着教育改革的沃土，引领我们将新课程的宏伟蓝图细化为可操作的教学实践。那么，如何将"学为中心"的教育理念真正植根于课堂呢？本文将以"以学历案建设浇灌生态语文课堂——科达小学的新学堂实践探索"为题，通过三个维度，与大家分享科达小学在教育生态化探索中的实践与思考。

一、溯源：学历案，生态课堂的种子

自2010年建校以来，科达小学的课堂建设如同一片生机勃勃的森林，经历了从萌芽到茁壮成长四个阶段。前三个阶段为我们奠定了坚实的基础，但"课程标准落实的浅层化、学为中心体现的不足、整体推进效度的欠缺"这三道难题，如同森林中的迷雾，亟待我们寻找破雾之剑。在开发区教研室的引领下，学历案犹如一缕阳光，穿透了迷雾，照亮了课堂改革的道路。它不仅是专业的助学计划，更是学生学习路径的导航图，是师生互动的桥梁，是学生成长的记录册，是教学质量评估的标尺。学历案"基于课程标准、坚持学生立场、落实教学评一致性"的核心理念，与我们的课堂改革需求不谋而合，成为我们打造生态语文课堂的种子。

二、铺轨：构建生态语文课堂的"3+"模式

（一）三大机制：为学历案播种施肥

"三主体"层级式联动：教研室的高屋建瓴，为我们指明了方向；教研联盟的协同作战，激发了学科间的活力；学校层面的整体规划与变革实践，则让学历案真正落地生根。我们借鉴雁阵理论，组建"学历案研发别动队"，以核心组为头雁，创编团为众雁，备课组为群雁，形成了梯队推进的良好态势，让学历案的研发在全校范围内蔚然成风。

"三位一体"包裹式培训：我们借智专家，线上线下相结合，深入领悟学历案的精髓；紧跟区域培训，分享交流，共同进步；扎实开展校本培训，通过一体化教学质量提升推进会，让每一位教师都能深刻理解学历案的内涵与价值。这一系列的培训，如同春雨般滋润着每一位教师的心田，为学历案的生根发芽提供了充足的养分。

"三梯度"主题活动：从"全员赛课"的热烈氛围，到"联盟汇聚"的智慧碰撞，再到"区域专研"的担当与突破，我们一步步深化学历案的实践与探索。每一次活动都是对学历案的一次深度耕耘，每一次交流都是对生态语文课堂的一次深刻思考。

（二）三大策略：为学历案搭建支架

先行编：我们选取小学语文作为先行学科，结合课程标准和教学用书，构建了学历案设计的基本框架和模板。这一框架和模板如同生态语文课堂的骨架，为后续的设计提供了坚实的基础。

全科编：在先行编的基础上，我们将其他学科也纳入学历案的设计范畴，形成了全科编写的专业支架。各创编小组在效仿中创新，在摸索中前行，最终每个学科都拥有了独具特色的学历案设计样例。这些样例如同一朵朵奇花异草，共同构成了丰富多彩的生态语文课堂。

量化编：为了更科学地评价学历案的设计质量，我们研制了学历案设计评价量表。从核心理念到基本要素，我们提炼出了一系列评价指标，形成了完善的评价体系。这一评价体系的建立，如同为生态语文课堂安装了一把精准的尺子，帮助我们不断保持课堂的生态平衡。

（三）三大路径：让学历案与课堂深度融合

校本融：我们致力于打造基于"五步四维"的学历案课堂模式，并开发了相

应的课堂教学评价量表。这一模式的构建和评价量表的运用,实现了新学堂模式从引导向指标引领的转变,为生态语文课堂的构建提供了有力的支撑。

形神融:真正形神兼备的学历案必须与课堂高效融合。我们通过打造深度融合的标杆课例,梳理出了融合的思路和方法。以语文学科为例,《蜜蜂》一课通过"三位一体"聚焦"学",《田忌赛马》通过"四个落脚点"引领高效学,《黄继光》则通过四个维度指向深度学。这些课例如同生态语文课堂中的一颗颗璀璨明珠,闪耀着智慧的光芒。

课型融:在原有基础上,我们进一步开发了学历案习作指导课、多学科学历案纠错课、多学科学历案复习课等多种课型。这些课型的开发,不仅丰富了生态语文课堂的教学内容,也为我们的探索和实践提供了更大的空间。

三、蜕变:生态语文课堂的四大成效

经过将近一年的探索与实践,科达小学的生态语文课堂建设取得了显著的成效。

教学质量提升,课堂转型初见成效:学历案的不断改进和普及,使得我们的课堂更加生态化、高效化。教学目标更加明确,教学内容更加清晰,学习时间更加充足,教学质量得到了显著提升。学生们在生态化的语文课堂中自由成长,享受着学习的乐趣。

核心素养提升,学习力得到培育:在学历案的引领下,学生们的学习动力被充分激发,学习能力得到了有效培育,学习毅力也得到了催化拔节。他们在丰富多彩的语文学习中不断成长,逐渐形成了适应未来社会发展的核心素养。

教研新样态呈现,教学力得到提升:学历案的教学实践促进了我们教研活动的优化和改进。即讲即改、动态研修、双线融合、一带一等新型教研样态的形成,让我们的教研活动更加生态化、高效化。同时,学历案也促使教师们深耕课堂,不断提升自己的专业素养和教学能力。

辐射影响扩大,带动力得到提升:学校的学历案实践与探索不仅在校内产生了广泛的影响,也吸引了区域内外多所学校的关注和学习。我们通过分享资源、实地指导、课堂把脉等多种方式,与多所学校进行了深入的交流与合作,共同推动了生态语文课堂的建设与发展。

生态语文课堂的建设是一个长期而艰巨的任务。在专家的引领下,在市区教育部门的指导下,我们将继续以学历案建设为抓手,不断探索和实践生态语文课堂的理念与方法。我们相信,只要我们坚持不懈地努力下去,就一定能够培育出一片生机勃勃、绿意盎然的语文课堂生态林！

第六节　生态教育理念下的语文课堂实践（反思篇）

拼音奇遇《西游记》：生态情境中的语文教学探索

一、传统拼音教学的困境与生态教学理念的呼唤

在传统教育的框架内，拼音教学常常被视作一项枯燥而艰巨的任务。那漫长的学习周期，对于初入校门的孩子们来说，无疑是一段充满挑战与煎熬的旅程。家长们为了让孩子能够平稳过渡，纷纷选择提前预习，寄希望于幼小衔接的辅导班；而教师们也时常感到力不从心，将教学的重担寄托于开学前的短暂准备期，试图在正式教学前为孩子们打下坚实的基础。然而，这种急功近利的教学方式往往适得其反，不仅未能有效提升教学效果，反而让孩子们在水平参差不齐的辅导班中迷失了方向，拼音发音各异，书写也是千姿百态。

更为严重的是，部分教师在课堂上对拼音教学缺乏足够的热情与投入，将其视为一项机械而枯燥的任务，只是简单地完成教学任务，而忽略了拼音教学本身所蕴含的丰富内涵与价值。在这样的教学氛围下，拼音教学成了一种缺乏生机与活力的机械重复，孩子们的学习热情被逐渐消磨殆尽，拼音教学也因此陷入了困境。

面对这一现状，我们不禁要问：拼音教学真的只能如此吗？难道我们不能找到一种更加生动有趣、更加符合孩子们天性的教学方式吗？生态教学理念的提出，为我们指明了新的方向。生态教学强调学习与生活的紧密联系，注重知识与情感的交融，追求能力与素养的全面提升。在拼音教学中融入生态教学理念，让拼音学习与生活场景、文化内涵相结合，无疑能够激发孩子们的学习热情，让他们在轻松愉快的氛围中掌握拼音知识。

二、拼音教学的乐趣与生态情境创设的魔力

拼音，作为语文学习的基础，是一片充满生机与活力的沃土。它并非仅仅是一堆枯燥无味的符号堆砌，而是可以与经典故事、生活场景、文化内涵相融合，化作引领孩子们遨游知识海洋的神奇钥匙。在生态教学的理念下，我们尝试将拼音教学与孩子们的兴趣爱好、生活体验相结合，通过创设生动有趣的教学情境，让拼音学习变得不再单调乏味。

　　情境创设，是生态教学的重要手段之一。它通过模拟或再现生活中的特定场景，让孩子们在身临其境的氛围中学习知识、提升能力。在拼音教学中，我们可以借助情境创设的魔力，将拼音学习与孩子们喜爱的经典故事、生活场景相融合，让孩子们在故事中感受拼音的韵律与美感，在生活中体验拼音的实用与便捷。

　　以《西游记》为例，这部经典著作不仅故事情节引人入胜，而且蕴含着丰富的文化内涵与人生哲理。将拼音教学与《西游记》相结合，无疑能够为孩子们打造一个充满奇幻色彩的拼音学习世界。在这个世界里，拼音字母不再是枯燥无味的符号，而是化作了《西游记》中的角色与场景，与孩子们共同经历一次次惊心动魄的冒险与挑战。

三、《西游记》与拼音教学的生态情境创设实践

　　在拼音教学的实践中，我深感《西游记》与拼音教学的生态情境创设融合的重要性。因此，我尝试将《西游记》中的经典故事与拼音教学的各个阶段相结合，通过创设生动有趣的教学情境，让孩子们在故事中学习拼音、掌握拼音。

（一）鼻韵母教学：黄风岭上的挑战与冒险

　　在鼻韵母"ang eng ing ong"的教学中，我选取了《西游记》中"黄风岭唐僧有难"这一经典故事作为教学的切入点。通过课件的生动展示、道具的巧妙运用以及音响效果的逼真模拟，我将孩子们带入了一个风起云涌、危机四伏的黄风岭世界。在这个世界里，黄风怪兴风作浪，唐僧师徒面临着重重危机。我设置了四个难关，每个难关背后都隐藏着一把开启智慧之门的钥匙。孩子们需要在拯救唐僧的行动中，准确读出每一个鼻韵母音节，才能获取通往下一关的钥匙。这样的教学方式不仅让孩子们在故事中感受到了拼音的韵律与美感，还激发了他们的学习热情与探索欲望。

（二）拼音拼读教学：雪山上的闯关游戏

　　拼音拼读的学习，尤其是后鼻韵母的拼读，是拼音教学中的一个难点。为了攻克这一难点，我精心设计了闯关游戏，将后鼻韵母"ang"的读音与声母的拼读组合成四个充满挑战与趣味的关卡。在千里冰封、万里雪飘的雪山背景下，孩子们需要勇敢地走过布满锋利刀刃的雪梯，准确读出每一个音节，才能获取通往下一关的钥匙。这样的闯关游戏不仅考验了孩子们的勇气与智慧，还让他们在趣味盎然的活动中潜移默化地掌握了拼音拼读知识。他们在游戏中相互帮助、共同进步，不仅收获了知识的果实，还感受到了团队合作与友谊的温暖。

（三）声母教学：大战红孩儿的激动时刻

学完一个阶段的闯关活动后，我带领孩子们迎来了声母学习的激动时刻。以声母的学习为例，我结合《大战红孩儿》的故事情节，设计了一场别开生面的闯关游戏。在这场游戏中，我将 24 个声母的读音、书写以及拼读巧妙地融入故事情节中，让孩子们在重重障碍与挑战中摘取胜利的果实。红孩儿狡猾多变、神通广大，是孩子们在取经路上的一大劲敌。他们需要在紧张刺激的氛围中，准确读出每一个声母，才能破解红孩儿的妖术，拯救唐僧师徒。孩子们在游戏中全神贯注、奋勇向前，不仅复习巩固了声母的知识与技能，还深刻体会到了生态语文学习的乐趣与魅力。

（四）韵母与整体认读音节教学：龙宫寻宝与三打白骨精的奇幻之旅

除了上述的闯关游戏外，我还将韵母与整体认读音节的教学与《西游记》中的其他经典故事相结合。在单韵母的学习中，我与孩子们一起展开了《大战二郎神》的激烈战斗，让他们在战斗中感受韵母的韵律与变化；在韵母复习的环节中，我带领孩子们踏上了《龙宫寻宝》的奇幻旅程，让他们在寻宝的过程中巩固韵母的知识与运用；在整体认读音节的教学中，我则与孩子们共同经历了《三打白骨精》等经典故事的惊险历程，让他们在识别与拼读中领略语文的博大精深。

通过《西游记》与拼音教学的生态情境创设融合实践，我欣喜地发现孩子们对拼音学习的兴趣与热情被极大地激发了出来。他们不再将拼音视为枯燥无味的负担，而是将其视为一种有趣的游戏与挑战、一种学习知识与探索世界的工具。在生态化的教学情境中，孩子们不仅学到了拼音知识，还学会了勇敢、智慧与坚持；他们不仅收获了知识的果实，还感受到了团队合作与友谊的温暖。

"学为中心"聚课堂灵韵，"以生为本"绘成长缤纷

在学海无涯的广袤天地间，课堂犹如一方滋养学子心灵的沃土，而"学为中心"的核心理念，则宛若一股清泉，潺潺流淌，润泽着这片知识的田园。核心素养引领下的课堂革新，恰似一场绵绵春雨，细密地滋润着学生核心素养与高品质思维能力的幼苗，促其根深叶茂，茁壮成长。其精髓所在，乃是积极践行"教学评一致性"的生态教育哲学，推动课堂迈向"精准施教、高效学习、科学评价"的和谐共生之境。在这场教育变革的洪流中，"教"之精炼与"学"之充盈，共同勾勒出"学为中心"课堂独有的风景线。

本文将以生态语文的独特视角，围绕五大"凸现"，细品五堂课的生态意蕴，

探寻"学为中心"课堂的生态美学真谛。

一、大单元构筑：展现知识的生态全息画卷

在生态语文的殿堂里，备课与授课需融入大单元的设计理念，犹如匠心独运，构筑一片生机勃勃的森林，既见树木之葱郁，亦窥森林之广袤。这要求教育者具备高瞻远瞩的结构意识与目标意识，宏观把握教学内容的全局，既着眼于年段、整册教材的宏大叙事，又聚焦于单元、单课的微观雕琢，以及各环节间错综复杂的生态联结。

（一）目标导航：绘制生态化的单元任务群图谱

深入剖析教材单元，明晰学习任务群的归属，犹如为森林的生长绘制一幅精准的蓝图。单元目标，作为统领全局的"大任务"，是单元学习的灵魂所在。新课程的曙光下，教师需具备统整性的思维范式，从单元整体性的"大任务"视角俯瞰全局，将各级子目标、子任务巧妙融合，构筑起生态化的任务群矩阵。在深刻洞察单元内部与单元间内在联系的基础上，精准定位核心目标与子目标，以问题为引擎，驱动学生深入探索知识的奥秘，抵达学习目标的彼岸。

（二）情景交融：营造生态化的教学情境氛围

情境，犹如单元教学的生命之源，滋养着知识的根脉。在生态语文的单元教学中，教师应挣脱线性思维的桎梏，创设生活化、情境化的学习环境，让情境与任务相互渗透，交织成一幅生态化的教学逻辑图谱。学生置身于这样的环境中，仿佛徜徉于知识的海洋，沉浸其中，自由探索，实现知识与技能的生态融合与共生。

（三）差异任务：满足学生生态化学习的多样需求

新课标的指引下，单元教学需关注学情差异，设计层次分明、梯度合理的任务，犹如为森林中的每一株树木提供恰到好处的阳光与雨露。教师应根据学生的学习能力与兴趣偏好，设计不同难度的任务，让每个学生都能"跳一跳，摘到桃子"。同时，融入趣味性、挑战性、探究性的任务元素，增强课堂的互动性与参与性，将学法指导、情感熏陶自然融入目标任务之中，满足学生多元化、个性化的学习需求。

（四）评价引领：保障单元教学的生态实效与反馈

评价，犹如单元教学的指南针，引领着前行的方向。课标强调评价的诊断性、

激励性与改善功能,旨在促进学生全面发展与教师持续进步。在生态语文的课堂上,评价应贯穿于单元学习的每一个环节,关注学生的学习过程、任务完成情况以及价值观念、学习态度等多维度表现。通过构建科学的评价机制,为学生的学习之旅提供坚实的保障与精准的导航,确保单元教学目标的达成。

教学之道,贵在得法而非拘泥于形式。在任务驱动的单元教学中,教师遵循任务设计、任务串联、任务实施、任务评价的实践逻辑进行整体构思与布局,犹如为森林提供科学的规划与管理方案。在这片生态化的课堂中,学生萌发出积极的学习动机与探索欲望,围绕真实有效的驱动任务展开深度探究与学习。再通过清晰明确的成功标准与科学合理的评价机制,最终提升教学实效,促进学生核心素养的全面发展与提升,让每一个学生都能在自由而真实的学习生态环境中茁壮成长、绽放光彩。

二、情境创设:彰显学习的生态主动性与探索性

美国教育先驱杜威曾言:"教学的艺术在于能够创设恰如其分的情境。"在生态语文的广阔天地中,知识的获取、能力的培养、素养的提升均离不开情境的精心设计与营造。2022年版课程标准高屋建瓴地提出了"构建学习任务群"与"创设丰富多样的学习情境"的课程理念,旨在凸显学生核心素养发展的迫切需求与学习方式生态变革的必然趋势。

学习情境的创设与学习任务的设计运用,犹如为学生铺设起一座座通往知识殿堂的桥梁,引领他们跨越认知的鸿沟与障碍,激发内心深处的好奇心、想象力与求知欲。在生态语文的课堂上,教师注重创设生活化、情境化的学习环境与氛围,让学生在知识的海洋中自由遨游、探索未知。通过自主学习、合作学习、探究学习等多种方式相结合,彰显"学为中心"的核心理念与价值观导向,让学生真正成为学习的主人与探索者,积极主动地探寻知识的奥秘与真谛。

三、任务驱动:挖掘思维的生态深度与广度

情境任务的巧妙设置,是撬动学生深度学习的关键杠杆。在生态语文课堂的任务设计中,需将一个个孤立的任务点串联成线、织成网,形成生态化的任务链条与体系。学生在连续的任务挑战中步步为营、拾级而上,犹如攀登知识的高峰,不断挑战自我极限,实现思维的飞跃与升华。

任务的设置应转向运用知识与技能解决复杂问题、完成综合性实践的方向与路径上,让"纸上得来终觉浅"的传统学习模式转变为"绝知此事要躬行"的

实践探索模式。教师不再是单纯的知识传授者与灌输者,而是学生学习路上的引导者与同行者。学生则通过完成一系列任务与挑战,实现知识的内化吸收与能力的迁移提升。在生态化的任务驱动下,学生个个跃跃欲试、人人积极参与,享受成功的喜悦与成长的快乐。

四、评价驱动:确保教学的生态有效性与反馈性

评价作为教学不可或缺的重要组成部分与关键环节之一,是确保教学目标达成与教学效果实现的重要手段。在生态语文的课堂上,评价需与学习任务紧密融合、相辅相成,做到位且跟进及时有效。指向学科核心素养的教学评价应关注课堂评价的有效性与针对性,如何设计指向"深度学习"的评价任务成为每位教师需要深入思考与探索的问题与课题。

首先,评价任务需与学习目标高度契合与对应。明确目标后,再设计相应的学习情境与学习活动载体,有针对性地规划教学路径与实施方案,促进学生思维的进阶发展与素养的全面提升。其次,评价任务需符合学生的实际情况与认知水平,让学生能够清晰理解并积极参与到评价过程中来。评价任务应凸显任务内容的具体性、任务要求的明确性、评价量规的科学性三个核心要素与方面,确保评价的公正性、客观性与可信度。最后,构建多维度、多样态的评价任务体系与框架。倡导"大任务"评价模式与理念,将课前探究性任务评价,课内研究性、开放性、挑战性任务评价以及课后的实践性、项目式作业任务评价有机结合、融为一体,形成生态化的评价体系与机制。让评价任务贯穿于学生学习的全过程与全链条之中,实现课中与课外的一体化考虑与统筹安排,促进学生深层次地学习与发展、成长与进步。

五、支架搭建:落实参与的生态实践性与互动性

教学支架犹如生态语文课堂上的脚手架与阶梯,为学生搭建起通往知识殿堂的桥梁与通道。一个优质的支架能够辅助学生的听、说、读、写等各项技能与能力的全面发展与提升,引导学生深入阅读文本内容,创生阅读体验与感悟,提取文本关键信息与核心要素并进行比对梳理,生成新的发现与见解。在生态语文的课堂上,支架不仅是学生学习的得力助手与工具之一,更是合作学习的纽带与桥梁所在。它促使合作小组中的每个学生都能积极参与到讨论与交流中来,共享智慧与成果。

一个精心设计的支架能够替代教师过多的讲述与解释,成为学生学习的"导

航仪"与"助推器"。教师运用支架可以更加轻松地引导学生学习新知、解决问题;而学生则可以通过支架更加容易地掌握知识要点、提升能力水平。支架的巧妙运用与灵活调整能够激发学生的潜在思维活力与创造力,实现阅读思维的跃升与拔节。在生态语文的课堂上,教师注重支架的设计与运用策略的选择与优化,确保每堂课都能让学生有所收获、有所成长与进步,实现语文课堂的"一课一得"与"学有所获",真正落实学生的深度学习与实践参与、互动合作与共同成长。

"学为中心"的课堂展示活动不仅是一场教学的盛宴与狂欢,更是一次生态语文的深度探索与实践之旅。在这场充满挑战与机遇的旅途中,我们共同见证了知识的生态整体性构建、学习的生态主动性激发、思维的生态深度性挖掘、教学的生态有效性保障以及参与的生态实践性落实。这些生态元素相互交织、相互映衬,共同构筑起"学为中心"课堂独有的魅力与风采,引领着我们在教育的道路上不断前行、不断探索、不断成长与进步。

生态语文·四面一体:"双减"下的课堂提质策略

在"双减"政策的引领下,课堂提质已成为教育改革的重头戏。以小学语文学科为阵地,我们积极探索生态语文的广阔天地,通过一系列创新的教育教学实践,精心雕琢出语文特色教研的"四面一体"模式。这一模式,如同四根坚实的支柱,支撑着生态语文的殿堂,引领着师生在沉浸式的学习中,共同绘就课堂教学质量稳步提升的壮丽画卷。

一、生态语文:理念与实践的深度融合

生态语文,是一种回归教育本真,追求自然、和谐、可持续发展的教学理念。它强调以学生为中心,关注个体差异,注重语文学习的实践性和综合性,致力于构建开放而有活力的语文课堂。在"双减"背景下,我们更是将生态语文的理念融入"四面一体"教研模式之中,力求在减轻学生负担的同时,提升教学质量,实现教育的绿色生态发展。

二、"四面一体":生态语文教研的璀璨明珠

"四面一体"教研模式,是科达小学语文特色教研的璀璨明珠。它涵盖了效果提升、阅读推进、语文建模、精细评价四个方面,四个方面相互依存、相互促进,共同构成了生态语文教研的完整体系。

（一）效果提升：生态课堂的生动实践

在效果提升方面，我们聚焦大单元规划，以生态课堂的构建为核心，注重课堂学习目标的明确性和学习支架的有效性。通过"三单"（预习单、任务单、展示单）助学为载体，多单并行，形式多样，如作文竞赛、阅读比拼、笔记展示，确保学生在具体的语文实践中实现阅读、习作等能力的真实提升。我们倡导学生在生态课堂中自由探索，主动求知，让语文课堂成为学生展示自我、张扬个性的舞台。

（二）阅读推进：生态阅读的深远影响

阅读是语文的灵魂，是生态语文的重要组成部分。我们合力开发了"经典养正梯级阅读项目"，旨在通过阅读经典，滋养学生的心灵，提升他们的语文素养。在项目推进中，我们注重阅读方法的指导，通过"三课一评"（导读课、交流课、展示课和评价）操作范式，规范阅读过程，助推阅读常态。语文教师则通过"经典五步走"（读、思、议、写、评）和"走班大阅读"等形式，让书香弥漫校园。诗词大会、经典考级等丰富多彩的读书活动，更是激发了学生的阅读兴趣，让他们在生态阅读中享受语文的魅力，收获知识的硕果。

（三）学科建模：生态写作的创意探索

写作是语文教学的重要一环，也是学生语文素养的综合体现。在学科建模方面，我们依托"五步四维"教学模式，结合语文学科的特点，承担起建模任务。教研组在骨干教师的带领下，进行全方位、联动性的展课活动，集中备课、集中教研，共同总结梳理出适合不同年段、不同课型的写作教学模式。如低段板块式阅读教学模式、情景拼音课"五步拼写"教学模式、"五意融合"群诗词阅读模式，以及高段阅读"四级畅阅"教学模式和思维导图式作文教学模式。这些模式的建立，为教师的写作教学提供了有力的支撑，也为学生的写作学习指明了方向。同时，我们鼓励教师在实践中不断创新自己的课堂，形成独特的教学风格，让生态写作成为语文课堂上一道亮丽的风景线。

（四）精细评价：生态管理的有效保障

精细评价是生态语文教研不可或缺的一环。我们注重线下分层教学、分层作业以及培优补差工作，确保每个学生都能得到适合自己的教育。在课余时间包括寒暑假期间，我们通过线上管理举措，如晨诵时光、练字时刻、练笔时光、经典阅读,引导学生在家也保持良好的学习习惯。我们注重评价的激励性和发展性,通过赞赏与建议相结合的方式,激发学生的学习兴趣和积极性。同时,我们也关注学生的学习过程和学习成果,通过抽测质量等方式,及时反馈学生的学习情况,为他们的学习提供有力的保障。

随着"双减"政策的不断深入人心,学校每位教师对课堂提质增效都有了新的认识和思考。我们深知,"四面一体"教研模式只是生态语文探索的一个起点,未来还有更广阔的天地等待我们去开拓。我们将继续携手并肩、四方促力、一体构建,不断优化和完善"四面一体"教研模式,让生态语文的理念在实践中生根发芽、开花结果。我们相信,在全体师生的共同努力下,语文课堂教学质量必将稳步提升,生态语文的明天必将更加美好!

第二章　　"精致小卷"开启生态课堂下的自主学习之旅

一、问题与思考

在传统课堂教学中,学习单虽已尝试分层设计,却仍显粗犷,难以细腻地滋养每颗独特的心灵。知识的难点、迁移点缺乏层次与梯度的雕琢,难以激发每个学生的内在潜能。自学意识与能力,在这片略显贫瘠的土地上,难以茁壮成长;学习主动性,亦如被云雾遮蔽的星辰,难以熠熠生辉。

生态语文教学犹如一股清泉,旨在基于学生的差异性与独特性,浇灌出高品质、精致且个性化的教育之花。作为教师,我们不仅是知识的传播者,更是生态课堂的构建者。我们需创设优质的教学环境,选择恰当的教学方式,更需实施教室区域的生态布局、备课的分层分级、课型的灵活漂移、课堂的自主互助、小组的自能合作等多元立体的教学策略,以点燃学生自主学习的生态之火,真正践行小班化教学"关注每一个生命"的绿色理念。

"精致小卷",便是这生态课堂中的一抹亮色,是教师依据学情,为达成学习目标而精心设计的个性化学习载体。它如同一张张生态地图,引导学生穿梭于知识的丛林,探索未知的奥秘。在课堂的不同阶段与环节,展示小卷、预学小卷、巩固小卷、拔高小卷、探究小卷等,串联起学生自主学习的每一个精彩瞬间,辅以精彩三分钟课堂展示、三段互动式备课本、学号制小组合作等创新形式,为学生搭建起展示自我、相互学习的生态平台,最终实现自主学习的生态化飞跃。

二、实践与行动

(一)"精致小卷"学习载体的确立及前期准备

1."小卷"形式与使用方法的生态创新,打开自主学习新视野

2023年8月,为更快、更有效地发挥课堂的生态优势,让"展示每一个、发展每一个、创新每一个、关注每一点、呵护每一个"的自主学习理念在生态课堂中生根发芽,学校组织各学科骨干教师赴大连,汲取生态教育的经验。此行,教师们对大连各学校课堂上小组合作、自主学习、分层教学的生态景象深有感触。"如何以生态化的载体,实现学生的个性自主成长,且操作简便易行"成为我们亟待探索的课题。

2023年11月,我们以"仰望星空与脚踏实地"为主题,召开了小班化课堂教学研讨的生态盛会。活动分为三个阶段。第一阶段是参加生态语文学习的教师带来的"借他山之石,攻臻玉之境"专题讲座,教师们交流各自的小班化教学体验,共同设想以"精致小卷"为载体的自主学习新生态。第二阶段是以"差异中发展"为主题的课堂教学实践,语文、数学学科的骨干教师示范了"精致小卷"辅助教学的生态课例。冯海亮老师的"神秘口袋"——阶梯数学题,让不同层次的孩子在挑战中享受学习的乐趣;边佳佳老师的"与黎明共舞"晨诵,让每一个孩子都在阅读中感受心灵的触动。第三阶段的沙龙论坛,教师们各抒己见,提出了关于课堂教学中如何关注差异、促进学生自主发展的困惑与发现,共同修正了"精致小卷"的内容、使用时间及使用方法,确立了在不同学科、不同环节使用不同类型小卷的生态策略,让自主学习在生态课堂中落地生根。

2."小卷"内容的生态开发,为自主学习保驾护航

确立使用策略与形式后,"小卷"内容的生态开发成为关键。学校成立课题组,组织学科骨干教师深入课堂,开发"精致小卷",并在实践中不断修改完善。经过一年的努力,全册教材的"精致小卷"开发完成并投入使用,同时形成了"精致小卷"资源包,供全校教师便捷使用与二次修改。为更好地促进学生自主学习,学校倡导教师成为生态课堂的引领者,助力学生自主发展。在此基础上,学校积极改革教师备课方式,精细化、小班化备课本,让"精致小卷"与备课本有机融合。如此,一堂课既有完整的教学设计,又有不同阶段的小卷辅助,教师的教学

更加高效、便捷。

3."小卷"的个性实践,引领自主学习新生态

经过不断摸索与实践,在2024年新学期伊始,学校全力策划了"百分百互动课堂及精致小卷"教学展评活动。课堂上,学生巧妙运用"小卷",在分组学习、讨论中掌握新知,学会学习;在组内合作互动中学会尊重;在组际交流竞争中增强团队意识,学会分享。师生互动、生生互动在生态课堂中蔚然成风。教师们对"小卷"的创新使用,让分层教学、自主学习、个性发展在生态课堂中焕发出新的生机。其中,成爱萍老师的"快乐小卷"小组评价、冯海亮老师的"基础小卷与一对一辅导"、生秀萍老师的"大家一起喜洋洋"小组竞争机制以及高言言老师的"画写结合"创意小卷,让广大教师深受启发、受益匪浅。活动结束后,教研组积极撰写以"精致小卷"为载体的自主学习模式案例,并编撰成《精致小卷教学专辑》,为生态课堂的深入探索提供了宝贵的经验。

(二)"精致小卷"学习载体的内涵及基本范式

1."精致小卷"的生态种类

(1)展示小卷:如同生态课堂中的一朵朵奇葩,展示小卷在不同学科课堂中绽放出"成功三分钟"的光芒。班级里的小小展示台,成为师生共同开发课程资源的生态乐园。

(2)预学小卷:这是三段互动课堂模式第一阶段的生态启航,包括课前预习与课中预学两部分,为学生搭建起自主学习的生态桥梁。

(3)巩固小卷:如同生态课堂中的稳固基石,巩固小卷让学生利用课堂时间检测所学知识,不同层次的学生在分层选择的题目中巩固基础、提升能力。

(4)拔高小卷:这是课堂当堂达标的生态挑战。在巩固的基础上,学有余力的学生可自主选择拔高题目,挑战自我、超越极限。

(5)探究小卷:如同生态课堂中的探秘指南,探究小卷引导学生在预学基础上深入探究文本重难点,开启智慧之旅。

(6)自主小卷:这是自主性的家庭作业,学生可根据自身情况自主选择作业类型,做到日日清、月月结,让自主学习成为生态习惯。

(7)个性小卷:这是教师自主发挥的创意空间,也是针对有特点的学生所布置的个性作业。通过个性小卷的创建,挖掘班级、学生及家长中的生态亮点。

2."精致小卷"的生态课堂实践

以教学课文《猫》为例,教者设计了生态化的"精致小卷"。

第一张是展示小卷：负责三分钟展示的学生搜集与作家笔下小动物相关的文章进行图文并茂的表演。这种趣味的自主展示，让学生创造性地、主动积极地表现自己，成为生态课堂中的小明星。

第二张是预学小卷：按照一读课文、二标段落、三认生字、四查字典的步骤引导学生进行自主预习。这张小卷如同生态课堂中的导航仪，引领学生初步探索文本的奥秘。

第三张是探究小卷：这是课堂主体学习部分学生进行自主探究的分层任务单。个体独学部分，学生自主学习课文、整体感知主要内容；分层探究部分，学生围绕"猫的性格实在有些古怪"这一主题进行深度探究。不同梯度的任务设计，引导学生逐步深入文本，感悟猫的特点与作者的情感。

第四张是拔高小卷：仿照第一自然段围绕中心组织材料的写法，写写自己喜欢的小动物并写出其特点。这张小卷如同生态课堂中的攀登架，鼓励学生挑战自我、攀登高峰。

第五张是自主小卷：比较阅读名家作品《猫》并谈感受，仿照《猫》写自己喜欢的小动物。这张小卷让学生根据自己的兴趣与能力自主选择作业内容，让自主学习在生态课堂中生根发芽。

3."精致小卷"的生态使用范式

"精致小卷"的设计如同生态课堂中的一幅幅精美画卷，如何高效地使用这些画卷呢？在教《猫》时，教师让学生围绕中心句"猫的性格实在有些古怪"展开讨论与交流，通过探究小卷引导学生品词析句、个人独学后小组合作解决难题。学生在教师的引导下紧紧围绕中心任务，通过对课文资源的积极主动应用进行自主探索与互助协作学习。在这种生态化的学习方式中，学生自己感悟到了猫的特点与作者的情感，提高了课堂效率与自主学习能力。

学生自主学习时，教师借力学科小助手即小组长共同检验学生自主学习的成果。教师指导学生将课堂学习的方法进行更深层次的迁移与提升，让自主学习在生态课堂中绽放出更加绚烂的花朵。

三、效果与反思

（一）"精致小卷"：生态课堂下的高效学习载体

1. 自主之舟，扬帆于知识海洋

"精致小卷"如同航海图，为学生的自主学习指引方向。其内容设计巧妙，如层层递进的生态阶梯,每完成一项任务,学生便攀上新的高度,成就感与自信心油然而生,求知欲被悄然点燃。教师如同智慧的园丁,适时浇灌,为学生搭建自学的生态温室,让学习之花在自由探索中绚烂绽放。在这样的生态课堂上,学生成为真正的主人,探究之旅充满民主与个性,课堂氛围生机盎然。

2. 分层教学,生态课堂下的精准滴灌

"精致小卷"犹如生态教育中的精准滴灌系统,针对难点、知识点、盲点、迁移点,巧妙设计坡度与支架。学生在实践中汲取知识甘露,拓展思维,实现自我增值。每一个学生都是独特的生态个体,"小卷"尊重差异,通过多样化任务引导他们各取所需,各展所长,在各自起点上迈向最优发展。课堂因学生的主动"动"而焕发活力,因"精致小卷"的精准引导而高效达成教学目标。

(二)"精致小卷":师生共舞的生态舞台

1. 特色小组,教师品牌的生态绽放

"精致小卷"搭建起合作学习的生态平台,小班化班级中,师生共同演绎着各具特色的小组教学。生秀萍的道具生趣、邢琳琳的拼音节奏、李珍的成长三问……这些创新亮点如同生态园中的奇花异草,各展风姿,成为学校小班化教学的生态品牌。组内畅所欲言,组间思维碰撞,合作与创新的种子在每一个学生心中生根发芽。

2. 互动课堂,学生求知的生态旅程

(1)双笔标注,思维轨迹的生态印记。"小卷"成为小组成员间交流的桥梁,双色笔的运用如同生态标记,让学生清晰标注自己的思考轨迹,促进反思。

(2)创意小板,创新思维的生态展现。小白板不仅是展示观点的工具,更是创新思维的舞台。汉字听写大赛等创意活动,让学生在展示答案的同时,也展示了自信与成功。学习的进步如同生态园中的硕果,令人赏心悦目。

(3)全人关怀,生态对话的温馨氛围。"精致小卷"辅助的三段互动课堂,是"小主人课堂"的生态升级。课堂上,我们关注"六动",让思维碰撞、问题提出、错误分析、疑难剖析、过程参与、课堂总结等环节成为学生成长的生态节点。教师如生态导师,适时启发,引导学生成长,让生态课堂充满温馨与智慧。

"精致小卷"学习载体,是信任的传递,是潜能的激发,是成功的呼唤。它如同生态教育的火种,点燃师生的成长激情,让每一位教师在专业成长的道路上疾驰,让每一个孩子在快乐健康的生态环境中茁壮成长。对小班化自主学习的探索,对"精致小卷"的挖掘与设计仍在继续。我们仍在生态教育的道路上砥砺前行,不断追寻更美好的教育未来。

第三章 "五步四维"模式下生态语文课堂案例设计

第一节 古代寓言"读典明理探究式"教学之《守株待兔》融合设计

一、教材分析

《守株待兔》是一篇经典的古代寓言故事,选自韩非子的著作,具有深刻的教育意义。本文通过一个农夫因偶然得到一只撞死在树根上的兔子,便不再努力耕种,而是每天守在树根旁等待再次有兔子撞死的故事,揭示了"不能依赖运气,要脚踏实地"的深刻道理。

该故事语言简练,寓意深远,是培养学生阅读理解能力和批判性思维能力的良好素材。同时,文章中的文言文表述也为学生提供了学习古代汉语的机会,通过借注释、看插图、查字典等方式,学生可以逐步掌握理解文言文的基本方法。

在教学过程中,教师可以充分利用文本的特点,通过生态阅读的方式,引导学生深入理解寓言故事的内容及其寓意。同时,结合学生的生活实际,引导学生将寓言道理与现实生活相结合,培养学生的生态思考能力和正确的价值观。此外,通过复述、拓展阅读、写作实践等环节,还可以有效提升学生的语言表达能力和写作能力,为学生的全面发展打下坚实的基础。

二、教学目标

(1)通过生态阅读方式,深入理解《守株待兔》寓言故事的内容及其深刻寓意,培养学生的批判性思维和创新能力。

(2)引导学生掌握理解文言文的基本方法,如借注释、看插图、查字典,并能在实践中灵活运用,提升自主学习能力。

（3）培养学生的生态思考能力,通过角色代入、生活链接等方式,让学生将寓言道理与现实生活相结合,形成正确的价值观。

（4）提升学生的语言表达能力和写作能力,通过复述、拓展阅读、写作实践等环节,锻炼学生的口语表达和书面表达能力。

三、教学过程

（一）游戏启智,生态阅读润好句

1. 成语猜猜乐,寓言初体验

以趣味横生的图片猜成语游戏作为课堂序曲,不仅激活课堂氛围,更巧妙地将学生引入寓言的世界,让学生初步感受成语故事背后的深刻寓意,体会小故事蕴含的大道理,为后续的生态阅读奠定情感基础。

2. 课题呈现与书写指导

板书"守株待兔",伴随对"株""待"二字的细致书写指导,融入汉字文化讲解,让学生在书写中感受汉字的韵律美与结构美。同时,简要介绍作者韩非子及"五蠹"思想,为学生深入理解寓言提供文化背景。

3. 生态朗读,感知寓言节奏

教师示范朗读,配以节奏线,引导学生从语速、语调中感受寓言的韵律。随后,通过自由练读、同桌互读、男女生赛读等多种形式,让学生在生态阅读中逐渐把握寓言的节奏与情感,特别关注多音字"为"在不同语境中的正确发音。

4. 识字百花园,生态识字实践

创设"识字百花园"情境,通过图片识记"耒""耕",结合生活实际给"释"组词造句,让学生在轻松愉快的氛围中识字,同时强调多音字"为"的用法,让识字教学更加生动有趣,符合生态教育理念。

5. 写字我能行,书写习惯养成

指导书写"耕""释",强调笔画间的穿插避让,让学生在实践中巩固书写技巧,培养良好的书写习惯,同时感受汉字书写的艺术美。

（二）四维润读,深入理解寓言内涵

1. 回顾旧知,生态复习法

借《司马光》一文,复习理解文言文的方法,如借注释、看插图、查字典、联系

生活,为生态阅读《守株待兔》打下基础,同时培养学生的迁移学习能力。

2.生生互译,合作交流促理解

鼓励学生分组进行生生互译,通过交流讨论促进对寓言内容的理解,培养合作精神与表达能力。

3.师生共读,精细解读关键词

师生逐句解读寓言,重点聚焦"耕者""走""于""释""冀"等关键词,通过断句练习、情景模拟等方式,深入理解寓言内容,同时借助图片辅助讲解,让寓言故事更加鲜活生动。

4.整体复述,生态表达提升

学生借助图片复述寓言故事,通过生态表达方式,如角色扮演、故事讲述,加深对寓言内容的理解,同时锻炼口语表达能力和创造力。

(三)读典名理,生态思考与生活链接

1.问题引导,探究农夫被笑的原因

提问农夫为何被宋国人笑话,引导学生从文本中找出依据,理解农夫的愚蠢行为及其背后的心理动机,培养学生的批判性思维能力。

2.角色代入,生态体验与反思

让学生穿越时空,扮演农夫,思考并表达农夫被笑话后的心理反应和后续行动,进而提炼寓言道理,培养学生的同理心和生态思考能力。

3.生活链接,生态感悟与启示

引导学生联系生活实际,寻找身边的"守株待兔"现象,如依赖运气而非努力、盲目等待机会等,通过讨论分享,增强学生的现实意识和自我反思能力。

(四)读己及人,生态拓展与写作实践

1.图片辅助,背诵实践与巩固

借助图片背诵寓言,让学生在视觉与语言的双重刺激下加深记忆,同时培养图像思维与语言表达的结合能力。

2.逻辑梳理,背诵提升与运用

通过"起因—经过—结果"的逻辑顺序背诵寓言,提升学生的逻辑思维能力,为后续的写作实践打下基础。

3. 拓展阅读,生态延伸与积累

引入《南辕北辙》等寓言故事,鼓励学生进行生态阅读,拓宽视野,积累素材,为写作提供丰富的灵感来源。

4. 联系实际,生态写作与表达

引导学生结合自身经历,写一篇关于"脚踏实地,不心存侥幸"的短文,实现生态阅读与生态写作的有效结合,培养学生的写作能力和生活感悟能力。

5. 作业布置,持续学习与探索

布置朗读《中国古代寓言故事》的作业,鼓励学生在课外继续生态阅读,培养持续学习的习惯,同时设置探究性问题,激发学生的探索欲望。

四、学后反思

《义务教育语文课程标准(2022年版)》明确倡导语文课程应着力推行自主、合作、探究的学习方式,让语文课程展现出开放与活力的特质。在《守株待兔》这一古代寓言的课堂教学中,我积极践行这一理念,致力于培养学生的自主学习能力和合作潜力,力求体现生态化阅读的大语文观。

(一)营造生态化的自主学习环境,激发学生的创新思维

在课程之初,我巧妙地运用看图猜成语故事的方式,瞬间点燃了学生探索知识的热情。这一环节不仅调动了学生的学习积极性,还让他们在轻松愉快的氛围中各抒己见,分享自己的见解,从而自然地融入课堂。教学过程中,我始终秉持生态化阅读的理念,让学生在自主、民主的学习环境中自由地读、说,通过自读、自悟、主动探究的方式深入理解寓言的寓意,真正实现了以学生为中心的教学模式。

生态化阅读强调学生的主体性和主动性,我充分尊重学生的个性差异,鼓励他们根据自己的理解去解读文本,从而培养他们的批判性思维和创新能力。在这样的课堂氛围中,学生的创新火花不断闪耀,自主探究的精神也在逐渐滋长。他们不再是被动的接受者,而是成为知识的探索者和发现者。

(二)强化想象与语言训练,促进生态化阅读的发展

想象是孩子们天生具备的一项宝贵能力,也是他们探索世界的重要方式。在《守株待兔》的教学过程中,我充分利用学生的这一特点,引导他们大胆想象:"种田人坐在树桩旁会想些什么?""如果我是种田人,面对他人的嘲笑,我会如何回

应？"这些问题不仅激发了学生的想象力，还为他们提供了表达自我、展示个性的机会。

同时，我注重将想象与语言训练相结合，让学生在表达的过程中不断提升自己的语言表达能力。生态化阅读强调语言文字的学习与运用，我鼓励学生用生动的语言描绘自己的想象场景，让他们在想象中学习语言，在语言学习中丰富想象。此外，我还引导学生联系生活实际，谈谈自己身边是否存在类似"守株待兔"的人和事，这种贴近生活的讨论方式不仅增强了学生的代入感，还让他们更加深刻地理解了寓言的寓意。

第二节　现代诗歌"五读促学沉浸式"教学探索之《短诗三首》融合设计

在生态化阅读的广阔天地中，我们秉承"五步四维"的教学理念，以《短诗三首》为舟，引领四年级的学子们遨游于现代诗歌的璀璨星河，体验一场别开生面的"五读促学沉浸式"教学之旅。

一、教学理念与模式

科达小学独树一帜的"五步四维"课堂教学模式，在"学为中心"的核心理念下，细腻地展开了"五步"教学策略：导学、自学、助学、测学、延学。这五步如同五线谱上的音符，和谐地编织着教学的旋律。同时，我们从"学生学习、教师教学、课程内容、课堂文化"四个维度出发，构建了"效度、高度、深度、温度"的四维课堂生态，旨在关注学生自主学习的状态，衡量学习目标达成的精准度，以及优化学习行为方式的有效性。

在此基础上，我们创造性地融合生态化阅读理念，开发现代诗歌的"五读促学沉浸式"教学模式。这一模式如同一股清泉，滋润着现代诗歌教学的土壤，让学生在五步读的浸润下，逐步领略现代诗歌的节奏美、细节美、画面美、情感美与创作美。学生在读中悟、读中记、读中仿、读中创，最终爱上现代诗，让诗歌成为他们心灵深处最动人的旋律。

二、教材分析与教学目标

《繁星》是冰心在印度诗人泰戈尔《飞鸟集》的启迪下，将"零碎的思想"汇聚成的诗集。它涵盖了母爱与童真的颂歌、大自然的崇拜、人生的感悟与思考三大主题。冰心的诗歌以童心观照世界,清纯、朦胧、含蓄,美不胜收。在教学过程中,我们依托反复朗读、想象画面、品味生活、感悟情感等策略,构建立体的诗歌画卷,让学生领略短诗之美。

《短诗三首》被精选入四年级上册第三组"现代诗歌"单元,与《绿》《白桦》《在天晴了的时候》等名篇佳作并肩,共同构成了丰富多彩的诗歌世界。本单元的教学目标是:诵读优秀诗文,体验情感,展开想象,领悟诗文大意。同时,我们依据单元导读页的人文主题和语文要素,确定了本课的具体教学目标:

(1)体会诗歌的韵味,初步了解现代诗的特点。

(2)通过反复朗读、想象画面、仿写创造等方式,深入体会诗歌情感,熟读成诵。

(3)认识"漫""涛"两个生字,读准"啊"的音变,指导"繁"字的书写,理解"漫灭""思潮"等词语。

其中,教学的重难点在于通过反复朗读、想象与仿写,深刻体会诗歌的韵味与情感,初步把握现代诗的特点。

三、学情分析与教学准备

四年级学生已初步接触现代诗,但对现代诗的特点认知尚浅。因此,在课堂教学中,我们采用不同形式的反复朗读、情境创设、补白想象、补充资料等教学策略,引导学生发现现代诗歌的朗朗上口、富有节奏、蕴含丰富想象与真挚情感的特点。同时,我们准备了多媒体课件、星星卡等教学工具,为学生营造一个充满诗意的多媒体教学环境。

四、教学过程

(一)一读诗歌,释义诗题——探寻短诗之生态奥秘

(1)引出课题:通过单元导语,自然引入《短诗三首》,激发学生对现代诗歌的兴趣。

(2)自由读诗:学生自由朗读诗歌,明确诗序,初步感知诗歌的韵律与节奏。

(3)作者与背景:简介冰心及《繁星》创作背景,解释"繁星"的寓意,指导"繁"字的书写,培养学生的文化素养与书写习惯。

(4)音变指导:指名朗读,提示"啊"的音变,让学生在朗读中感受诗歌语言的音乐美。

（二）二读诗歌，有板有眼——探寻短诗之韵律生态

（1）比较阅读：通过对比现代诗与古诗的异同，引导学生发现现代诗在形式与内容上的自由与多样。

（2）节奏感知：以《繁星（一三一）》为例，感知"光""香""响"的韵脚，了解同音成韵的特点，读出节奏与问号的语气。

（3）情境朗读：师生合作接读排比句式，理解"思潮"，在情境中深化对诗歌韵律的感知。

（4）同字成韵：以《繁星（一五九）》为例，发现"了""里"的韵脚，读出分句间的强弱对比，感受现代诗高低起伏的节奏美。

（三）三读诗歌，有声有色——探寻诗歌画面之生态

（1）想象画面：以《繁星（七一）》为例，通过延长顿逗、补白想象等方式，引导学生展开想象，描绘月明的园中、藤萝的叶下、母亲的膝上的温馨画面。

（2）理解词语：通过想象理解"永不漫灭"的含义，让学生在情境中领悟词语的深层意蕴。

（3）情景朗诵：引导学生想象情景，积累背诵，让诗歌的画面与情感在学生心中生根发芽。

（4）风雨想象：以《繁星（一五九）》为例，引导学生想象"天上的风雨"与"心中的风雨"，通过朗读重音、分角色朗读等方式，深化对诗歌意象的理解。

（四）四读诗歌，自主学习——品悟短诗之情感生态

（1）悟情《繁星（一五九）》：在补白想象的基础上，感受母亲怀抱中的浓浓母爱，通过复沓朗读体会情感。

（2）悟情《繁星（一三一）》：播放海浪声音，情景朗读，体会作者对大海的挚爱之情，结合作者经历与补充资料，理解"心中的风雨"的内涵。

（3）悟情《繁星（七一）》：引导学生思考月明时分寄托着作者怎样的情感，母亲给予我们生命与养育之恩又让我们感受到什么，通过反复朗读与情境创设，层层递进体会诗歌的情感。

（五）五读诗歌，以己入诗——探索童年之情与创作生态

（1）仿写诗句：鼓励学生仿写诗句，唤起自我感受，将个人情感融入诗歌创作中。

（2）分享交流：教师巡视指导,相机评价学生的仿写作品,引导学生朗读仿写诗句,分享自创的"繁星"。

（3）挥动星卡：通过挥动星卡等互动方式,激发学生的创作热情与参与感。

（4）齐背三首：全班齐背三首《繁星》,让诗歌的韵律与情感在学生心中回荡。

（5）拓展延伸：布置作业,朗读现代诗集《繁星·春水》,摘录喜爱的现代诗并写清作者和出处,与家人或朋友分享,举办班级诗歌朗诵会,将现代诗歌的学习延伸至课外,融入生活。

五、教学反思：生态化阅读视角下的现代诗教学探索

在生态化阅读的广阔视野下,我深入反思了本次以"诗歌,让我们用美丽的眼睛看世界"为主题的现代诗教学单元。这一单元不仅承载着引导学生初步了解现代诗特点、体会诗歌情感的语文要素,更是一次心灵与自然、文本与生活的深度对话。我在教学设计之初,便充分把握了统编教科书"人文主题"与"语文要素"双线并行的编写特色,对本单元内容进行了全面而细致的解读,力求在生态化阅读的语境中,让诗歌教学焕发出新的生命力。

（一）以"韵"为引,奏响生态阅读的序曲

诗歌是语言的精华,韵律是其灵魂所在。我巧妙地以"韵"为切入点,引导学生通过反复诵读,感受现代诗中的节奏与音韵之美。在"诗歌,让我们用美丽的眼睛看世界"的人文主题下,学生们仿佛置身于一个充满诗意与韵律的生态环境中,每一次朗读都是一次心灵的旅行,每一次停顿都是一次情感的积淀。笔者深入解读教材,将"人文主题"与"语文要素"巧妙融合,为学生们铺设了一条通往现代诗心灵深处的生态之路。

（二）以"词"为桥,连接生活与想象的生态空间

朗读,作为语文学习的永恒旋律,在本次教学中被赋予了新的生态意义。朗读不仅是语言积累的途径,更是连接学生生活与想象的桥梁。通过反复朗读,学生们不仅读通了文字,更读懂了文字背后的情感与意境。读熟,则成为语文学习的高阶追求,它让学生在熟读成诵的过程中,实现语言的内化,形成敏锐的语感。这种语感,正是生态化阅读所追求的,让学生在阅读中与自然、与生活、与自我产生深刻的共鸣。

（三）以"情"为舟，航行在生态阅读的海洋

叶圣陶先生的"教师的教是为了不教"的教育理念，在本次教学中得到了生动的体现。我在学习《繁星（七一）》时，巧妙地设计问题，为学生创造了一个自主学习的生态场。学生们在这个场中，自由朗读，尽情想象，仿佛置身于繁星点点的夜空下，与诗人一同感受那份宁静与美好。这种设计，不仅传授了学习方法，更激发了学生的自主学习意识，让他们在未来的阅读中，能够自觉地运用这种方法，去探索更多的诗歌奥秘。通过情感的引导，学生们在动态的言语实践活动中，逐步走进作者眼中的繁星，走入作者心中的繁星，最终走到自己内心的繁星，实现了情感与审美的双重提升。

（四）以"己"为笔，绘就生态阅读的繁星图

语言建构与运用是语文核心素养的基石，也是生态化阅读的重要组成部分。我放手让学生自主学习《繁星（七一）》，鼓励他们在读出画面、读出想象、读出情感的基础上，用自己的笔去描绘心中的繁星。这种以"己"入诗的教学方式，不仅激发了学生的创作热情，更让他们在仿写与交流中，实现了语言与情感的双重建构。随着音乐的流淌，学生们的文思如泉涌，一首首精美的"繁星"从他们的心田涌出，汇聚成一幅幅生动的生态阅读繁星图。这种仿写与朗读的结合，不仅让学生读出了作者眼中的繁星，更读出了自己心中的繁星，实现了现代诗韵味在读中的自然生发、情感在心中的悄然蔓延。

（五）以"书"为舟，延展生态阅读的航程

教学尾声，我以《繁星·春水》为引，将学生们的阅读视野从课内延伸至课外，实现了生态化阅读的延续。通过课后作业的布置，我引导学生们标清作者和出处，选诗摘录，并尝试利用所学反复朗读，将现代诗的韵味绵延至课外，润泽至生活。这种以"书"荐读的方式，不仅丰富了学生们的阅读体验，更让他们在课外阅读中，继续品味生活，感悟诗歌情感，领略短诗之美。整节课的教学，我始终坚持目标导向、任务驱动，让学生们在由浅入深的阅读中，逐步认识现代诗的韵律、节奏之美，通过不同形式的反复诵读、情境创设、补白想象、补充资料等教学手段，引发学生品味生活，感悟诗歌情感，领略短诗之美，真正实现了引导学生走近现代诗、走入现代诗、发现现代诗的特点、感受现代诗的韵味、体会现代诗的情感、初步学写现代诗的隐性教学目标。

第三节　索骥探源，智辨跳水——《跳水》融合设计

一、教材分析

《跳水》一课选自统编语文教科书五年级下册第六单元。本单元紧扣"思维的火花"人文主题，编排了《自相矛盾》《田忌赛马》《跳水》三篇精读课文，展现了思辨与智慧。这个单元区别于特殊单元和策略单元，它是个特色单元——思维训练单元。本单元的阅读要素是"了解人物的思维过程，加深对课文内容的理解"。其中"了解人物的思维过程"是方法，"加深对课文内容的理解"是目的，这是由语言表层到文字内涵的学习过程。对标《义务教育语文课程标准（2022 年版）》，本单元可以归属于"思辨性阅读与表达"学习任务群。根据此学习任务群的定位和要求，引导学生在语文实践活动中，通过阅读、比较、推断、质疑、讨论等方式，感受学习内容中的智慧，学习其中的思维方法，培养理性思维和理性精神。

《跳水》写了一个曲折而动人的故事，还原人物的思维过程是重难点。设计了"思维导图""思维还原"等形式，在具体的情境中让思维训练可视化。将教学关注点从"知识层"深入到"思维层"，呈现有思维含量的课堂。培养学生对课文的整体把握能力和根据具体情境分析问题、解决问题的意识。

二、学情分析

五年级的学生有极强的探究欲望，有一定的阅读能力，但是在思维的逻辑性、联系性、深刻性和批判性等方面较为欠缺。从心理特点来看，他们在处理问题和看待问题时，不够冷静，不够全面。本班大部分学生好奇心强，求知欲强，崇尚真知，勇于探索，有良好的思考习惯。

三、课时目标

（1）借助流程图，回顾故事内容。

（2）抓住关键词探寻孩子心情变化的原因，理解水手的"笑"对推动故事情节发展的作用。

（3）能联系具体情况，体会船长办法的好处，揣摩船长的思维过程，感悟船长的品质。

（4）引导学生迁移阅读经验，通过合理推断，续写小说《鲨鱼》的故事情节。

四、评价任务

（1）完成任务一：聚焦"帆船"感受"险"。（检测课时目标1）

（2）完成任务二：根据导图，厘清因果说情节。（检测课时目标1）

（3）完成任务三：聚焦"险境"，惊人一问议危机。（检测课时目标2）

（4）完成任务四：探究危机化解，还原船长思维。（检测课时目标3）

（5）完成任务五：展开合理推断，续写故事情节。（检测课时目标4）

五、学习活动

（一）创设情境，引入主题

出示图片，"猜猜这个人物是谁？"（福尔摩斯。）"你们了解他吗？福尔摩斯是英国小说家阿瑟·柯南道尔塑造的一个人物，是一位探案高手，现在已经成为世界通用的名侦探代名词。作为名侦探，福尔摩斯对人物和事件具有超常的记忆力、观察力、分析力和推断力。那么，孩子们，你们是否具备成为福尔摩斯的潜质呢？今天我们就继续走进五年级下册第五单元'打开思维的暗箱'，进入第二个任务——推开思维之门，了解一桩特别的'跳水'案。如果能顺利地完成本课的四大学习任务，你们就很可能是小福尔摩斯。愿意接受挑战吗？"

（二）任务驱动，争当"侦探"

1. 任务一：聚焦"帆船"感受"险"

学习活动提示：

（1）读：读准字音，认读词语。

（2）写：依据标准，书写汉字。

（3）圈：根据提示，绘制结构图。

（4）读：读出帆船之"险"。

学习活动开展：

（1）出示学习提示，学生自主整理。

（2）围绕学习提示，交流反馈。巩固、订正、检查生字读音。"聚焦帆船"预学交流、提升：①交流帆船的部件。根据学生交流，相机板贴位置：甲板、船舱、桅杆、横木。②补充图文资料，认识远洋帆船。③结合资料，朗读理解"孩子只要一失足，直撞到甲板上就没命了"。交流生字小检测部分，随机理解"肆"并在读写中感受。根据标准评价生字、词语书写情况。

评价标准：

（1）书写工整、规范。

（2）"肆""艘"左窄右宽。

（3）"肆"左右三横三部分同宽，间距均匀。

（4）"艘"注意笔画顺序。

2. 任务二：根据导图，厘清因果说情节

"成为一名侦探，首先要有良好的记忆力。"

学习活动提示：

（1）自己学：了解脉络，完成图示。

（2）合作学：小组讨论，交流图示。

（3）展示学：依照标准讲故事。

学习活动开展：

（1）出示学习活动，学生完成。

（2）交流反馈。

（3）借助图示，用自己的话说说这个故事。

"继续挑战你的记忆力！作为一名小侦探，请你回顾一下：跳水这个危机事件中，有哪些当事人？说说他们之间分别发生了什么。"

指名交流中相机板书，让学生借助板书用自己的话讲讲整个事件的经过，要求讲述准确、连贯、清楚。

评价标准：

（1）讲述准确，没有内容错误。

（2）讲述连贯，符合情节发展。

（3）讲述清楚，不漏关键情节。

3. 任务三：聚焦"险境"，惊人一问议危机

学习活动提示：

（1）自主学：画。默读课文，找出依据。

（2）合作学：理。发布"事故调查报告"。

学习活动开展：

（1）创设任务情境："成为一名侦探，还要有良好的观察力！虽然孩子有惊无险，闯过了鬼门关，但这件事情想想都令人后怕。那么，究竟是谁把孩子带入了危险境地？谁是这起危机事件的制造者呢？请同学们当当小侦探，走进课文，仔细

'观察'事件当事人的表现,寻找关键信息,填写调查记录单,然后据此界定事故责任。"

（2）学生默读课文第 1～4 自然段,仔细"观察"有关当事人的表现,并借助图表进行整理,交流反馈。

用横线画出水手的表现,用波浪线画出孩子的表现,用圆圈圈出猴子动作。

学生依据"观察"搜集到的关键信息,在四人小组内展开讨论,并合作形成一份书面"事故调查报告"。

（3）小组代表发布"事故调查报告",师生互动,引导思辨。

评价标准:

（1）能够细读课文,圈画有关当事人的表现。

（2）能够依据圈画的关键信息,借助图表进行归纳整理。

（3）能够借助归纳整理的图表,在小组内发表自己的看法。

4. 任务四:探究危机化解,还原船长思维

学习活动提示:

（1）还原思维:圈画船长的言行。

（2）比较思维:还原船长思维过程。

（3）求异思维:感受船长的品质。

学习活动开展:

（1）创设任务情境:"成为一名侦探,更需要有良好的分析力。在千钧一发之际,幸亏船长及时出现,用枪逼孩子跳水,最后化险为夷。"

（2）"可是船上偏偏有一些旅客私下嘀咕,认为船长的做法太轻率、太冒险了……那么,作为小侦探,你觉得船长这样做怎样? 你认识到一位怎样的船长? 让我们再次走进课文,根据提示还原船长的思维过程。"

评价标准:

（1）能够从文中找到事实依据,分析出船长这样做的两条理由得一颗星。

（2）能够从文中找到事实依据,分析出船长这样做的三条理由得两颗星。

（3）能够从文中找到事实依据,分析出船长这样做的四条理由得三颗星。

5. 任务五:展开合理推断,续写故事情节

（1）揭示文体,了解作者。"其实《跳水》是一篇小小说。小小说虽然篇幅短小,但是故事情节曲折生动,引人入胜。作者是谁呢?"出示作者简介:列夫·托尔斯泰,19 世纪俄国伟大的作家,代表作《战争与和平》《安娜·卡列尼娜》《复

活》等长篇小说,都是世界经典名著。

（2）拓展阅读,续写故事。"成为一名侦探,还需要具备良好的推断力。列夫·托尔斯泰还创作过一篇小小说《鲨鱼》,我们来读一读《鲨鱼》（节选）。"

引导:"这只是小说的前半部分。孩子最后能得救吗?那么是谁会用什么办法救他呢?请你进行合理推断,把这个故事的情节补写完整。"

（3）汇报。

评价标准:

（1）情节比较完整。

（2）推断具有合理性。

（3）表现炮手的人物特点。

（三）课后延学,作业设计

作业设计:惊险故事我讲述。"帆船安全靠岸后,大家会怎么向亲朋好友讲述海上惊险时刻?"学生根据"评价要点"讲故事。

六、学后反思:思维在交融中拔节,素养在生态挑战中升华

在"五步四维"教学模式的引领下,我们深入践行生态语文观,通过学习任务群创设生态化的真实学习情境,设计富有挑战性的学习任务,以任务驱动的方式,引导学生开展进阶式的语文实践活动。如何有效落实"思辨性阅读与表达"学习任务群的目标?本节课我做了一次有益的尝试,现就实施效果进行深度反思。

（一）在"生态情境"中激活学习动力

本节课立足单元整体,遵循进阶任务轨迹,聚焦单篇文本特色,精心创设了"争当小福尔摩斯"的生态情境。通过对学生记忆力、观察力、分析力和推断力的综合考量,激发学生的侦探潜质,使他们在生态情境中主动探索、积极表达,理性思维与参与热情得以同步提升。

（二）在"生态实践"中深化思维发展

依托创设的生态情境,我们开展了丰富多样的语言实践活动,将"思辨性阅读与表达"学习任务群的目标细化并融入《跳水》一课的教学中。在实践活动中,我们注重引导学生深化思维,提升核心素养。

1.图示化预学导航:逻辑先行筑根基

学习是一场有备无患的旅程。我设计了图示化的预学导航,明确预习路径,

直指逻辑思维，力求轻负高效，为学生的学习之旅铺设坚实的基石。

2. 人物链板书演绎：逻辑脉络明关系

小说是描绘人性的艺术画卷。我以"船"为舞台，以"人物"为角色，以"关系"为纽带，巧妙构建了本课的人物关系图板书。这一设计直观展现了故事全貌，使学生在一目了然中把握故事脉络，领悟人物间的逻辑关联。

通过提问"故事中哪些人物依次登场？"引导学生定位人物位置，再以"人物"为线索梳理故事情节。在反馈导图时，我引导学生聚焦故事的起因、经过、结果，自然衔接课后练习，使学生在整合人物关系的过程中锻炼逻辑思维。

3. 发布调查报告：辩证思维显风采

面对"孩子陷入危险困境，谁应负责？"的开放性问题，我适时创设了"事故调查报告"的情境任务。这一任务鼓励学生展开多元讨论，展现辩证思维。在探究过程中，学生需基于文本证据，合理推测人物思维，这一过程不仅加深了他们对课文的理解，还锻炼了他们的思维的灵活性、深刻性和批判性。小组合作与汇报中，学生的辩证思维相互碰撞，激发出智慧的火花。

4. 还原船长心境：创造思维绽光芒

此情境任务旨在引导学生深入揣摩船长的思维过程。通过"我观察，我分析"的引导，学生得以与船长"心灵相通"，突破教学重难点，理解船长在关键时刻的非凡决策，从而深刻感悟其人物品质。这一过程不仅提升了学生的创造思维，还丰富了他们的情感体验。

《跳水》一课的教学在生态情境的营造和生态实践的开展中焕发出新的活力。学生在亲历故事、了解人物、感悟形象的过程中，于"思辨性阅读与表达"任务群的指引下，逐步培养了理性思维、理性精神和理性表达能力，实现了思维与素养的双重提升。

第四节　我是神话传承人——生态语文视角下的部编版四年级上册第四单元复习课融合设计

在生态语文的广阔天地里，我们不仅是知识的汲取者，更是文化的传承者。本单元，我们将以"我是神话传承人"为主题，展开一场别开生面的复习之旅，让古老的神话在现代的课堂中焕发出新的生机与活力。

一、学习目标

（1）能够正确书写并准确运用本单元"奔流不息""精疲力竭"等13个生字、词语。

（2）能依据故事的起因、经过、结果，清楚、生动、流畅地传讲故事。

（3）能够积累神话中精彩的句子并能简单写出精彩之处，能准确地根据提示对应神话故事中的人物形象。

（4）能简单阐述中西方神话故事的不同并产生阅读中国神话和世界经典神话的兴趣。

二、评价任务

完成活动一，测评学习目标（1）；完成活动二，测评学习目标（2）；完成活动三，测评学习目标（3）；完成活动四，测评学习目标（4）。

三、学习框架

根据单元学习内容、目标，我们以问题情境为核心，设计三个学习任务八个学习活动，形成适合活动开展的学习框架。这如同在生态系统中构建了一个个生态位，让每个学生都能找到自己的位置，发挥自己的作用。

四、学习作业

本单元的学习作业以"争当神话传承人"的单元统整复习为主线，该主线贯穿复习评价的全过程。我们设计了"文化传承章"作为激励，让学生在复习中不仅掌握知识，更能感受到文化传承的责任感与使命感。

五、教学过程

（一）创设情境，复习激趣：生态启航

千万年来，人间换了模样，但人们对世界的探索从未停止，从"蛟龙"入海到"嫦娥"探月，从"神舟"飞天到"祝融"探火。我们的祖先也用神话的方式对世界进行了解释。本节课，我将带领学生跨越千年，再次感受神话的魅力，争做"神话传承人"。课前，学生们通过思维导图的形式对本单元内容进行了梳理，这是他们生态化学习的初步尝试。上课前，同桌之间学习交流，教师评价并为他们领发本节课的"争章通行证"。接下来，我将通过五个任务，带领他们踏上这场神奇的传承之旅。

（二）任务驱动，探秘神话：生态探索

1. 任务一：探秘古人智慧——生态词汇的积累

"词语探秘卡"中的词语，如"腾云驾雾""各显神通""劈山救母"，都是古人智慧的结晶。我引导学生想象这些词语背后的神话人物或故事，并尝试在句子中运用这些词语。这不仅是对词汇的积累，更是对古人智慧的传承与发扬。

2. 任务二：梳理故事内容——生态结构的把握

通过《盘古开天地》《女娲补天》《精卫填海》等课文的学习，我引导学生梳理故事的起因、经过、结果，这是把握文章主要内容的关键。同时，我鼓励学生借助图表、插图等方式进行梳理，让故事的结构更加清晰明了。这如同在生态系统中构建食物链，让学生更好地理解故事之间的内在联系。

3. 任务三：感受神话特色——生态想象的魅力

神话故事中充满了神奇的想象和鲜明的人物形象。我引导学生摘录、积累这些精彩的描写，并尝试自己进行创作。通过制作"神话人物介绍卡"，学生不仅加深了对神话人物的理解，还锻炼了自己的想象力和表达能力。这如同在生态系统中培育新的物种，让神话的生态系统更加丰富多彩。

4. 任务四：追溯神话源头——生态文化的探寻

我引导学生探究神话故事背后的文化源头，了解古人对世界的认识。通过比较中外神话故事的相同点与不同点，学生更加深入地理解了神话的文化内涵和价值。这如同在生态系统中追溯物种的起源，让学生更加珍视和传承这份宝贵的文化遗产。

5. 任务五：创写神奇故事——生态创新的实践

我鼓励学生发挥想象，创写一个与神话人物有关的故事。通过"神话人物寻访单""人物穿越交流单"等方式，学生将自己的生活与神话世界紧密相连，创作出了一个个充满创意和想象力的故事。这如同在生态系统中培育新的生态位，让学生的创造力得到了充分发挥和展示。

（三）发布招募令，创讲神话：生态成果的展示

最后，我发布"神话传承人"招募令，鼓励学生将自己的神话故事进行创讲和展示。无论学生是通过图文结合的方式绘制故事，还是通过演讲、表演等形式呈现故事，我都对学生学习成果做出肯定和鼓励。这如同在生态系统中举办一场盛大的节日庆典，让每个学生都能展示自己的风采和成果。

在生态语文的视角下,我不仅是知识的学习者,更是文化的传承者。通过这场"我是神话传承人"的复习课,我不仅让学生掌握了知识,更让他们感受到了神话的魅力、文化的力量以及生态语文的广阔天地。愿我们的课堂能像那片古老而神秘的森林一样,孕育着无尽的生机与活力,让每一个学生都能找到自己的位置、发挥自己的作用、绽放自己的光彩。

六、教学反思

在"我是神话传承人"的复习课中,我深切地感受到了生态教育理念与语文教学的紧密相连。这堂课不仅是一次知识的回顾,更是一场文化的洗礼和生态智慧的启迪。

生态语文,强调的是语文学习与自然、社会、文化的和谐共生。在这堂复习课中,我试图将这一理念贯穿始终。通过五个任务的设计,我引导学生像生态学家一样,去"探秘"神话的世界,去"积累"生态化的词汇,去"梳理"故事的结构,去"感受"神话的神奇与魅力,去"追溯"文化的源头,最终去"创写"属于自己的神话故事。

在这个过程中,我看到了学生如同生态系统中的生物一样,各自发挥着自己的作用,相互依存,共同进步。他们通过"词语探秘卡"积累了生态化的词汇,通过图表、插图等方式梳理了故事的结构,通过摘录、积累精彩的描写感受了神话的特色,通过比较中外神话故事追溯了文化的源头,最终通过创写故事实现了生态创新的实践。

然而,我也意识到自己在实践生态语文理念时还存在一些不足。例如,在引导学生探究神话故事背后的文化源头时,我未能充分挖掘神话与生态环境、人类生活之间的内在联系,导致学生对神话的文化内涵理解不够深入。同时,在评价学生的表现时,我虽然注重了过程性评价,但未能完全将评价融入生态语文的情境中,使得评价的效果略显生硬。

因此,我反思并决定在未来的教学中,要更加注重生态语文元素的融入。我将努力引导学生从生态的视角去解读文本,去感受文化的魅力,去培养生态思维和生态智慧。同时,我也将不断完善评价机制,让评价成为生态语文课堂中的一部分,与学生的学习、成长紧密相连。

总之,"我是神话传承人"生态语文复习课让我深刻体会到了生态教育的力量。未来,我将继续探索、实践生态语文的理念和方法,努力让语文课堂成为学生传承文化、培养生态思维、展现生态智慧的广阔天地。

第四章　"五意融合"模式下生态化诗歌教学案例与设计

第一节　"五意融合"——回归诗意的精神家园

从根本上来说,学语文就是学文化。学中国古典诗词,更是学中国文化。经典古诗词,仿佛一股清泉,浸润我们共同的文化基因;仿佛一面镜子,折射我们对优秀传统文化的旺盛需求;仿佛一声号角,召唤我们更好地传承经典、筑牢文化自信。基于古诗词的文化传承意义,加上"部编本"语文教材古诗文比例大幅增加,对经典诗文教学的质和量提出了更高的要求。群诗(词)阅读,以其聚合的力量,以其开放的姿态,会吸引更多的学生亲近古诗文,亲近母语,传承文化,传递精神。学校积极开发"经典养正"阅读课程,学生分学段人手一册的《诵读小明星》《诗词小达人》《国学小名士》囊括了课标必背古诗词,以及晨诵、路队和寒暑假诗词之旅,手册后面按照年级划分了群文阅读,并做到了一级一主题。从第一次在名师工作室接触群文阅读并执教探索课《一生不负溪山债》有了初步探索后,我们引领学校语文教师以此为模,相继执教了《望断关山意万重》《一首边歌话诗情》《千年的钟声,不朽的失眠》《满纸皆是喜,谁解其中泪》等中高年级课例。在开发区视导课上执教不同年级六节古诗文群文阅读课,均被推荐为优秀课例,这为我们继续模式的探索提供了勇气和继续前行的动力。

一、"五意融合"模式选择的出发点和归宿

在模式构建角度选择上,我们有着自己的考虑:古诗词因其短小、凝练、跳跃特点更容易找到群读空间,更有参照阅读、比较阅读的需要,通过同诗、互文等论证,更能全面感悟诗性、诗情,因此比其他群文阅读更有优势。

"五意融合"模式倾向于一主多辅式的诗词统整、群文链接。它遵循四个"基于":基于小学,即课标对于中高年段古诗词教学和阅读要求;基于儿童,即关注小学生的阅读基础和兴趣,扣启儿童对古诗词的灵性感悟和盎然兴味;基于教材,即注重引领学生从文字、文学、文化三方融合,循序渐进地触摸古诗词;基于

课堂,即在课堂上通过溯源、认同、联结、链接、拓展、深化等方式,通过统整,唤醒儿童学习古诗词的自觉性和强烈的民族文化认同感。

二、"五意融合"模式核心概念解读

五"意"融合:指的是师生沉浸于汉语言文字中实现对古人和诗词文化的再学习、再认知、再认同,是在背景链接、群诗词链接背后的触摸、联结、感悟。秦时明月汉时关,唐时绿水宋时山,诗词的美在时间中酝酿,传达出生命的温情,值得我们去触摸、溯源、联结、深化、追忆。追忆古诗词,于音韵中起意兴之勃发,于诵读中感意韵之悠长,于想象中解意趣之动人,于同诗中品意象之深妙,于异词中悟意蕴之高远,让学生更好地与古诗词相遇相知。

回归诗意的精神家园:作为中华传统文化的古诗词给予我们的不仅是一份生活的诗意,更是培养了我们独有的民族信仰。经典古诗词历经千年却仍旧熠熠生发着文化之光,正在用它的温度和厚度让孩子们的精神家园有了一个坚实而丰厚的基础,使得孩子们在未来的人生当中走得更加稳健、更加自信。

群诗(词)阅读教学:指的是多方面、多角度的群诗阅读教学,以一篇课例为"主",辅助链接相关诗词。"辅"有不同诗(词)句的互证,有选读完整诗(词)篇的比照,有同一诗人的诗(词)句,有广选多家诗人的诗(词)句,着眼于开阔学生的阅读视野来反顾、解读诗(词)之意蕴,形成中心发散式链接格局。"多篇"不会造成负担,因为仅仅是用来作比照、作佐证、作引导、作熏陶、作追忆,取其一点,不及其余,唯求在读解"一主"上"多辅"。

三、"五意融合"模式的实施策略

(一)起"意"兴:主题链接式引读

走入诗词的世界,就是走入一个特定的场景,这个场景有着自己独特的磁场。走入这一场景中,中华文化的芬芳气蕴拨动我们的心弦。诗,产生于歌,乐曲与诗词从来就是一对无法分割的双生花。此环节通过链接主题性引读,师生在悠扬的乐曲中,走进"主题场景",因主题场景而"穿越"、而"沉浸"。以《一曲边歌话诗情》为例,新授课学习之前,围绕"边塞风光",进行同主题已经学过的诗词链接。这是"悲凉"的场,以"清平乐村居"为例,营造的又是"唯美"的场。这样学生既能快速进入场景,又能在主题的统领下"温故而知新",获得新体验。是什么就读出什么味道,该怎样就还原它一个怎样的场景。这是师生以诗的形式彼此问候,就像是在酿酒最初放入的引子,让一切酝酿得以开启。

（二）寻"意"韵：环环相扣式诵读

诗词之美，首先来自音韵。读好音韵的前提是读准确。古诗词讲究平仄、精于用韵，富有音韵之美和画面感。古诗词诵读要尽可能读出节奏的富有变化、平仄的返璞归真、押韵的意味悠长。此环节分三步完成。第一步：读好节奏。要引导学生掌握古诗的停顿规律，这是读出诗韵最基础的要求。第二步：读好平仄。基于古诗词独有的声、韵、调，通过平仄诵读引领学生感受音的高低、强弱、长短，还原古人吟诵诗词的感觉和味道。第三步：读出韵脚。韵脚传达着诗词的不同情绪，引导学生读出韵脚的饱满，读出悠扬调，就是读出了诗韵。这样一读再读，环环相扣，层层推进，步步落实。此环节需要教师通过范读、纠正读等方式不厌其烦地给学生诵读的支架，学生知道怎么去读了，既可以让诗的韵味溢满心怀，又能为后续在文本细读基础上的诵读做好铺垫。

（三）探"意"趣：层层推进式想象

1. 用诗意铺就想象的蹊径

在学情基础上读懂诗意，最好的策略便是想象画面，此环节完全属于学生自主性、互助性、交流性学习。学生在读书基础上，结合读懂古诗词的若干方法，先以"个体"为单位自读自解，然后"同位互说互教"，最后"班内交流梳理"。学生在自学、互学、互教、互动中将理解落实到用自己的语言描述透过文字看到的画面，画面说清楚了，诗意就解决了，难点也会迎刃而解。

2. 用疑问推开想象的大门

学为中心，学贵有疑。牵一发而动全身。像《枫桥夜泊》中"哪里让你感受到了愁绪？"《长相思》中"你从哪里感受到了作者的乡思？"这样统领性、探索性问题，引领学生通过自主学习、小组合作的方式，通过想象画面、圈点勾画的策略，于一字一句去触摸文本表层的温度。

3. 用细节插上想象的翅膀

要想象画面，身临其境，就要借助细节的力量。这里的细节是咬文嚼字，可以是一个动作的品悟，可以是一个场景的拓展，也可以是对几个字句的关注……以《闻官军收河南河北》为例，在解读了杜甫喜悦的各种表现后，引导学生探寻诗人心灵深处的幽远情思，通过"漫卷"一词的动作、神态、语言多角度想象，深入细节，获得与诗人的情感共鸣。此环节应引导学生走进画面，展开大胆想象，入情入境地描摹诗中情态。这样古诗词也在学生的读一读、想一想、演一演、说一说层层推进,读出意趣。

特别说明的是,以上几个环节秉承的宗旨是"尽情诵读"。其主要环节均是通过"五读",即"读正确、流利,读出停顿,读出味道,读出理解,读出感受"展开的。以上几个环节是重点解读"一主"——也就是一首诗,接下来则是群文阅读的精华。

(四)明"意"象——步步为营式聚焦

课标明确指出,在语文学习过程中要"认识中华文化的丰厚博大,吸收民族文化智慧"。教学古诗词,最终的落脚点是文化。而意象,是一种突出的文化现象。由"意趣"上升为"意象",教师需要依据具体古诗词,通过诗词统整、读写互动,引领学生感受意象,并打开学习古诗词的入口。

1. 抽取意象,同诗共证

在学习中,我们会发现总有那么一些特别的字,它们可能是古诗词的诗眼、高频用词,或者是有温度、广度、深度的字。通过关键字句、同类文本的拓展,溯源比较,发现意象之秘。以《清平乐•村居》为例,作者抓住"溪"这一意象做了三步统整。

一是"溪"在这首词中的"地位"。教师让学生思考:诗词是语言的"贵族",为什么在短短的一首词里,作者用了三次"溪"字?这是用字疣赘吗?这激起了学生"于无疑下求疑"的思维碰撞。

二是同"溪"互证。教师列举了陶渊明的《桃花源记》、曾几的《三衢道中》和李清照的《如梦令•常记溪亭日暮》中带"溪"的句子。这些诗词名句,有的为学生所熟知,有的是学生陌生的。这样的参读统整,不仅让学生明白了"溪"在古诗词中是一个常被提及的文化符号,而且开阔了学生的阅读视野,激发了学生的学习兴趣。

三是集中呈现辛弃疾词作中"溪"字的使用次数及使用场景。让学生在诵读中感悟到作者是将"溪"作为美好大自然的象征、祥和宁静生活的意象来表现的,此"溪"乃辛弃疾心目中的"桃源之溪","溪"的意象之妙尽在其中。

2. 创设意象,读写互动

学生在完成对同一作者同一时期不同风格作品的信息提取和整合归纳之后,产生新的意象,通过各种形式的读写互动,来感作者所感。此环节需要有选择地实施。

示例:"《闻官军收河南河北》让我们感受到了杜甫的喜悦,《春望》《茅屋为秋风所破歌》《石壕吏》是作者同一时期作品,你有从中感受到什么？你们找到了他的悲伤,你们找到他的愿望了吗？"出示诗句:安得广厦千万间,大庇天下寒士俱欢颜……吾庐独破受冻死亦足！小诗创作:《他想造一座房子》。这样的读写方式让学生走进诗人内心世界,感受诗人道不尽的圣人心、流不完的凡人泪,为体会他满腹的家国情怀做铺垫。

（五）悟"意"蕴——情感升华式体悟

意蕴是意象的升华,它指向的是深厚悠远的理性内涵。如果说意象指向的是诗词的广度,那么意蕴指向的则是深度。此环节是在"统整"中悟出意蕴,以互文印证或异词反证,以背景拓展凸现诗人完整的生命情怀。

读了《清平乐•村居》,学生很容易认为辛弃疾只是一位歌颂祥和宁静生活的田园词人。显然,这不是辛弃疾的完整形象。所以,此处应适时展开与《清平乐•村居》完全不同的,另一首辛弃疾的词《破阵子•为陈同甫赋壮词以寄之》,做比较阅读。学生透过文字表面就可以感受到词人梦回战场的决心,感受他作为一名爱国词人,为抗金而征战沙场的人生主旋律。比较阅读基础上,拓展背景,感受无论是"溪上居安"还是"梦回战场",这首词里边,我们看到了那条潺潺流淌的小溪。小溪长流,小家就安宁了;小家安宁了,大国才能安定;大国安定,小溪方能会欢快的流淌。正所谓,溪在家宁,家宁国安。这便是辛弃疾家国情怀的强烈体现,这便是对诗词深度即意蕴的追寻。

第二节　满纸都是泪——在古诗的海洋里追寻情感的波澜

在古诗的深邃海洋中,情感如同那璀璨的珍珠,散落其间,等待我们去发现、去感悟。本次教学,我们将携手走进古诗的世界,追寻那些隐藏在字里行间的真挚情感,体验古人的悲欢离合,感受诗歌的无穷魅力。

一、群诗航标

为了更深入地探索古诗中的情感世界,我们精心挑选了以下七首具有代表性的诗作作为我们的航标:杜甫《闻官军收河南河北》、柳永《雨霖铃》节选、汪元量《一剪梅•怀旧》节选、陆游《秋夜将晓出篱门迎凉有感》、李商隐《无题》、杜甫《春望》以及牛希济《生查子》。这些诗作如同七颗璀璨的星辰,照亮我们追寻情感的航道。

二、教学目标

情感启航：引导学生运用诵读、批读、默读、浏览等多种阅读方法，深入古诗的腹地，理解诗意，初步感受诗歌所表达的情感。这不仅是一次知识的航行，更是一次情感的启航，让学生在古诗的海洋中找到情感的共鸣。

情感探索：通过从古诗的关键句、创作背景等多个维度进行深入剖析，帮助学生结构化地理解诗句中的情感。这如同在古诗的海洋中潜水，探寻那些隐藏在深处的情感宝藏。

情感聚焦：在诗歌的比对读议中，以"泪"这一意象为例，聚焦古诗中的情感表达。通过品味不同诗作中的"泪"，让学生深刻体会到诗歌中情感的丰富性和多样性。

三、教学重难点

重点：引导学生掌握多种阅读方法，深入古诗，理解诗意，感受情感。这如同在古诗的海洋中航行，需要掌握正确的航行技巧，才能准确地找到情感的坐标。

难点：品读诗句，引导学生探究诗人表达情感的多种方式。这如同在古诗的海洋中潜水，需要深入海底，才能发现那些隐藏的情感暗流。

四、教学过程

（一）猜泪字，引情启航

1. 猜字谜引航

"同学们，这是一幅古老的图画，也是一个字。（出示泪的甲骨文形态）你们能猜出这是哪个字吗？——对，就是'泪'。这个字如同一滴晶莹的泪珠，诉说着古人的悲欢离合。"

2. 揭课题扬帆

"人有悲欢离合，月有阴晴圆缺，此事古难全。情感，是古诗中永恒的主题。当泪与情、与古诗相遇，会碰撞出怎样的火花呢？今天，就让我们扬帆起航，泪眼看世界，去探寻古诗中的情感波澜。"

（二）命泪名，探情航行

"柳永《雨霖铃》节选、汪元量《一剪梅·怀旧》节选、陆游《秋夜将晓出篱门迎凉有感》、杜甫《闻官军收河南河北》……这些诗作如同四座灯塔，照亮了我们的航行之路。"

（1）明意导航。"同学们，你们能读懂这些诗句的意思吗？请结合题解、注释和参考译文，仔细品味，说一说你的理解。"

（2）取名探情。"这些诗里都有泪的踪迹，但每一滴泪都承载着不同的情感。我们来试着给这些诗中的泪取个名字，并说说这样取名的理由。是相思泪、思乡泪，还是爱国泪？"

（3）感受情深。"出示中国古代地图，让学生感受《闻官军收河南河北》中的"泪"是何种泪。这滴泪，是杜甫听闻故土收复时喜极而泣的泪，是爱国之情的深沉体现。"

（4）统整情感。"此刻，你还觉得杜甫的泪是普通的泪吗？不，它是感慨的泪、喜悦的泪、难以置信的泪、悲伤的泪……这滴泪，如同一个情感的万花筒，折射出诗人内心的复杂情感。"

（三）品泪诗，悟深情潜航

1. 深入潜航

"同学们，我们用这样的方式来阅读诗歌，就像潜入古诗的海洋深处，能够发现更多、埋藏得更深的情感宝藏。接下来，让我们用这种方法再来研读以下诗歌：李商隐的《无题》、杜甫的《春望》、牛希济的《生查子》。"

自学提示：借助注释理解诗意，运用诵读、批读、默读、浏览等多种方法深入品味。

2. 质疑探情

"这三首诗中，谁在流泪？为什么流泪？这些泪，是诗人的自怨自艾，还是对世事的无奈感慨？"

3. 追问深情

"三首诗的共同点是事物在流泪。但真的是事物在流泪吗？不，这是诗人泪眼看世界，将情感投诸到外物身上，借物抒情，更显深沉。"

4. 分享感悟

"诗人泪眼看世界，看到的世界自然泪流满面。通过泪，诗人把情感寄托在外物上，让我们感受到了诗歌的深情厚谊。"

5. 统整情感宝藏

"同学们，深入这些诗歌，你们对古诗中的泪有什么新发现？是泪可以表达各种情绪、情感,还是诗中有的是人在流泪,有的是写物在流泪?写物流泪也是为了写人,这样写更含蓄深沉;诗中的眼泪有的是为自己流,有的是为人民、为国家流……这些发现,如同我们在古诗海洋中捡拾到的珍珠,珍贵而美丽。"

(四)写泪诗,表真情创作

"泪,是情感的流露,是诗歌的灵魂。在古诗中,泪有颜色、有香气、有形状、有数量。它如同一个情感的精灵,在诗人的笔下翩翩起舞。现在,让我们也拿起笔来,结合今天阅读的古诗,写一首属于自己的小诗吧!"

出示题目:《谁的眼泪在飞!》

示例:谁的眼泪在飞 / 落在了红豆上 / 变成了相思泪。

(五)小结归航

"同学们,今天的航行即将结束。在这一路上,我们追寻了古诗中的情感波澜,感受了诗人的悲欢离合。你对哪一种泪感触最深呢?能和大家分享一下你的感悟吗?"

教师总结:"真是多情应如你(指向同学们),泪眼看世界,世界如此多情。每一滴泪,都承载着诗人的真挚情感;每一首诗,都是情感的海洋。让我们带着这份感动,继续航行在古诗的海洋中,探寻更多的情感宝藏吧!"同时,教师以泪滴的形象总括学生所说到的关键词,如同将这一路上的情感珍珠串联起来,成为一串璀璨的项链。

五、教学反思:生态化群诗阅读的实践与思考

(一)教学主题与初衷的深化理解

本次教学以"在古诗的海洋里追寻情感的波澜"为核心,旨在通过生态化阅读,让学生不仅学会解读古诗的字面意义,更能深入体会其中的情感韵味和文化内涵。回顾整个教学历程,我更加深刻地意识到,这不仅是一次对古诗情感的探索之旅,更是一次对学生心灵世界的滋养和塑造,是对他们情感感知力、审美鉴赏力以及文化素养的综合提升。

(二)议题探索与情感基调的精准定位

在议题探索阶段,我通过"珍珠与海洋"的比喻,成功激发了学生的探索欲和好奇心,为整个教学奠定了浪漫而富有诗意的情感基调。然而,反思此环节,我意识到,虽然比喻生动形象,但还可以进一步细化,比如通过具体的古诗例子

来阐释这一比喻,让学生更加直观地感受到古诗情感与海洋的相似之处,从而更加深入地理解教学主题。

（三）教学目标与双重启航的深入实施

在教学目标的设计上,我始终坚持情感与知识并重,力求让学生在理解诗意的同时,也能深刻感受到古诗中的情感波动。然而,在实施过程中,我发现,虽然学生在知识层面的掌握上相对容易,但在情感层面的深入体验上却存在一定的难度。这提示我,在未来的教学中,需要更加注重情感引导的技巧和方法,如通过情境创设、角色扮演等方式,让学生更加身临其境地体验古诗中的情感世界。

（四）重难点把握与方法指导的精细调整

在重难点的把握上,我虽然明确了教学重点和难点,但在实际教学中,仍发现部分学生在品读诗句、探究诗人表达情感的方式上存在困难。反思此环节,我认为,这主要是由于我对学生的个体差异关注不够,没有针对不同层次的学生提供差异化的指导和帮助。因此,在未来的教学中,我需要更加注重因材施教,根据学生的实际情况,灵活调整教学方法和策略,确保每个学生都能在教学活动中获得成长和进步。

（五）教学过程与实施效果的深度剖析

在教学过程中,我通过一系列精心设计的环节,逐步引导学生深入古诗的情感世界。然而,反思整个教学过程,我发现,虽然学生在一些环节上表现出较高的积极性和参与度,但在另一些环节上却显得相对被动和沉闷。这提示我,在未来的教学中,需要更加注重教学环节的趣味性和互动性,通过引入更多元化的教学活动和形式,激发学生的学习兴趣和主动性。

（六）教学反思与改进方向的深入探索

针对教学过程中存在的不足和问题,我进行了深入的反思和探讨。在情感聚焦阶段,我意识到过于局限于"泪"这一意象,导致学生对古诗中其他情感的表达方式关注不够。因此,在未来的教学中,我将进一步拓宽情感聚焦的视野,引导学生关注更多元化的情感表达方式,如喜悦、愤怒、忧愁。同时,在诗歌创作指导方面,我也将加强对学生情感表达和诗歌韵律方面的指导,帮助他们更好地掌握诗歌的创作技巧和规律。

第三节 彩诗绘"五意"——群文阅读融合设计的生态之旅

在生态化阅读的广阔天地里,我们以"彩色的诗"为引子,探索群文阅读教学的无限可能。本次教学案例设计,以艾青的《绿》为核心文本,融合线上线下、多元互动的教学方式,旨在构建一个充满活力、自主探究、思维碰撞的语文课堂,让学生在诗歌的海洋中自由遨游,感受色彩与情感的交织,领悟现代诗歌的独特魅力。

一、教材解析

艾青的《绿》,如同一抹清新的春风,拂过四年级下册第三单元的语文教材。这首诗创作于1979年,是诗人以极富感染力的笔触描绘的一幅春回大地、绿意盎然的画卷。它不仅仅是一幅自然的风景画,更是诗人内心情感的流露,是对生命、对希望的热烈颂歌。诗中,诗人巧妙地将自己的感觉与景象融为一体,虽无具体意象,却引发读者无限遐想,展现了现代诗歌自由灵活、想象丰富的特点。

二、教学目标

知识与技能:认识并掌握"挤""叉"等生字,书写"瓶""挤"等字词,积累与"绿"相关的词汇,为诗歌学习打下坚实基础。

过程与方法:通过线上线下融合的多形式诵读,感受诗歌的节奏美与画面美;借助关键词句想象画面,体会诗人的独特表达;通过群诗阅读,对比不同诗歌的语言特点,深化对现代诗歌的理解。

情感态度与价值观:激发学生对大自然的热爱,对春天的赞美,以及对和平、美好生活的向往;通过读写互动,培养学生读诗、写诗的兴趣,提升审美情趣和创新能力。

生态化阅读目标:在群文阅读中,培养学生跨学科整合能力,将诗歌学习与自然观察、艺术创作等相结合,形成综合性的学习生态。

三、教学重难点

重点:借助关键词句想象画面,感受诗人如何将感受融入诗歌,体会诗歌的独特表达。

难点:通过群诗阅读及对比阅读,深入理解现代诗歌的语言特点,学会从不同角度欣赏诗歌,提升文学鉴赏能力。

四、教学方式

采用"线上＋线下"混合教学模式,结合任务驱动法、读书指导法、小组合作学习法和自主阅读法,构建开放、互动、探究的学习生态。利用信息技术手段,如在线资源库、微课视频等,丰富教学资源,拓宽学习渠道。

五、学习过程

(一)色彩入诗,多形式诵读——生态化感知

1.课前色彩诗词搜集与诵读

学生课前搜集与色彩相关的古诗词,通过线上平台分享,辅以古典音乐,营造浓厚的文化氛围。教师引导学生以色彩为线索,串联起一首首色彩斑斓的诗,如红色的热情、白色的纯净、紫色的神秘等,激发学生的想象与联想。

2.绿色主题深入诵读

聚焦"绿",教师引导学生回顾历史上以绿色为主题的诗歌,感受绿色在不同诗人笔下的多样表达。学生分组诵读,通过线上线下结合的方式,展示野之绿、水之绿、衣之绿等,构建绿色的诗歌世界。

3.教师小结与引入

教师以艾青的"文字的绘画,彩色的诗"为引子,引出《绿》的学习,激发学生对诗人笔下绿色的期待与探索。

(二)读写互动,"绿"意盎然——生态化实践

1.初读诗歌,检查预习

学生展示课前搜集的艾青生平及创作背景,增进对诗人的了解。

分小节朗读诗歌,教师在线纠正发音,指导书写难点字,如"瓶"字的右半部分"瓦"。

2.五读诗歌,读出特点

一读,读出画面:引导学生闭眼想象,通过朗读感受诗歌中的画面美,播放朗读指导微课,帮助学生找到朗读的节奏与情感。

二读,读出理解:学生圈画关键词句,分享自己的独特感受,教师引导学生理解诗人如何通过想象将感受融入诗歌。

三读,读出韵味:再次朗读整首诗,感受诗人的情感流动与语言魅力。

四读,读出情感:补充诗歌创作背景,引导学生联系时代,体会诗人对美好时代的赞美与期待。

五读,读出特点:引导学生对比古诗词与现代诗的不同,总结现代诗的特点,如形式自由、想象丰富等。

3. 仿写积累,读写互动

学生仿照《绿》的第三小节,创作自己的彩色诗,小组内交流分享,培养创新思维与表达能力。

4. 作品展示

利用在线平台,展示学生的仿写作品,形成班级诗集《彩色的诗》,增强学生的成就感与归属感。

5. 群诗链接,同诗互证

教师推荐艾青的其他作品,如《向太阳》《当黎明穿上了白衣》,学生自主选择阅读,感受诗人不同作品中的色彩运用与情感表达。

通过线上线下结合的方式,学生展示阅读成果,可以是录制视频、合作朗诵或在线讨论,形成多元互动的学习生态。

(三)比较阅读,"绿"之不同——生态化拓展

引入宗璞的《西湖漫笔》片段,对比艾青笔下的"绿",引导学生从不同文体、不同作者的角度,感受绿色的多样表达。

学生分组讨论,记录相同点与不同点。教师总结提升,引导学生初步感受现代诗歌与散文在表达上的异同。

(四)课堂小结与作业布置

课堂小结回顾本节课的学习内容,强调色彩在诗歌中的运用,以及中国诗人对色彩的独特情感。

布置作业:有感情地朗读并背诵诗歌;继续仿写不同颜色的诗,丰富班级诗集《彩色的诗》;鼓励学生在生活中观察色彩,用诗歌记录自己的感受,实现诗歌与生活的深度融合。

六、设计说明

本课例设计以"学为中心"为核心理念,结合学校"五步思维"教学模式,将群文阅读"五意融合"理念融入其中,构建了一个生态化的学习环境。通过线上

线下融合、多元互动的教学方式,激发学生的阅读兴趣与创造力,培养学生的文学鉴赏能力与审美情趣。

（一）以生为本,以读为架,诵读中感受独特表达

在《绿》的教学中,教师注重引导学生通过朗读与想象相结合,深入体会诗人对绿色的独特感受。诵读活动层层深入,从初读感知到精读品味,再到背诵积累,学生在多样的诵读中逐渐融入诗歌的世界,感受诗人的情感与语言的魅力。同时,通过群诗诵读,学生在对比中领悟不同诗歌的风格与特点,实现了对诗歌文化的再学习、再认知与再认同。

（二）以学定教,学为中心,思维碰撞中感受语言特点

本课例在设计时充分考虑了学生的主体地位,安排了多个自主学习与合作学习的环节。学生课前搜集资料、整理诗词,课中畅谈画面、仿写诗歌,课后自由展示、分享成果,整个过程充满了学生的主动探索与合作交流。教师则根据学生的学习情况,适时引导、点拨,激发学生的学习兴趣与想象力,帮助学生在思维碰撞中感受诗歌的语言特点与表达技巧。

（三）生态化阅读,跨学科整合,构建综合性学习生态

本课例不仅局限于诗歌本身的教学,还注重将诗歌学习与自然观察、艺术创作、信息技术等相结合,构建了一个综合性的学习生态。学生通过观察自然中的色彩,创作自己的彩色诗;利用信息技术手段搜集资料、分享作品;在群诗阅读中,跨学科整合知识,拓宽视野,提升综合素养。这种生态化的阅读方式,不仅加深了学生对诗歌的理解与感悟,还促进了学生全面发展与个性成长。

七、总体评价

本课例设计聚焦"学为中心"理念,通过丰富多样的合作诵读、群策群力的个性解读、各抒己见的品读感悟以及各展其能的赛诗展诗等活动,充分体现了学生的主体地位与教师的引导作用。整个学习过程充满了活力与创造力,学生在主动学习与教师引导中习得了知识、培养了能力、提升了素养。

然而,在生态化阅读的实践中,我们也发现了一些需要改进的地方。例如,在"畅所欲言谈独特表达"环节,虽然鼓励学生自由表达,但有时由于时间限制或形式限定,学生的表达可能不够充分或深入。因此,在未来的教学中,我们可以进一步放宽时间限制,提供更多样化的表达方式,让学生有更充分的时间与空

间去表达自己的想法与感受。

此外,在自主探究环节,当学生遇到困难或表达不清时,教师应更加敏锐地捕捉学生的需求,以学定教,适时调整教学策略,帮助学生克服障碍、提升能力。同时,我们还可以利用信息技术手段,如在线讨论、远程协作,进一步拓宽学生的学习渠道与合作方式,构建更加开放、互动、生态化的学习环境。

总之,本课例设计将"学为中心"理念与生态化阅读相结合,构建了一个充满活力、自主探究、思维碰撞的语文课堂。在未来的教学中,我们将继续探索与实践生态化阅读的教学理念与方法,为学生的全面发展与个性成长提供更加丰富的土壤与养分。

第四节　边歌生态情,诗意话家国——《出塞》群文阅读设计

一、教学目标

知识与技能:读通句子,了解古诗大意。

过程与方法:结合注释及背景材料,了解诗句意思。

情感态度与价值观:体会诗人渴望和平的情感,激发学生爱国之情。

二、教学重难点

重点:把握朗读的节奏,理解诗意。

难点:理解诗中蕴含的情感,激发爱国之情。

三、教学过程

(一)课前背诗:启航生态古诗之旅

(1)造境导入:"同学们,让我们共赴一场跨越时空的盛宴,飞往那遥远而神秘的边塞天际,那里藏着古诗中千里黄云、北风吹雁的壮丽画卷。请闭上双眸,随《别董大》的悠扬旋律,感受大漠孤烟的苍茫与风雪交加的边塞风光;再随《塞下曲》的铿锵节奏,体会大雪满弓刀的刺骨寒意,以及大将军的英勇与士兵的坚韧;最后,让《从军行》与《凉州词》的悲怆之音,带我们深入那苍凉而深邃的边塞情怀。此刻,睁开眼,历史的画卷缓缓展开,你是否已感受到那份寒冷、那份悲

壮,以及对和平的深切渴望?"

(2)教师引言:"同学们,我们所诵读的这些诗篇,正是描绘远古边塞风光与征战生活的瑰宝,它们被统称为'边塞诗'。今日,我们将深入探索其中的一颗璀璨明珠——王昌龄的《出塞》,在字里行间探寻家国情怀与生态智慧的交融。"

(3)板书:出塞·王昌龄(生态视角)。

(二)生态化解读"塞"之韵味

(1)学字形:"让我们从'塞'字启程,提笔在田字格中书写这个承载历史的字。注意,两横两竖均衡分布,长横稳健托起上部,一撇一捺舒展有力,恰似边塞的广袤大地,承载着无尽的故事与传奇。"

(2)扩词汇:"'塞'不仅是地理的标识,更是文化的符号。它在此处读作 sài,另有两个读音。读 sāi 时,可组词塞子、瓶塞;读 sè 时,意为堵塞;而读作 sāi 时,我们立刻联想到边塞、塞外,那些遥远而神秘的地方正是生态与文化的交汇之地。"

(3)展字意:"'塞'指边疆、边关,这些地方虽地处国家边缘,却关乎国家安危,是生态安全与文化交融的重要屏障。秦汉时期,祖先们修筑长城于边塞,以御外敌,保护中原的生态环境与文明传承。了解这些历史,将助我们更深刻地理解《出塞》。"

(三)生态化阅读诗歌之美

(1)正音读:"好诗需反复品读,现在,让我们再次沉浸于《出塞》,注意多音字的准确发音,读出诗的节奏与韵味。在边塞的生态环境中,每个字都仿佛带着风沙的呼啸与战马的嘶鸣,回荡在历史的长河中。"

(2)节奏读:"七言诗的节奏感尤为突出,我们可按'二/二/三'的停顿规律来划分。请大家在书上标注节奏,尝试按节奏朗读。"大屏幕展示:秦时/明月/汉时关,万里/长征/人未还。但使/龙城/飞将在,不教/胡马/度阴山。"朗读中,我们仿佛听到历史的回响,感受到边塞的苍茫与壮美。"

(3)背景读:"王昌龄被誉为'七绝圣手',其七言诗堪称一绝。让我们通过朗读,感受他精湛的诗艺与深邃的情感。想象自己站在边塞城楼上,眺望远方,心中满是对和平的向往与对家国的热爱。"

(四)生态化理解诗意之深

1. 解意读

"书读百遍,其义自见。通过反复朗读,我们不仅能感受诗的节奏与韵律,还能逐渐领悟诗中的深意。现在,请结合注释、插图及你对边塞生态的了解,来解读这首诗。你读懂了哪些字词?对有哪些地方仍感困惑?"

教师点拨:胡马,指代侵扰内地的北方游牧民族骑兵。阴山,则是重要的地理屏障,见证了无数战争与和平。从秦至唐,匈奴与中原的战争从未停歇。这些历史背景,为我们理解诗意提供了重要线索。

2. 交流读

"你理解了字词的意思,那么整首诗的意思你明白了吗?请与同桌交流分享你的理解与感悟。"

3. 分享读

(1)秦时明月汉时关:这句诗描绘了秦汉时期的明月与边关,它们历经千年而未变,见证了无数战争与和平。这让我们深刻体会到,时代虽变,但边塞生态环境与家国情怀始终如一。

(2)万里长征人未还:这句诗表达了出征边塞的士兵至今未能归家的无奈与悲凉。他们为国家的安宁与生态平衡付出了巨大牺牲。

(3)但使龙城飞将在,不教胡马度阴山:这句诗表达了人们对和平的渴望与对良将的期盼。若有李广那样的飞将军戍守边关,定能阻止匈奴军队越过阴山入侵中原,保护边塞生态环境与家国安全。

(五)生态化诵读涵泳,体味家国情怀之重

1. 画面怡情

配乐播放边塞风光与战争场景。"你看到了什么?感受到了什么?是边塞的荒凉与艰苦,还是战士们的英勇与坚忍?"

2. 言语创情

许多诗人也描绘了这样的景象,用笔触勾勒出边塞的苍凉与壮美。如"大漠孤烟直,长河落日圆"的雄浑苍凉,"落日照大旗,马鸣风萧萧"的紧张肃穆,"出塞入塞寒,处处黄芦草"的凄苦荒凉。

教师点拨:在这样的环境中,战士们生活异常艰苦。他们不仅要面对恶劣的自然环境,还要时刻准备战斗,保护边塞安全。这就是战士们的生活,他们用自己的血肉之躯筑起了一道坚不可摧的生态防线。

3. 品词析句,字词润情

"秦时明月汉时关,万里长征人未还。轻声读这两句诗,哪个词最触动你的

心弦？"

（1）明月：自古以来,明月便是思念的代名词。它照亮边塞夜空,也照亮战士心中的思乡之情。"我寄愁心与明月,随君直到夜郎西",明月成为战士寄托思乡之情的载体。

（2）关：关隘是边塞的重要防御设施,也是战士心中的屏障。"羌笛何须怨杨柳,春风不度玉门关",表达了战士对边关生活的无奈与委屈。春风不至的边关,也隔断了家人的消息,怎能不让人牵肠挂肚？

（3）长：这里的"长"不仅指时间漫长,更指战士心中的无奈与期盼。在无休止的战争中,战士望着万里长征路,心中充满无奈与期盼。

（4）未：这个"未"字,饱含战士多少辛酸与凄凉！他们不知何时能结束战争,何时能回家团聚。这个"未"字,成为他们心中永远的痛。

激情读："听着听着,你的心情是否也变得沉重、凄凉、悲哀？这就是《出塞》带给我们的情感震撼。让我们怀着复杂的心情,再读这首诗吧！"

（六）拓展延伸,感受期盼与呼唤之切

1. 链接诗风

王昌龄的诗"字字有泪,句句含恨"。同学们,你们希望战士们早日平安回乡与家人团聚吗？幸运的是,战士们还有指望——"但使龙城飞将在,不教胡马度阴山"。这两句诗表达了人们对良将的期盼与对和平的渴望。

2. 链接历史

"让我们了解李广将军的英勇事迹。他是西汉著名军事将领,以打硬仗闻名,箭术高超,智谋超群,与匈奴交战七十多次,每次都能制敌先机。匈奴人称他为'飞将军',对他闻风丧胆。若李广将军在世,他定会守护边塞安宁。"

3. 对比现实

"然而,李将军早已逝去。现在的将帅又如何？他们能否如李广般英勇善战、智勇双全？'战士军前半死生,美人帐下犹歌舞'揭示了军队中的腐败与战士的无奈。在这样的将帅带领下,战士回家有望吗？让我们从更多唐代诗歌中寻找答案。"

4. 造境引读

李白直言："由来征战地,不见有人还。"李颀无奈道："年年战骨埋荒外,空见蒲桃如汉家。"曹松更是一针见血："凭君莫话封侯事,一将功成万骨枯。"张籍凝

视凄凉景象:万里关山,道路崎岖,秋风萧瑟中战骨累累,秋草萋萋,仿佛大自然对人类战争的无声控诉。这不仅是画面,更是历史的沉痛回响,引人深思。

灵魂追问:"你们读懂了吗?感受到那份深切的期盼了吗?这份期盼,究竟指向何方?"学生们静默片刻后恍然大悟:"是良将!有良将在,胡人铁蹄不敢轻易践踏这片土地;有良将在,边关能重归宁静,不再烽火连天;有良将在,远离家乡的士兵能踏上归途与亲人重逢;有良将在,每一个小家都能安然入梦,国家亦能长治久安。"

5.家国激情

在黑板上,教师缓缓写下"盼和平"三个大字,这三个字,凝聚了无数人的心愿与梦想。接着,课堂进入了拓展升华的环节——家国情怀。教师深情地说道:"同学们,诗人以诗词为媒,寄托了对前朝名将的无限敬仰,对国家安定的殷切期盼。这,就是家国情怀的深刻体现。家,是最小的国;国,是千万家的集合。只有当大国安定,小家才能真正的安宁。让我们铭记这份情怀,将个人的命运与国家的兴衰紧密相连,共同守护这片和平的蓝天。"

四、教学反思

在《出塞》的生态化教学实践中,我深切地体会到了生态语文所带来的教学变革与成效。这次尝试不仅丰富了教学手段,更在多方面取得了显著的成果。

（1）生态化群诗阅读体现了知识整合。生态化解读"塞"字的设计成功地将语言学习与历史、地理、文化等多领域知识相融合。学生不仅掌握了"塞"字的字形、字义,还了解了边塞的生态环境、历史背景和文化意义,实现了知识的跨学科整合,拓宽了他们的认知视野。

（2）生态化群诗阅读体现了情感体验的多元共鸣。课堂上通过生态化阅读诗歌,学生被边塞的苍茫与壮美深深吸引,对诗歌中的家国情怀产生了强烈的共鸣。配乐、画面与诗歌的巧妙结合,让学生仿佛穿越时空,亲身感受到了诗人的情感世界,从而更加深刻地理解了诗歌的内涵和意境。

（3）生态化群诗阅读体现了思维能力培养。生态化理解诗意的环节鼓励学生结合注释、插图及对边塞生态的了解来自主解读诗歌,这极大地锻炼了学生的自主学习能力、分析能力和批判性思维。他们学会了从多个角度思考问题,对诗歌的理解也更加深入和全面。

（4）生态化群诗阅读体现了新的师生关系。在以往的传统教学中,课堂氛围往往较为沉闷,学生被动接受知识,缺乏主动参与和积极思考的机会。然而,在

《出塞》的生态化教学中,我通过设计一系列互动环节,如小组合作讨论、角色扮演、情景模拟,极大地激发了学生的学习兴趣和参与度。课堂上,学生们踊跃发言,积极交流,形成了热烈而有序的学习氛围。

同时,师生之间的互动也得到了显著的增强。在生态化教学的过程中,我不再是单纯的知识传授者,而是成为学生学习的引导者和合作伙伴。我鼓励学生提出问题、分享观点,与他们一起探讨诗歌中的生态元素和家国情怀。这种平等、开放的师生互动关系,不仅让学生感受到了被尊重和重视,也促进了他们思维的碰撞和灵感的激发。

值得一提的是,这次生态化教学实验还对学生的课外学习和自主探究产生了积极的影响。许多学生在课后主动查阅资料,深入了解边塞诗的背景和相关知识,甚至尝试创作自己的边塞诗。这种自主学习的热情和探究精神,正是我们教育所追求的目标之一。

第五章　低段"板块模式"下生态阅读教学案例与设计

第一节　借生态之石,琢语文之玉——小学低段生态语文板块式教学模式探索

在教育的广阔天地里,我们如匠人般精心雕琢着每一块玉石,而语文,便是那块匠心独运的瑰宝。特别是在小学低段,孩子们正如初升的朝阳,他们的语文学习之旅才刚刚开始,如何在这片沃土上播下生态化的种子,让语文之花绚丽绽放?我们借鉴余映潮老师的"板块式教学"理念,融合薛法根老师的"组块教学"思想,以生态化的视角,探索低年级语文教学的全新路径,力求在识字、阅读、写字三大环节中,构建出既符合儿童身心发展特点,又能高效提升语文素养的教学模式。

一、识字板块

识字,是语文学习的基石,也是低年级教学的重点。我们深知,每一个汉字都承载着深厚的文化底蕴,它们不仅仅是符号,更是文化的传承者。因此,在识

字教学中,我们注重生态化的融入,让文字在孩子们的心中生根发芽。

(一)字卡游戏,生态识字初体验

我们利用字卡这一简单而有效的工具,让孩子们在游戏中与汉字亲密接触。通过同桌互认、小组比赛等形式,孩子们在轻松愉快的氛围中认读生字,不仅提高了识字兴趣,还锻炼了他们的合作能力和竞争意识。这种生态化的识字方式,让孩子们在玩乐中学会了知识,真正做到了寓教于乐。

(二)字形整合,生态识字深挖掘

汉字的字形千变万化,但其中蕴含着许多规律。我们引导孩子们通过观察、比较、归纳等方法,发现汉字的字形特点,从而更深入地理解汉字。例如,在教授"雾"字时,我们通过猜字谜、看图片、说感受等多种方式,让孩子们在生态化的情境中认识这个生字,同时还引申出更多带雨字头的字,让孩子们在识字的同时,也感受到了汉字的魅力。

(三)生活识字,生态识字广应用

生活是最好的老师,也是识字的广阔天地。我们鼓励孩子们在生活中寻找汉字,如街道名称、广告牌、商品包装,都是识字的宝贵资源。通过生活识字,孩子们不仅扩大了识字量,还学会了将所学知识应用于实际生活中,真正做到了学以致用。

(四)字理溯源,生态识字厚底蕴

汉字是表意文字,每个字都有其独特的字理。我们借助字理教学,让孩子们了解汉字的起源和演变过程,从而更深刻地理解汉字的内涵。例如,在教授"步"字时,我们通过展示其甲骨文、金文、小篆等字形演变过程,让孩子们明白"步"字与脚的关系,从而记住了这个字的字形和字义。这种生态化的识字方式,不仅让孩子们学会了知识,还培养了他们的文化素养和审美能力。

在识字板块的教学中,我们注重多维度、多层次地激发孩子们的识字兴趣和能力。通过字卡游戏、字形整合、生活识字、字理溯源等多种方式,让孩子们在生态化的环境中与汉字亲密接触,感受汉字的魅力与韵味。

二、阅读板块

阅读是语文教学的核心环节,也是孩子们获取知识、提升素养的重要途径。

在低年级的阅读教学中,我们注重生态化的深耕细作,让文本在孩子们的心中生动起来。

（一）关注句式,生态阅读重实践

句式是语言的骨架,也是阅读理解的关键。我们引导孩子们关注文本中的重点句式,通过朗读、品味、仿写等方式,深入理解句式的特点和作用。例如,在《棉花姑娘》一课的教学中,我们通过创设情境、关注重点字词和标点、会学巧用等步骤,引导孩子们理解并掌握了祈使句的表达方式和语气特点。这种生态化的阅读方式,让孩子们在阅读实践中学会了运用语言,提高了他们的语言实践能力。

（二）聚焦难点,生态阅读层层推

每篇课文都有其难点和重点,我们注重聚焦这些关键点,通过层层推进的方式引导孩子们深入理解文本。例如,在《曹冲称象》一课的教学中,我们聚焦课文的重点段落,通过精读、练说、层层推进等方式,引导孩子们理解曹冲称象的过程和方法。这种生态化的阅读方式,让孩子们在解决问题的过程中学会了思考和分析,提高了他们的阅读能力和思维能力。

（三）展开对话,生态阅读生生互动

对话是阅读教学的重要方式之一,也是孩子们理解文本、表达情感的重要途径。我们注重在阅读教学中展开生生对话、师生对话等多种形式的对话活动,让孩子们在交流中碰撞思想、分享感受。例如,在《狐假虎威》一课的教学中,我们通过标记角色、角色扮演、观察图片、头饰表演、生生合作等多种方式,引导孩子们深入理解文本内容并感受角色情感。这种生态化的阅读方式,让孩子们在对话中学会了倾听和表达,提高了他们的口语交际能力和合作能力。

在阅读板块的教学中,我们注重生态化的深耕细作和层层推进。通过关注句式、聚焦难点、展开对话等多种方式,让孩子们在生态化的环境中与文本深入对话,感受文本的魅力和韵味。同时,我们还注重培养孩子们的阅读兴趣和习惯,让他们在阅读中享受快乐、收获成长。

三、写字板块

写字是语文教学的重要组成部分,也是孩子们传承文化、展现个性的重要方式。在低年级的写字教学中,我们注重生态化的锤炼和引导,让孩子们在笔墨间舞出属于自己的风采。

（一）引导观察，方法先行

观察是写字的第一步，也是写好字的关键。我们引导孩子们仔细观察每个字的字形结构、笔画顺序和关键笔画等要素，让他们在心中形成对字的整体印象。同时，我们还教给孩子们一些基本的观察方法和技巧，如从整体到局部、从外到内，帮助他们更好地把握字的形态和特征。这种生态化的观察方式，让孩子们在写字前就能做到心中有数、胸有成竹。

（二）教师示范，重点在线

教师的示范是写字教学的重要环节之一。我们注重在示范中展示字的书写过程和笔画运笔方法，让孩子们通过观察和模仿来掌握写字的基本技能。同时，我们还注重在示范中强调字的形态美和结构美，引导孩子们在写字时注重整体效果和美感。这种生态化的示范方式，不仅让孩子们学会了写字的技能和方法，还培养了他们的审美能力和艺术素养。

（三）学生描红，练习感悟

描红是写字教学的传统方法之一，也是孩子们掌握写字技能的重要途径。我们注重在描红过程中引导孩子们认真观察、仔细模仿，并遵循"一写二看三对照"的原则来检查自己的写字效果。同时，我们还注重培养孩子们的写字姿势和习惯，让他们在玩转笔墨的同时也能保持正确的坐姿和握笔姿势。这种生态化的描红方式，让孩子们在练习中感悟到了写字的魅力和乐趣。

（四）教师评价，落地开花

评价是写字教学的重要环节之一，也是激励孩子们不断进步的重要方式。我们注重在评价中发现孩子们的闪光点和进步之处，并给予及时的肯定和表扬。同时，我们还通过展示优秀作品、开展写字比赛等方式来激发孩子们的写字兴趣和积极性。这种生态化的评价方式，不仅让孩子们在写字中收获了成就感和自信心，还促进了他们之间的相互学习和交流。

（五）再次书写，强化巩固

根据前面的评价和反馈，孩子们再次书写时能够更加注重细节和整体效果。他们会在心中默默回顾老师的示范和讲解，努力将每个字都写得更加规范、美观。这种生态化的再次书写方式，不仅让孩子们在巩固中提高了写字技能和水平，还培养了他们的耐心和毅力。

在写字板块的教学中，我们注重生态化的锤炼和引导。通过引导观察、教师示范、学生描红、教师评价、学生再次书写等多种方式，让孩子们在笔墨间舞出属于自己的风采。同时，我们还注重培养孩子们的写字兴趣和习惯，让他们在玩转笔墨的过程中也能感受到汉字的美丽和魅力。

四、生态语文：让低年级教学焕发新活力

生态语文，是一种全新的教学理念和实践模式。它强调以学生为中心，注重学生的全面发展；它倡导师生互动、生生互动，营造和谐共生的课堂氛围；它关注学生的生活实际和情感体验，让语文教学更加贴近学生的心灵世界。

在低年级的语文教学中，我们积极践行生态语文的理念。我们注重培养学生的语文素养和综合能力，通过识字、阅读、写字等多种方式来提高他们的听说读写能力。同时，我们还注重培养学生的创新思维和批判性思维，鼓励他们在学习中勇于探索、敢于质疑。

在生态语文的课堂上，我们看到了孩子们的笑脸和自信。他们不再是被动的接受者，而是主动的参与者和创造者。他们用自己的眼睛去观察世界，用自己的心灵去感受生活，用自己的笔触去描绘未来。

生态语文，让低年级的语文教学焕发出了新的活力。它不仅提高了孩子们的学习兴趣和积极性，还培养了他们的综合素养和人文情怀。我们相信，在未来的日子里，生态语文将会引领低年级的语文教学走向更加广阔的天地。

第二节　动物儿歌——小学低段语文板块式教学入模课设计

一、教学内容

本节课聚焦于统编教材小学语文第二册第五单元的识字单元"动物儿歌"，通过生态化的板块式教学，引导学生在趣味中识字、在阅读中感知、在创作中表达，全面提高学生的语文素养。

二、教材解析

"动物儿歌"以其生动的画面和充满童趣的韵律，为学生们展现了一个充满生命力的动物世界。儿歌中介绍的六种小动物，一半属于蜘蛛和昆虫家族，这为

引导学生学习虫字旁的形声字提供了天然的素材。教材中的彩图不仅丰富了儿歌给学生的视觉体验,也为学生们提供了联系生活经验、理解动物习性的桥梁。儿歌的节奏和韵律,更是培养学生语感、提升学生阅读兴趣的宝贵资源。

三、教学目标

生态识字:利用形声字的特点,认识"蚂蚁""蜘蛛""蜻蜓"等生词,并拓展会读蝌蚪、蚯蚓、蝴蝶等三种小动物名字;通过猜甲骨文,认识象形字"网";在生态化的游戏和情境创设中,如捉迷藏、走迷宫,认识"藏""迷""造""粮""食";会写"迷""运""造"三个半包围结构的字,并了解其笔顺特点。同时,会读"蜻蜓展翅""蝴蝶飞舞"等6个四字词语,感受词语的生态美。

生态阅读:正确、流利、有节奏地朗读儿歌,感受儿歌的生态节奏和韵律,培养学生的语感和对自然的热爱。

生态了解:了解小动物的部分生活习性,激发学生对自然界的探索兴趣。

生态创作:产生观察小动物、了解小动物的兴趣,并能模仿课文,编几句儿歌,培养学生的创造力和表达能力。

四、教学重难点

重点:有节奏地朗读儿歌,归类认识带有虫字旁的生字,通过表演读了解小动物的一些生活习性,感受儿歌的生态韵味。

难点:能模仿课文,结合个人观察和想象,编出富有生态特色的儿歌。

五、教学准备

多媒体课件:融合动物图片、儿歌音频、识字游戏等多媒体元素,构建生态化学习环境。

识字卡片与动物贴图:便于学生动手操作,增强识字的趣味性和实效性。

生态化教学情境:创设森林、荷塘等自然场景,让学生在模拟的生态环境中学习。

六、模式说明

"板块式教学"与"组块教学"理念为语文生态化教学提供了坚实的理论基础。本节课借鉴并融合这两种教学理念,以全面提高学生的语文素养为目标,围绕小学语文课程目标设计教学过程。通过生态化的板块设计,将识字、阅读、写字等教学环节有机整合,形成递进式块状思路,既符合汉语学习的基本规律,又体现了新课标的综合性、实践性语文学习理念。

在生态化教学的实践中,我们特别关注儿童身心发展的特点,尊重儿童的天性。通过创设生态化的教学情境,运用多种形象直观的教学手段,激发学生的学习兴趣,拓宽学生的识字途径,培养学生的识字能力。同时,注重培养学生的语感和整体把握能力,让学生在生态化的学习环境中自然成长。

七、教学过程

(一)导入环节:走进夏日荷塘的生态情境

(大屏幕展示夏日荷塘的画面。)"同学们,这节课我们一起走入夏日荷塘去看一看吧!你看到了什么?我们按照从上往下的顺序来说一说。你不仅说出了看到了谁,还说出了它在干什么,你真棒!"这样的导入方式,既激发了学生的兴趣,又自然地引出了本节课的主题——动物儿歌。

(二)识字环节

"在这绿意盎然的课堂上,我们有一首描绘动物活动的儿歌,它将引领我们踏上今日的汉字探索之旅。让我们携手步入这首动物儿歌描述的世界,跟随老师的笔触,一同书写课题,齐声朗读。你们是否已迫不及待想要一探究竟?遇到陌生的字词,该如何是好呢?"(鼓励学生分享:查阅字典、求助师长或同伴等策略。)"很好,现在就请你们自行阅读这首儿歌,别忘了连题目也一并品读。"

1. 检查生字认读——生态互动,字词共舞

"同学们读得如此专注,真是令人欣慰!接下来,让我们通过一场生态化的字词游戏,来检验大家的认读成果。请拿起手中的词卡,与同桌伙伴相互学习,互帮互助。准备好了吗?现在,老师将用猜甲骨文等趣味方式,考验你们的眼力与智慧。"

2. 字形整合与字理溯源——森林里的文字魔法

"想象一下,我们置身于茂密的森林,流水潺潺,万物生长。看,那蜿蜒前行的是什么?"(生:是一条小蛇!)"对,正是小蛇。它要为我们变一个神奇的魔术。看仔细了,小蛇如何化身为一个字?('虫'字显现。)这个'虫'字,源自远古,是祖先们根据蛇的形态创造的。最初,'虫'专指蛇,后来泛指所有飞翔、游弋、爬行的生命。瞧,'虫'字多么友好,它正忙着结交新朋友呢!首先是与'马'结合,读

来依旧悦耳;接着,它又拉上了'义',猜猜它们组合后的名字? (引出'蚁'字。)发现了吗? 这是形声字的奥秘,形旁表意,声旁示音。接下来,还有更多'虫'字的朋友等你来发现,比如'蜻',它带来了蜻蜓与蜘蛛的故事。"

3. 形声字的探索——儿歌中的生态密码

"儿歌中隐藏着更多形声字的秘密,等待你去发掘。下面请一位同学朗读儿歌,其他同学则边听边圈出动物的名字。之后,我们将一一呼唤它们的名字,感受这份来自自然的呼唤。即使打乱顺序,你也能准确识别吗? 接下来,让我们通过摆字游戏,将小动物与它们的名字配对,看谁的反应最快。"

4. 字词挑战——生态情境中的语言实践

"接下来,是三个充满生态意味的词语挑战:'捉迷藏''运食粮''造宫殿'。它们不仅考验你的认读能力,更藏着自然的智慧。比如'藏',为何带有草字头? 因为它与草丛中的藏匿有关。而'迷'与'运',则因与长途跋涉有关而带有走之底。我们一同书写这些字,感受它们的结构与韵律,让汉字在笔下生动起来。"

5. 儿歌诵读——生态韵律的共鸣

"认字之余,让我们将所学融入儿歌,通过接力读、停顿模仿、拍手伴奏等多种形式,感受儿歌的节奏与韵律。"教师与学生间的问答互动,更是将课堂变成了生态化的语言交流场,每一行都蕴含着自然的法则与生命的奥秘。

6. 拓展延伸——自然观察与创作

"夏天的大自然,还有哪些小动物在等待我们去发现? 让我们成为小小观察家,也是小小诗人,续写这首关于自然的儿歌。"无论学生是直接观察还是想象创作,都是对大自然最真挚的致敬。

(三)总结

"同学们,儿歌、照片,乃至我们每一次的观察与书写,都是大自然赋予的宝贵财富。从今天起,让我们以更加敏锐的眼睛去观察,以更加细腻的心灵去感受,共同揭开大自然的一个又一个秘密。"

八、教学反思

生态化教学不仅仅是一种教学方法,更是一种教育理念,它强调学习与生活的紧密联系,注重学生在真实或模拟的生态环境中的体验与感悟。本次"动物儿歌"课入模设计,深度融合了生态化教学的理念,以小学语文第二册第五单元的识字单元为核心,通过精心构建的板块式教学流程,不仅让学生在趣味中识字、在阅读中感知,更让学生在创作中表达了对自然的热爱与敬畏,全面提升了学生的语文素养。

(1)从教学内容的选取上,本课便体现了生态化教学的精髓。"动物儿歌"以其生动的画面、充满童趣的韵律,为学生们勾勒出一个栩栩如生的动物世界。儿歌中的六种小动物,特别是那些属于蜘蛛和昆虫家族的成员,不仅为学生提供了学习虫字旁形声字的天然素材,更激发了他们对自然界的探索欲望。教材中的彩图与儿歌的韵律相辅相成,既丰富了学生的视觉体验,又为他们搭建了联系生活经验、理解动物习性的桥梁,真正实现了知识与生活的有机融合。

(2)在教学目标的设定上,本课注重了生态识字、生态阅读、生态了解和生态创作的全面发展。特别是生态识字环节,通过猜甲骨文、字形整合与字理溯源、形声字探索等多种方式,不仅让学生掌握了生字新词,更让他们在游戏中感受到了汉字的魅力与文化的深厚。同时,生态阅读环节通过多样化的诵读方式,让学生充分感受到了儿歌的节奏与韵律,培养了他们的语感和对自然的热爱。生态了解和生态创作环节则进一步激发了学生的观察能力和创造力,使他们在与自然的亲密接触中不断成长。

(3)在教学过程的实施中,本课更是将生态化教学的理念贯彻始终。导入环节通过夏日荷塘的生态情境,巧妙地引出了本节课的主题,激发了学生的学习兴趣。识字环节则通过一系列生态化的游戏和情境创设,如捉迷藏、走迷宫,让学生在轻松愉快的氛围中掌握了生字新词。特别是字形整合与字理溯源环节,通过"森林里的文字魔法"等生动有趣的活动,让学生深刻体会到了汉字的形声之美和文化的源远流长。

(4)在生态化教学融合方面,本课更加注重学生的个体差异和个性化发展。每个学生都是独一无二的个体,他们有着不同的兴趣、爱好和学习方式。因此,在设计教学活动时,我们应该充分考虑学生的这些差异,提供多样化的学习资源和路径,让每个学生都能够在适合自己的学习环境中得到成长。此外,生态化教学还强调跨学科整合,鼓励学生在不同学科之间建立联系,形成全面的知识体系。在"动物儿歌"这节课中,我们可以尝试将语文与科学、艺术等学科相结合,比如,通过科学课了解动物的生活习性和生态环境,通过艺术课创作与动物相关的绘画或音乐作品。这样的跨学科整合不仅能够拓宽学生的视野,还能够培养他们的综合素养和创新能力。

此外,从生态语文的角度来看,本课还可以进一步拓展学生的阅读视野和语文素养。可以引入更多与动物、自然相关的课外读物,如《昆虫记》《动物世界》,让学生在更广阔的阅读空间中感受自然的奥秘和生命的价值。同时,还可以结合学校的实际情况和社区资源,组织学生进行实地考察和观察活动,让他们亲身体验自然的魅力,从而更加深刻地理解儿歌中所描绘的动物世界。

第三节 传统节日——低段识字课模式典型案例设计

一、教材分析

课文是一首蕴含生态智慧且内容与我国传统佳节紧密相连的韵文。传统佳节,不仅是中华传统文化的重要组成,更是中华儿女家国情怀的纽带,联结着我们的精神血脉,承载着代代相传的古老文化与生态智慧。全文以八句之韵,按时序描绘了春节、元宵节、清明节、端午节、乞巧节、中秋节、重阳节这七大传统节日及其习俗,最后一句又回归春节,展现节日的循环与自然的韵律。语言质朴,句式工整,读来朗朗上口,易于记诵。配以贴窗花、赛龙舟等生动插图,不仅增添了节日的喜庆氛围,更激发了学生对节日习俗与生态文化的探索兴趣。

教师应结合生字特点,引导学生运用多样的识字方法,同时融入生态理念,让学生在识字中感受自然与文化的和谐共生,保持注意力的持久与集中,提升识字效果,增强生态意识。

二、教学目标

(1)准确认读"传""统"等15个生字,规范书写"街"字,理解"祭扫""乞巧"及其他生态相关词汇。

(2)掌握文中传统节日及习俗,能按时间顺序将节日排序,并理解节日与自然生态的关联。

(3)有感情地朗读课文,当堂背诵,体会节日中的生态智慧。

(4)联系生活实际,分享春节、元宵节的庆祝方式,激发学生对传统佳节及生态文化的热爱。

三、教学重难点

重点:认读15个生字,书写9个生字;流利朗读并背诵课文,理解节日与自然的关系。

难点:结合生活体验,讲述节日中的生态实践,深化对传统佳节与生态文化的认识。

四、教学方式

采用线上线下融合模式,结合任务驱动、读书指导、小组合作与自主阅读,融入生态教育元素。

五、学习过程

(一)初识"传统",领悟"生态"

(1)以古诗《元日》为引,导入春节,探讨节日与自然生态的联系。

(2)为学生展示过春节的生态实践图片,如贴春联、种树的图片,识记"贴"字,扩展生态词汇。

(3)揭题释义,强调传统节日与生态文化的紧密融合,认识"传""统"二字,感受其生态意蕴。

(二)一读韵文:多维识字与生态

(1)初读韵文,注重字音准确、句子通顺,同时关注文中提及的自然元素。

(2)生活识字"巷",结合生态社区的小路,理解"小巷"与"大街"的生态差异。

(3)字理识字"祭",通过甲骨文到楷书的演变,讲解祭祀与自然崇拜的渊源,强调清明祭扫的生态意义。

(4)比较识字,如"郎""饼""堂""赏"等后鼻音字,结合自然景物编口诀记忆,如"饼"字可与月饼制作中的生态原料相联系。

(三)二读韵文:节奏与生态共鸣

(1)再读韵文,圈出节日名称,感受节日节奏与自然节律的和谐。

(2)按顺序反馈节日,随文识字,如"宵"字,联系夜晚的生态景象。

(3)师生互动,以快板形式朗读,强调节日名称与生态活动的关联。

(四)三读韵文:习俗与生态智慧

(1)默读韵文,圈出节日习俗,探讨习俗中的生态智慧,如春节放鞭炮驱赶邪灵的寓意。

(2)按照"读、圈、说"的方法,分享习俗中的生态故事。

（3）观察习俗词语,结合春节、元宵节的生态实践,创编关于传统习俗与生态保护的韵文。

（五）趣猜灯谜,巩固生字与生态

（1）结合生字进行生态主题的猜灯谜游戏,如"闹"字的谜题为"生态乐园热闹多"。

（2）指导"街"字的书写,强调字的结构与生态平衡之美。

（六）推荐阅读,爱上佳节与生态

推荐《跟着伊伊过生态大节》,引导学生通过阅读了解更多传统节日中的生态智慧与保护自然的重要性。

六、教学反思

在深入研读与设计"传统节日——低段识字课"这一典型案例时,我深刻体会到了生态语文与生态阅读在教育实践中的独特魅力与价值。本案例不仅巧妙地融合了识字教学与生态教育,更在传承中华传统文化的同时,引导学生领悟生态智慧,实现了知识传授与价值引领的双重目标。

（1）教材分析部分精准地把握了文本的特点与价值。韵文以七大传统节日为线索,不仅描绘了节日的热闹场景,更蕴含了深厚的生态意蕴。贴窗花、赛龙舟等生动插图,让学生仿佛置身于节日的欢庆之中,感受到了节日的喜庆氛围与生态文化的魅力。这种图文并茂的呈现方式,不仅激发了学生的阅读兴趣,更为后续的识字教学与生态教育奠定了坚实的基础。

（2）在教学目标的设计上,本案例充分体现了生态语文的理念,不仅要求学生准确认读生字、理解词汇,更注重引导学生掌握传统节日及习俗,理解节日与自然生态的关联。通过有感情地朗读课文、体会节日中的生态智慧,以及联系生活实际分享过节方式,学生不仅学会了知识,更在心灵深处种下了热爱传统与生态的种子。

（3）教学重难点部分,本案例准确识别了学生在识字与理解节日生态意义方面的挑战,并针对性地提出了解决方案。通过线上线下融合的教学模式,结合任务驱动、读书指导等多种方法,学生在轻松愉快的氛围中突破了学习难点,实现了识字与生态教育的双重提升。

在学习过程的设计上,本案例更是匠心独运。从"初识'传统',领悟'生态'",到"一读韵文：多维识字与生态"，从"二读韵文：节奏与生态共鸣"，到"三读韵文：习俗与生态智慧"，再到"趣猜灯谜，巩固生字与生态"，以及最后的"推荐阅读，爱上佳节与生态"，每一个环节都紧密围绕识字与生态教育的主题展开，层层深入，环环相扣。特别是通过生活识字、字理识字、比较识字等多种方法，学生不仅掌握了生字，更在识字过程中领悟到了生态的奥秘与智慧。

第四节 《当世界年纪还小的时候》融合教学设计

一、教材分析

《当世界年纪还小的时候》是一篇充满生态智慧与想象力的文章，它以独特的视角描绘了世界初创时期的景象，通过对太阳、月亮、水等自然元素的拟人化描写，展现了生态系统中万物学习、成长与和谐共处的奇妙过程。本文不仅语言优美，富含哲理，而且字里行间渗透着对自然的敬畏与爱护之情，是培养学生生态意识、激发想象力的绝佳教材。

文章以"结绳记事"的故事作为引子，巧妙地将汉字文化与自然规律相结合，引导学生思考人与自然的紧密联系。随后，通过一系列生动有趣的场景描绘，如太阳的学习、月亮的变幻、水的流动，让学生身临其境地感受生态循环之美，理解每个生态成员在系统中的独特作用与责任。此外，文章还鼓励学生发挥想象，续编故事，进一步培养他们的创造力与生态意识。

二、教学目标

知识与技能：学生能够准确识记并理解文本中的重点字词，掌握汉字的书写技巧与笔画布局；通过朗读与品读，深入感受文本的语言魅力与生态智慧。

过程与方法：通过生态情境导入、合作学习、角色扮演等多种教学方式，激发学生的学习兴趣，培养他们的合作能力、想象力与创造力；引导学生深入理解文本，感受生态系统中万物和谐共处的重要性。

情感态度与价值观：激发学生对自然的敬畏与爱护之心，培养他们的生态意识与责任感；通过文本的学习与续编，引导学生认识到每个生命都是生态系统中不可或缺的一部分，鼓励他们为构建更加和谐、有序的世界贡献自己的力量。

生态素养提升：通过本次教学，使学生深刻理解生态系统中秩序与和谐的重要性，培养他们从生态角度出发思考问题的能力，为日后成为具有生态素养的公民奠定坚实基础。

三、教学过程

（一）情境导入,汉字故事启智

"同学们,欢迎来到科达小学的语文课堂!我是你们的张老师,今天不仅带来了奖励卡,还有一个关于古老智慧的故事要与大家分享。想象一下,很久很久以前,人们用一根神奇的绳子记录生活,那就是'结绳记事'。随着时间的流逝,这绳子变化成了什么字呢?对了,是'纪',象征着纪律与秩序。看,这不仅仅是一个字,更是古人对自然规律的敬畏与遵循。现在,让我们一起写下'世界'二字,感受它蕴含的广阔与和谐。"(教师引导学生观察字形,传授书写技巧,强调生态平衡般的笔画布局。)

（二）合作学习,字词基础稳固

"接下来,我们将进入'生态识字林',两人一组,利用'识字翻翻乐'游戏,像小动物在森林中探索一样,互相学习,互相帮助,共同发现生字的秘密。"(教师示范游戏玩法,强调合作与分享的重要性。)"学完了吗?让我们通过'生态小老师'环节,检验大家的成果,让知识在生态课堂中流动起来。"

（三）串联梳理,初探奇妙世界

"现在,让我们跟随作者的想象,踏入这个奇妙的世界。首先,我们要理解'必须'这个词的力量,它告诉我们每样事物都有其存在的必然性和责任。请同学们通过阅读,找出谁必须学习,又是如何学习的,感受生态系统中每个成员各司其职的重要性。"

（四）品读悟读,畅享奇妙之旅

（1）太阳之光:"太阳,这个生态系统的能量源泉,它学会了什么?为什么选择这些本领?让我们通过朗读,感受太阳温暖而粗糙的歌声,以及它对万物细微的关怀。"(教师引导学生通过角色扮演,体验太阳的温暖与力量。)

（2）月亮之变:"月亮,这位变幻莫测的舞者,它的反反复复,如同生态系统中不断变化的节奏。男女生合作读,体会月亮的韵律与生态的平衡。"

（3）水之流动:"水是生命之源,它始终遵循着往低处流的自然法则。让我们一起朗读,感受水的坚持与生态的循环之美。"(通过重复朗读,模拟水的流动,强调生态循环的重要性。)

（五）解读"秩序"，想象续编未来

（1）秩序之美："什么是秩序？它是生态系统中万物和谐共处的关键。请联系生活实际，分享你见到的有序场景，再回到文中，找出体现世界万物秩序的词句，感受生态和谐的魅力。"

（2）想象续编："在这个生态故事中，每个角色都有自己的使命。现在，请你发挥想象，续编这个故事，讲述更多生态成员如何学习、成长，共同维护这个世界的秩序与美好。"（鼓励学生从生态角度出发，想象万物如何相互依存，共同构建和谐世界。）

（六）激趣总结，重建想象之林

生态阅读推荐："今天的故事来源于一本充满生态智慧的书籍，课下请大家继续探索，感受更多生态故事的魅力。"

总结与展望："在这个生态课堂上，我们不仅学会了字词，更感受到了想象的力量和生态的和谐。让我们带着这份对自然的敬畏与爱护，继续探索这个世界的奇妙与美好。记住，每个生命都是生态系统中不可或缺的一部分，让我们携手共建一个更加和谐、有序的世界。"

四、教学反思

本次《当世界年纪还小的时候》的教学设计，将生态语文与生态阅读的理念巧妙融合，为学生们带来了一场别开生面的学习盛宴。通过这次教学，我深刻感受到了生态教育的魅力与重要性。

在生态情境导入环节，"结绳记事"的故事不仅激发了学生对汉字的兴趣，更引导他们思考人与自然的关系，体会古人对自然规律的敬畏。这种情境化的导入方式，让学生仿佛置身于那个遥远的时代，感受到了汉字的演变与文化的传承。

在生态合作学习环节，通过"识字翻翻乐"游戏，学生们在轻松愉快的氛围中巩固了字词基础，同时培养了合作与分享的精神。这种学习方式不仅提高了学生的学习效率，更让他们在游戏中体会到了生态课堂的乐趣。

在生态串联梳理与品读悟读环节，我引导学生深入理解文本，感受生态系统中每个成员的重要性及生态循环之美。通过角色扮演、合作朗读等多种方式，学生们身临其境地体验了太阳的温暖、月亮的韵律和水的流动，从而更加深刻地理解了生态和谐的意义。

生态解读"秩序"与想象续编环节，则进一步培养了学生的生态意识和创造

力。他们不仅联系生活实际分享了有序场景,还发挥想象续编了故事,展现了生态成员如何共同维护世界的秩序与美好。

最后,通过生态阅读推荐与总结展望,我鼓励学生继续探索生态故事,感受生态智慧的魅力。这次教学让我深刻体会到,生态语文与生态阅读不仅能够提升学生的语文素养,更能培养他们对自然的敬畏与爱护之心,为他们的全面发展奠定坚实的基础。未来,我将继续探索生态教育的更多可能,为学生的成长助力。

第四篇 »

语文生态化学习力的培养与形成

第一章　水滴汇海，智享未来——大数据驱动下小学生综评体系的生态化构建

在 21 世纪教育变革的浪潮中，生态理念犹如一股清泉，滋润着教育评价的新篇章。《深化新时代教育评价改革总体方案》的颁布，如同明灯指引，照亮了生态化、多元化、多主体参与的教育评价新方向。小学生综合素质评价的生态化构建与实践，已然成为教育改革乐章中的华彩篇章，尤其在生态语文教学的沃土上绽放异彩。

一、背景：生态化评价之基与愿景之翼

自 2020 年起，改革的航船扬帆起航，《深化新时代教育评价改革总体方案》以生态化理念为舵，引领关键领域改革破浪前行。它强调过程性评价的细腻，探索增值性评价的深度，完善综合性评价的广度，为生态化评价奠定了坚实的政策基石与理论灯塔。生态化评价，深深植根于课程校本化的沃土，与学生多样化学习的花海交相辉映。通过精心搜集、细致分析学生的表现信息，给予他们发展的甘霖、引导的明灯与校正的舵手，助力学生自我认知、规划人生蓝图、主动扬帆远航。回首往昔，综合素质评价历经风雨洗礼，如今正以更加成熟稳健的姿态，迎接新时代的曙光。智能技术的飞速发展，尤其是大数据与人工智能的浪潮，为生态化评价插上了翅膀，催生了智能教育的新模式，为教育评价改革注入了无限活力。

二、内容：生态化评价之构建与实践之舞

（一）五育并举，绘就全面个性评价画卷

秉承"五育并举"的核心理念，以海润德之深邃、海启智之灵动、海创美之绚烂、海健体之强健、海育劳之朴实为五大笔触，勾勒出一幅全面而个性的评价画卷。

海润德：融海洋之元素，铸海洋之精神，打造"海润童心"德育品牌。班级晨

诵如晨曦初照,午写似静水深流,卫生、纪律、文明如同海风轻拂,主题活动发章评价则如海浪拍岸,激励学生展现德育风采,培养国际视野与坚韧不拔的品格。

海启智:课堂教学如智慧之海,课堂发章即时评价如浪花飞溅,激发学生知识学习的热情、习惯养成的毅力、合作探究的智慧、创新挑战的勇气。阶段性评价中,"海娃探险记"无纸笔测评引领低年级学子初探知识奥秘,"海润少年闯关记"期终检测则见证中高年级学生的成长足迹。

海创美:创意构建海洋文化育人空间,美育主题活动如彩虹般绚丽。评价系统即时评价,引导学生感受美之韵律,欣赏美之风采,表现美之魅力,创造美之世界,丰富审美体验,提升人文素养。

海健体:开发"海洋体育"课程,体育节里孩子们如鱼得水,参与项目锻炼,收获过程性与终结性评价奖章。智能评价系统汇聚多方力量,共同见证学生的体魄强健与信心倍增。

海育劳:实施"海洋劳动"课程,让学生在劳动中体验快乐,收获成长的果实。定性与定量评价相结合的发章方式,鼓励学生亲历劳动过程,感悟劳动价值。

(二)多方联动,共织教学评落地之网

开发"学生综合素质智能评价系统",构建五级联动评价管理体系的精密网络。技术管理员、学校管理、任课教师、班主任与学校层面各司其职,携手并进,共同编织"教学评"扎实落地的坚实网络。

(三)层递式载体,促评价螺旋上升之梯

精心开发评价指标与评价手册,设计与评价系统相得益彰的评价手册及"水滴汇海"晋级制度。以徽章为积分载体,细化评价指标,确保评价之尺精准公正。打造智能即时评价系统 App,实现评价的即时性、便捷性与客观性,创新评价方式,增强激励效果。完善 App 系统评价架构,融合课内课外、学业与特长、教师与多元评价,构建特色鲜明、简约直观的评价体系。梯级设置机制,如海浪般层层推进,根据学生勋章数量激励、调控、引导学习行为,累积奖章层层展示,激发学生学习的积极性和主动性。大数据宏观调控与分析,如智慧的海洋,让教师客观公正地评价学生,调控教学航向。学校定期审视学生奖章情况,大数据为班主任撰写评语提供有力依据,助力学生明晰自身表现与发展航标。

(四)创新之处:生态语文视角下的评价体系革新之潮

评价体系犹如灯塔,照亮教育航行的方向。科达小学以大数据为帆,现代教

育理论为舵,扬帆启航,开发"水滴汇海"评价系统,实现"四维度"的突破与"五维度"的重构,开启智慧赋能的新篇章。

1."四维度"生态化突破之浪

(1)理念突破:从"评价"之岸到"观测"之海,绘就学生成长的生态画卷,让评价紧贴学生真实成长的轨迹。

(2)方式突破:从"人工"之桨到"智能"之帆,搭建数据驱动的生态桥梁,让评价科学高效。

(3)格局突破:从"封闭"之湾到"开放"之洋,构建多元共生的生态空间,让成长自由全面。

(4)结果突破:从"认定"之锚到"促进"之风,激发持续成长的生态动力,让学生在评价中不断超越自我。

2."五维度"生态化重构之礁

构建"五维三阶"智能学生评价体系,既融合又侧重,构成评价的纵横坐标体系。

(1)"五维+"生态融合:德智体美劳加个性成长维度,如五彩斑斓的珊瑚,重视全面发展,兼顾个性差异。

(2)"三阶"生态细化:一阶板块界定如海底基石,二阶条目归类如珊瑚丛生,三阶行为指向如海浪指引,细化评价条目和行为要求。

(3)"六力"生态提升:生活力、学习力、自主力、创造、实践力、创新力,如海洋中的六股力量,助力学生在评价中成长进步。

3.智慧赋能的生态化篇章之海

(1)技术赋能实践:大数据和人工智能如智慧的海洋,无感方式观察、记录、分析、反馈,让评价科学高效且充满人文关怀。

(2)多端口设置:学生、校领导、管理员、家长、教师独立端口,如海洋中的五个岛屿,提升参与范围,保护学生隐私,共筑教育生态的坚固防线。

(3)数据呈现方式:图示和数据两种方式呈现,让评价结果直观易懂且富有说服力。

4.方式多元的生态化探索之航

(1)全过程评价:以发展的眼光看学生,实现三个"统一",让学生的成长轨迹如海浪般生动展现,连绵不绝。

(2)多元性评价:多元主体、维度、结果、发展趋向,构成多元性评价体系。

（3）实测性评价：注重实地与实时，实时记录与深度挖掘行为数据，为学生勾勒发展轨迹，预测发展趋向，提供个性化指导帮助。

5. 实施路径的创新之帆

（1）五育融合：回应政策，做好顶层设计，实现五育融合。

（2）标准前置：锚定方向，引领学校实践，实现标准前置。

（3）科学多元：研制工具，丰富结果呈现，实现科学多元。

（4）数据智治：研发平台，实现成长可视，实现数据智治，连接学生每一个成长的节点。

（5）全域推进：个性实践，形成"一校一案"，实现全域推进。

（6）共建共享：打造样板，助力教育共富，实现共建共享。

6. 效果可视的生态化展现之景

（1）为学生生命生长赋能：信息化评价系统深度挖掘数据，形成学生的多维度成长画像。

（2）为教师理念更新赋能：学生个体画像、班级群体画像作为教师教学育人的"体检报告"，促进教学反思与调整。

（3）为学校品质发展赋能：转变评价方式，关注全学生、全素养、全过程，指向育人目标，落实育人现场，促进学生全面发展。未来将继续朝着"五育融合"的方向扬帆远航，不断优化、改进评价体系，激发更大的教育活力。

第二章　基于"双线档案"的小学劳动教育评价新方式与生态语文融合实践

在教育领域，劳动教育与语文教育如同两股清泉，共同滋养学生成长。劳动教育通过实践让学生学会生活，而语文教育则通过人文底蕴培养学生的思辨与表达能力。如何将二者融合，让劳动成为语文学习的源泉，让写作成为劳动体验的深刻记录？学校探索了"双线档案"与"生态语文"结合的劳动教育评价新方式。

一、劳动与语文的生态融合

劳动与语文，虽领域不同，但相通相融。劳动为语文提供素材，语文则是表达劳动体验的工具。学校以"水滴汇海"为理念，将二者深度融合，构建了全链接、立体式、生态式的教育评价体系。结合地域文化元素，如黄河、湿地、海洋，我们研发了特色校本课程资源，通过"电子档案＋纸质手册"的双线档案模式，记录学生劳动与语文学习的点滴。

二、"耕海少年"与生态语文课程共建

"耕海少年"是学校劳动教育品牌，象征劳动与生活的紧密结合。我们重构了"耕海少年"向美劳动课程体系，与生态语文紧密结合，从自助式自我服务到社会化职业体验，全面覆盖，构建了校园、家庭、社区相融合的教育生态场。课程内容丰富，设计序列化，既符合学情又富有创意，让学生在劳动中体验成长快乐，培养正确价值观，同时在阅读中汲取知识，在写作中锻炼表达。

三、"双线档案"与生态阅读评价

我们采用动态生成的电子档案评价，记录学生劳动表现与阅读成长。档案评价以学生为中心，关注全面发展，不仅记录技能掌握与阅读数量，更重视价值观树立、情感体验丰富与思辨能力提升。构建了教师、家长、学生"三位一体"的互动评价方式，全面、客观反映学生表现。档案内容丰富全面，包括劳动技能学习、阅读感悟、教师观察等，梳理了评价指标体系，让评价更科学规范。同时，注重档案内容的收集与整理，包括终结性评价和过程性评价，提供系统化、客观化记录。

在生态阅读中，培养批判性与创造性思维能力，设置阅读任务挑战，引导学生深入思考，利用电子档案记录思维发展轨迹。开展丰富多彩的阅读活动，帮助学生提升阅读兴趣，锻炼表达能力，促进思维发展。

四、有效跟进，评价点助力成长

档案评价需多样化、灵活化。我们设计了三个评价点助力学生成长。

关键经历：记录幸福瞬间与阅读感悟。以一学期为周期，记录学生劳动与阅读的关键经历，通过日评价、月反馈及项目化劳动和主题阅读评价表，细致化过程性评价，增加乐趣，有助于学生自我提升。

关键节点：见证成长轨迹与阅读历程。注重连贯性与进阶性评价，细化各年

级项目,尊重学生个体差异,整合资源构建特色任务群,根据学生特点评价,促进学生进阶成长。

关键事件:定格精彩瞬间与阅读高光时刻。结合定量与定性评价,通过主题展评、期末考核等关键事件,展示学生成果,增强学生自信,优化保障体系,提高劳动与阅读在综合素质评价中的占比。

五、生态写作:劳动体验的深度镜像

生态写作是生态语文的璀璨明珠,承载语言表达与艺术创造,是学生内外世界交融的桥梁。在劳动教育中融入生态写作,让生态写作成为劳动体验的深刻反思与美好记录。

(一)劳动体验:灵感之源

劳动实践不仅教会技能,更带来真实体验,成为生态写作的灵感。引导学生深入挖掘劳动意义,探讨劳动与自然、个人成长的关系,反思现代劳动观念,提升表达能力与思维深度。

(二)真实情境:生命土壤

利用劳动场景的真实性,营造充满生命力的写作环境。海边传承、校园绿化、家庭家务等成为生动素材,让学生在情境中感受劳动魅力,捕捉细节,让写作成为劳动的自然延伸。鼓励学生走出课堂,结合社区服务与社会实践,丰富情感体验,为写作提供灵感。

(三)生态写作:诗意表达

生态写作是对劳动的诗意表达,抒发热爱与敬畏,描绘成长与变化。学生学会用诗意眼光看待劳动,用细腻笔触描绘生活,让劳动充满智慧与情感。这样的写作让学生珍惜劳动成果,尊重劳动尊严,懂得以劳动创造美好、书写人生。

生态写作作为劳动教育与生态语文的结合点,为学生提供了表达自我、反思成长的平台,为生命成长增添色彩。未来,我们将继续探索深度融合之路,让文字成为学生身心成长的见证。

第三章 生态语文·学力绽放——学生作品集锦

红毯·芦花·飞鸟

作者：三年级五班　杨依铱　指导教师：张淑燕

我的家乡位于山东省东营市，在我心目中，她是黄河与大海交汇处的一颗明珠，更是一座国际湿地城市。从我记事起，爸爸妈妈就经常带我游览家乡，这里的一景一物让我流连忘返。

红毯迎宾，人间仙境

金秋时节，在东营黄河入海口海天交汇处，当你极目远眺时，你会看到一片片火红的"地毯"，如烈火，似朝霞，从眼前一直漫延到天边，十分迷人。当你走近仔细观察，不难发现描绘这奇异红色的"画家"竟然是盐碱地上普普通通的黄须菜。

妈妈告诉我：不要小看这普通的黄须菜，因为它十分耐旱涝、耐盐碱，所以能在东营这片盐碱滩上年年生发、岁岁枯萎。目前黄河三角洲一带片生、散生的黄须菜有 50 多万亩呢！到了秋季，黄须菜逐渐褪去绿衣，裹上红装，化身为一簇簇奇幻的"红地毯"。它们随风舞动，就好像在欢迎游人，庆祝与游人的美好相遇。

所以，秋天来到这里，看到这满眼的红、壮观的红，定会让你震撼得连连发出感叹。

芦花飞雪，蔚为壮观

初冬时节，来到黄河口湿地公园，你会看到成片成片的芦苇荡白絮齐吐。当微风一吹，你会惊奇地发现，洁白的苇絮随风悠悠起舞。不一会儿工夫，弥天盖地，满目全是雪一样飞舞的花朵，天地间顷刻变成了一幅壮观的"芦花飞雪"图。那时那刻，你一定会觉得自己仿佛走进了白色的童话世界。

漫步在芦苇丛中，轻轻抚摸着它，我也仿佛变成了一朵芦花，向水而生，随风摇曳，自由自在，身心舒畅啊！

候鸟天堂,生态之城

在这无边的美景中,怎能少得了大自然的精灵——鸟儿呢!来到山东黄河三角洲国家级自然保护区,你会发现片片浅滩之上,一群群鸟儿掠过,时不时发出悦耳的鸣声,令人心旷神怡。放眼望去,河面上、莲池间,数只白鹭、东方白鹳等翩翩起舞,有的像盛开的雪莲花,有的像技艺高超的舞者。它们时而悄悄细语,时而追逐嬉闹,时而盘旋天际,时而摇摆水中,构成了一幅美丽的"群鸟竞飞"图。

妈妈告诉我:"哪儿环境好,鸟儿最知道。"适宜的环境吸引着鸟儿的到来,在东营或落脚休憩,或筑巢过冬。

城在湿地中,湿地在城中,东营风景美如画,真是名副其实的"鸟类的国际机场"。

姥姥常常拿出相册,给我讲述东营的变化。一张张照片讲述着东营从原先贫瘠的土地、荒凉的盐碱滩变成了现在的"红毯·芦花·飞鸟"。现在东营的美说也说不尽,道也道不完。看到家乡的变化,我总会情不自禁地感叹:大美东营,我爱你!

校园四季我推荐

作者:五年级五班　王铭宸　指导教师:张淑燕

我们的学校是科达小学,它位于东营市金辰路东部。这里一年四季景色优美,富有特色,是我们成长的乐园。

春天的校园生机勃勃,绿意盎然。百草园的小草探出头来,花园的花儿露出了笑脸,百果园的树木长出嫩芽,换上了绿色的新衣裳。操场旁的梧桐树上不知什么时候冒出了一个个小芽芽,就像春天的眼睛。绿的草,红的花,都像赶集似的聚拢起来,为校园增添了无限生机。操场上,蓝色的跑道和嫩绿的草坪格外引人注目。远远望去,整个操场仿佛一片蔚蓝的大海。同学们跳跃着、奔跑着,像是一条条小鱼在大海里玩耍追逐。

夏天的荷塘让人流连忘返。走进荷塘,你会看到大片的荷叶,有碧绿的,有浅绿的,还有黄绿的。有的大大展开着,像一把撑起的小伞,有的还没有完全展开,叶子两边往中间卷着,像个巨大的望远镜,还有刚长出的,叶子完全卷成了细尖的长卷,像山羊的角一样。有些荷叶像顶小帽子,有些像个高脚杯,盛着甘甜的露珠。荷花更是千姿百态。有含苞待放的,有完全盛开的,还有已经凋谢的。荷花有白色的,有粉红色的,有浅红色的,都十分好看。可真是"接天莲叶无穷碧,映日荷花别样红"啊！低头一看,你会发现"鱼戏莲叶间",小鱼游得是多么自由自在啊！

"一年好景君须记,最是橙黄橘绿时",秋天是校园最热闹的季节。葫芦藤上的葫芦成熟了,南瓜也悄悄穿上了黄衣裳,百果园的海棠和山楂悄悄红了脸。磨坊的石磨吱吱呀呀地转动起来,哦,那是我们的玉米成熟了,同学们把它磨成细细的玉米面。果实累累的秋天一到,百果园里到处是水果,最引人注目的是那橙色的柿子,它们就像一个个调皮的孩子一样,迎着风在树上荡着秋千,好像要挣脱树枝,想让人们品尝它们的美味。红红的山楂挂满枝头,远远望去就像一片红云,也像一盏盏灯笼。同学们提着篮子、拿着筐子,三五个一组来采摘果子了。摘一个咬一口,哇,甜甜的汁水充满整个口腔,那种香甜的味道令人回味无穷。

当寒风吹过,树叶落尽。你会惊叹,教学楼的墙壁上绘画着郑和号、山东舰、"蛟龙"号,美丽壮观。转入教学楼内部,每一个走廊,都是一个海洋主题:海洋资源、海洋生物、海洋军事、湿地植物……让你眼花缭乱。最让人惊叹的是,在教学楼里藏着一个秘密基地——海洋馆,走进这里,你会看到海洋动物标本,可以通过潜望镜观察模拟海面,还有科学有趣的答题……在不知不觉中就学习到了海洋知识。这时候,学校的温室大棚别有洞天。一走进来,你会感觉这里特别温暖。接下来你会大吃一惊:这里有满墙的辣椒树。辣椒叶子层层叠叠,红色的、绿色的小辣椒藏在中间,就像美丽的花地毯。这里有奇形怪状的多肉。它们被摆在一排排的架子上,有的像绽开的花朵,有的像分枝的鹿角,还有的像四散的烟花……这里有多种多样的湿地植物,有海白菜、海葫芦、蒲苇,还有许多你根本叫不出名字。在这里你可以听到流水声,还可以看到游鱼,仿佛进入春的世界。

小朋友们,欢迎来我们美丽的校园,感受校园四季的无穷魅力！

海洋校园一日游

作者:五年级五班　曹珈宁　指导教师:张淑燕

我们的学校有一个响亮的名字:科达小学。这里不仅风景优美、富有特色,是我们成长的乐园,而且处处显露出海洋的气息。

走进校园,沿着校园主路向前漫步,首先进入我们视野的是主路左边那一幅幅雄伟壮丽的"海洋发展"主题墙壁画。画上有一望无际的大海,海面上有高大壮阔的海洋巨轮、迎着海风引吭高歌的海鸥……这栩栩如生、波澜壮阔的图画,让我们仿佛置身其中,也成了一个个所向无敌的小舵手,在波涛汹涌的大海之上乘风破浪、所向披靡。主路右边,最引人注目的是我们的蓝色跑道。你没听错,是蓝色跑道！这可是东营唯一的蓝色跑道！远远望去，它就像蔚蓝的大海一般浩瀚、沉静。下课了，我们在这里游玩、奔跑，如鱼儿在海中遨游，快活极了！

主路尽头左转，映入眼帘的是四幅用贝壳粘贴而成的立体图画，它们依次以"海润童心""向海而生""海洋强国""海洋命运共同体"命名。这些特殊的画面不仅彰显了我们国家"海洋强国"的梦想，也凸显了学校"海润童心""向海而歌"的培养目标。接着就进入了学校的大型展馆——湿海体验馆。步入湿海体验馆，你一定会喜出望外。在这里，你不仅能看到黄蓝交汇的壮美画卷，还能看到数不清的种子在孕育、萌发，既有学生丰富多彩的湿海课程作品，又摆放着东营滨海沙盘，整个东营的地理地貌尽收眼底、一览无余。

走出湿海体验馆，就会走进一处天然氧吧——湿地大棚。在其中徜徉，你既可以听到流水潺潺，还可以看到琳琅满目的湿地植物竞相生长，植物茂盛、游鱼流水，真是别有洞天。

接着我们又来到旁边的玻璃栈道、农家小院。当看到水中高贵典雅的黑天鹅、健步如飞的小兔子、大摇大摆的公鸡，你一定会有一种来到动物园的错觉。

最后，我要带大家游览学校的海洋馆。你可能好奇：学校还有海洋馆？没错，学校的海洋馆是一处认识海洋、体验海洋的绝佳圣地。走进海洋馆，你一定会发出这样的感叹：这里简直就是海洋王国啊！你会情不自禁去触摸蓝色的球体，你会毫不犹豫地抱起大鲨鱼模型，你还会不由自主地去体验海洋科技的奥秘……

这就是我们的校园，时时充满海洋味道，处处显露海洋气息。欢迎大家来做客。

第五篇 »

生态语智，跨科绽放

忙趁东风放纸鸢

数学阅读·巧手画纸鸢

同学们，拿起手中的画笔，运用学习过的平面图形相关知识，利用图形拼组画出一个个创意无限的风筝，在拼组的同时，与自己的家人交流分享：我设计的风筝运用到了2个三角形、1个长方形、3个圆形……即使不走出家门，也能感受到春天的一抹绿色。

涓滴汇海·全科阅读

春风吹 纸鸢飞

四月的轻风，吹面不寒
四月的春光，满是温柔
四月的人间，草长莺飞

数学阅读·纸鸢中的图形

请小小设计师用自己学习过的图形，通过剪一剪、拼一拼，设计出了独一无二的风筝，不仅锻炼了孩子们的动手能力，还将学习过的数学知识与实践任务完美地结合起来。

二.2　李先睿

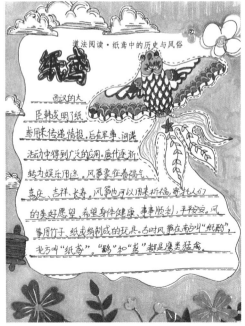

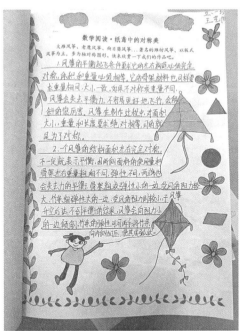

数学阅读·纸鸢中的对称美

大雁风筝、老鹰风筝、向日葵风筝……著名的潍坊风筝，以板式风筝为主，多为轴对称图形，快来欣赏一下我们的作品吧。

1. 风筝的平衡起着条件束它它的杰右构造必须完全对称，面积、和重量必须相称，它的骨架材料也应同样要求重量相同、大小一致，如果不对称变重量不同，风筝会失去平衡力，不容易更好地飞行，会倾斜的很厉害。风筝在制作过程中，才面积、大小、重量和长度要求绝对相等，目的就是为了对称。

2. 一个风筝的结构面积左右完全对称，不一定就表示平衡，因两侧料的便度和骨架左右重量粗细不同、强性不同，两端也会失去力的平衡，骨架粗或弹性小的一边受风的阻力较大，作细弹性大的一边，受风阻力则较小了风筝一定不会达不到平衡的效果，风筝会自向小的一边倾斜，作纸的强性，可用两手将作竹条向的侧用力，使其度度弧状。

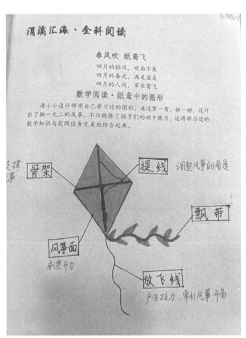

春风吹　纸鸢飞

四月的轻风，吹而不寒
四月的春光，满是温柔
四月的人间，草长莺飞

数学阅读·纸鸢中的图形

请小小设计师用自己学习过的图形，通过剪一剪、拼一拼，设计出了独一无二的风筝。不仅锻炼了孩子们的动手能力，还将学习到的数学知识与实践任务完美地结合起来。

骨架　提线　调整风筝的角度
飘带
风筝面　承受升力
放飞线　产生拉力，牵引风筝升高

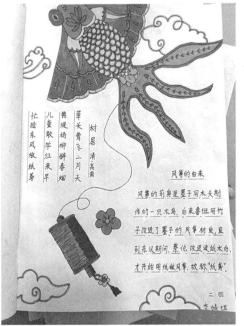

风筝的由来

村居　清·高鼎

草长莺飞二月天
拂堤杨柳醉春烟
儿童散学归来早
忙趁东风放纸鸢

风筝的前身是墨子用木关制作的一只木鸟，后来鲁班用竹子改进了墨子的风筝材料，直到东汉期间，蔡伦改进造纸术后，才开始用纸做风筝，故称"纸鸢"。

二·四　本婉琪

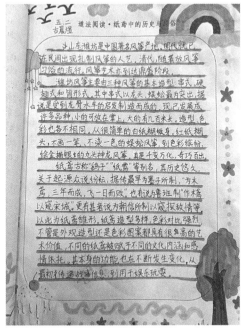

山东潍坊是中国著名风筝产地，明代就已在民间出现扎制风筝的人艺。清代，随着放风筝习俗的流行，风筝艺术亦达到鼎盛阶段。

潍坊风筝主要由三种风筝的基本造型：串式、硬翅式和筒形式，其中串式以龙头、蜈蚣最为突出，据说是受到龙骨水车的启发制造而成的。现已发展成许多品种，小的可放在掌中，大的有几百米长。造型、色彩也各不相同，从很简单的白纸糊成身，红纸糊头，不画一笔，不染一色的蜈蚣风筝，到色彩缤纷、绘金描银的九头神龙风筝，真是千变万化，奇巧无比。

纸鸢古称"鹞子""纸鸢"等别名，其历史悠久，关于起源众说纷纭。据传最早为墨子所制，"为木鸢，三年而成，飞一日而败"，也有说为鲁班制"作木鸢以窥宋城"。更有甚者说为朝信所制以窥探敌情等，以此为纸鸢雏形，纸鸢造型多样、色彩对比强烈，不管是外观造型还是色彩图案都具有很高的艺术价值，不同的纸鸢被赋予不同的文化内涵和寄情寄托。其本身的功能，也在不断发生变化，从最初传通战事信息，到用于娱乐玩耍。

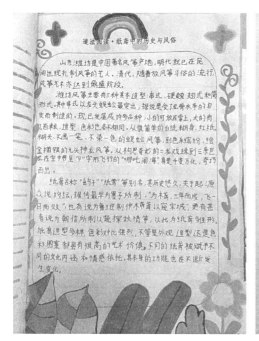

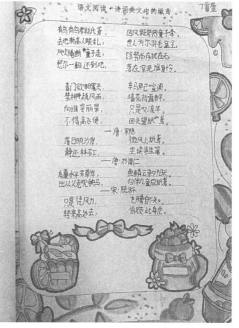

全科阅读"汇"成长

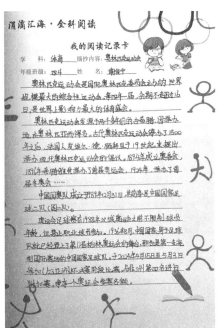

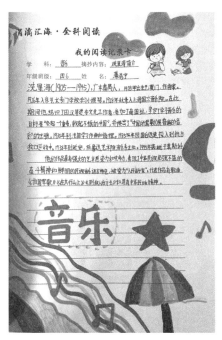

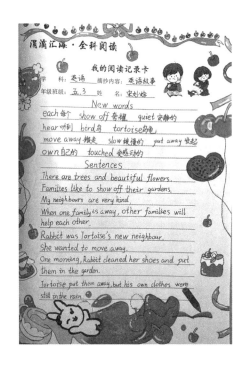

与校园植物的一场邂逅

美术阅读·植物形态我来绘

在美术课上，孩子们对校园里的植物进行写生。孩子们或站成堂，或是观察树皮的纹理，或是观察某一篇植叶的生长和造型特征，并将观察到的植物形态用针管笔、勾线笔描绘在素描纸上。

科学阅读·植物名牌我来挂

科学课堂上，老师带领各小组一起学习观察植物的根、茎、叶、花、果实、种子的分类与结构特点，成员们掌握植物特点，并根据这些特点对植物进行细致的观察和记录，形成一份属于自己小组的植物名片。

科学阅读·植物名牌我来挂

科学课堂上，老师带领各小组一起学习观察植物的根、茎、叶、花、果实、种子的分类与结构特点，成员们掌握植物特点，并根据这些特点对植物进行细致的观察和记录，形成一份属于自己小组的植物名片。

涓滴汇海·全科阅读

与校园植物的一场邂逅

风吹，草动，
遇见一朵花，一棵树，
从记得它的名字开始。

我校绿意盎然，植物资源丰富，但师生对它们却不太熟悉。如果能让大家了解这些植物，感受大自然的奇妙与有趣，或如亲近校园这是一件充满乐趣且富有挑战性的事情。

科学阅读·植物名牌我来挂

科学课堂上，老师带领各小组一起学习观察植物的根、茎、叶、花、果实、种子的分类与结构特点，成员们掌握植物特点，并根据这些特点对植物进行细致的观察和记录，形成一份属于自己小组的植物名片。

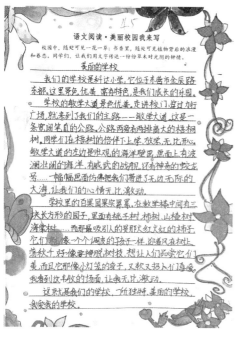

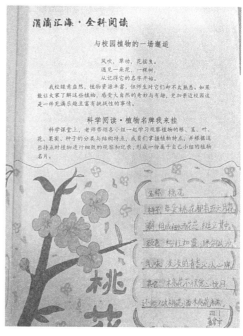

纸文化探秘

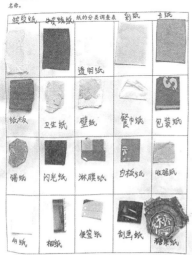

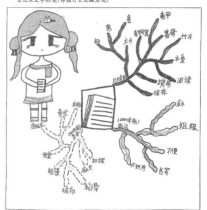

数学阅读·一张纸能承受多重

物体能承受的重量不仅与物体的材质、重量有关，还和形状有关。同学们可以上网查阅纸承重的知识，可以设计"纸桥过车"游戏，争取收获自己的思考与发现。

思考与发现：

在这次活动中，通过我的大胆猜想和动手操作，发现了让纸桥不塌的方法，同时我也了解到：改变了纸的形状、厚……

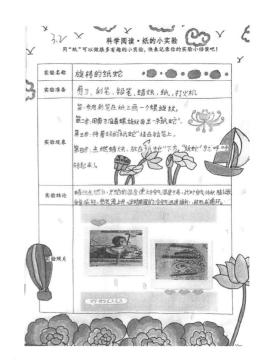

科学阅读·纸的小实验

用"纸"可以做很多有趣的小实验，快来记录你的实验小档案吧！

实验名称	旋转的纸蛇
实验准备	剪刀、彩笔、铅笔、蜡烛、纸、打火机
实验现象	第一步：用彩笔在纸上画一个螺旋纹。 第二步：用剪刀沿着螺旋纹剪一条"纸蛇"。 第三步：将剪好的"纸蛇"挂在铅笔上。 第四步：点燃蜡烛，放在剪好的"下方，"纸蛇"就呼呼转起来了。
实验结论	蜡烛点燃后，火焰的温度使上方空气温度升高，此时空气流轻、腊烛周围的温度降低，热量遇上什么时周围的冷空气迅速补排，就形成循环。
实验照片	

数学阅读·一张纸能变多长

一张普普通通的纸里藏着文明，藏着文化，藏着艺术，藏着探索与发现。同学们动脑思考，动手操作看能不能找到自己的结论。

我发现，一张纸撕得越细越长，剪的距离越长。我用两种方法，对照科斯，对切厂剪，那上，有上小纸，一张纸，就这么长得，纸很细，越普通越细的纸，越能撕多更多纸，由此我有了新认识。

湄潮江海·全科阅读

纸文化探秘

造纸术是中国古代四大发明之一，与指南针、火药、印刷术一起，为中国古代文化的繁荣提供了物质基础。

语文阅读·寻找纸的前世今生

孩子们，大约在一千九百年前的东汉时代，有个叫蔡伦的人，吸取了人们长期积累的经验，改进了造纸术。在纸发明之前，人们是怎么记录文字的呢？存在什么优缺点呢？

在纸发明之前，人们在甲骨上、青铜器上、竹简上、帛书上书写，它们还各有着优缺点：甲骨显坚固，但需要用刀才能把文字刻在上面；青铜器也很贵重，但更重要的是把文字刻在上面；竹简常用而广泛，但体量繁重，保存也不易；帛书虽然轻便程度，但却价格昂贵。随着时代文化的演变，造纸术也在不断改进，发明了纸等电子书，让我们为中国古代文化点赞吧！

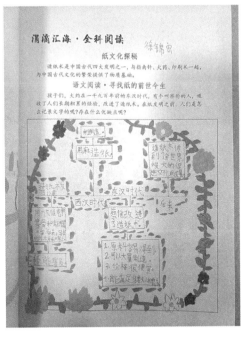

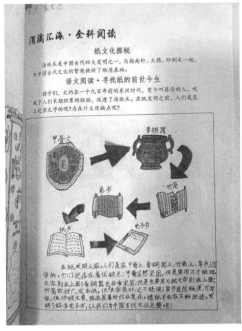

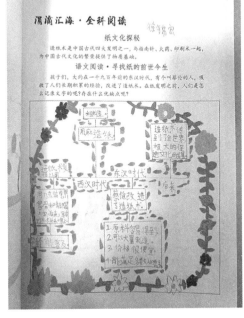

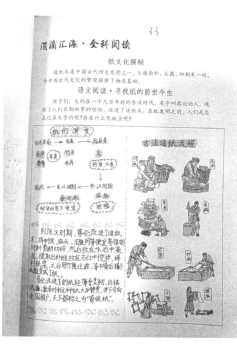

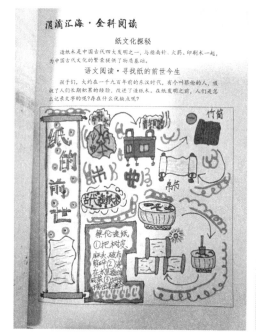

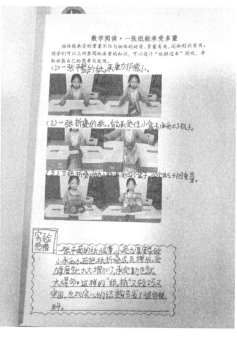

数学阅读·一张纸能变多长

一张普通通的纸里藏着文明，藏着文化，还藏着探索与发现。同学们动动脑思考，勇于探行有能找到自己的答案。

一张普普通通的纸里藏着文明，藏着文化，藏着艺术，还藏着探索与发现。

我用剪刀把一张纸剪成连续的小纸条，我尺子量了一下长度，结果让我惊呆了竟然达到了惊人的26米。

通过我的实践，我发现生活中处处藏着数学的秘密，在以后的学习中，我一定要勤于思考，善于发现生活中的问题和秘密。

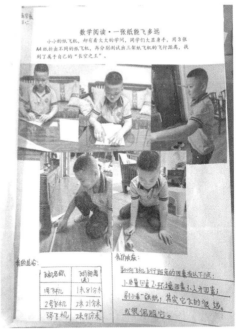

数学阅读·一张纸能飞多远

小小的纸飞机，却有着大大的学问，同学们大显身手，用3张A4纸折出不同的纸飞机，再分别测试出三架纸飞机的飞行距离，找到了属于自己的"长空之王"。

我的结论：

飞机名称	刘跑离（米）
1号飞机	1米81分米
2号飞机	2米21分米
3号飞机	2米96分米

我的收获：影响纸飞机飞行距离的因素有以下几点：小质量因素了环境因素大小入为因素；别小看一张纸，其实它飞的很远，我很佩服它。

数学阅读·一张纸能承受多重

物体能承受的重量不仅与物体的材质、重量有关，还和形状有关。同学们可以上网查阅承重的知识，可以设计"纸桥过车"游戏，争取收获自己的思考与发现。

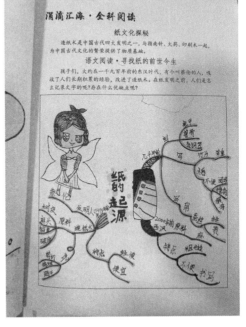

涓滴汇海·全科阅读

纸文化探秘

造纸术是中国古代四大发明之一，与指南针、火药、印刷术一起，为中国古代文化的繁荣提供了物质基础。

语文阅读·寻找纸的前世今生

孩子们，大约在一千九百年前的东汉时代，有个叫蔡伦的人，吸取了人们长期积累的经验，改进了造纸术。在纸发明之前，人们是怎么记录文字的呢？存在什么优缺点呢？

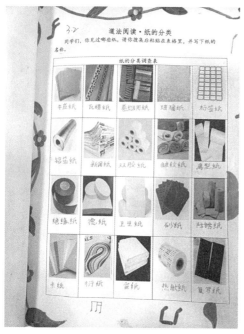

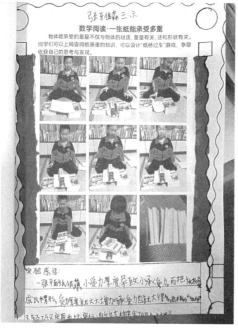

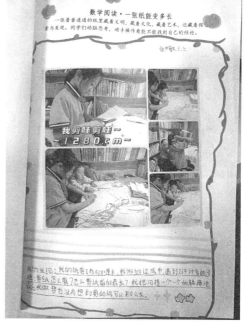

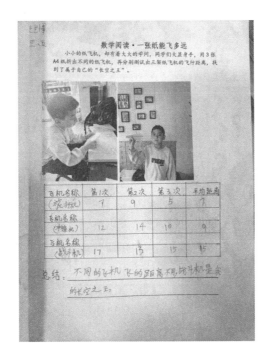

启航科小，奔赴星海

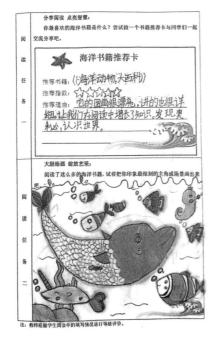

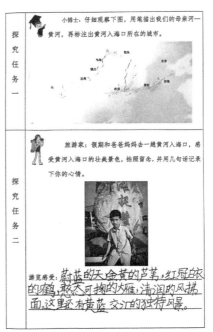

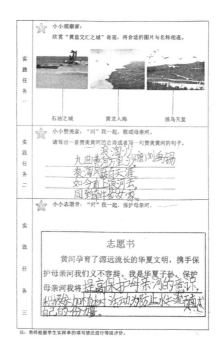

赴一场劳动的盛宴

亲爱的同学们：
五一劳动节，你们准备怎么过？
四处游玩？畅享美食？
如何让劳动节过得有趣味、有亮点、有创意？让我们能在劳动中尚美，在实践中育人，享受劳动节的快乐！
请同学们完成学校精心准备的"五一"劳动周项目化作业吧。

主题一：感受劳动的魅力

——向平凡而伟大的劳动者致敬

同学们，你对劳动了解多少呢？假期里的闲暇时间，不妨和大人一起在光影里，通过观看与劳动相关的纪录片或电影节目，进一步感受劳动的魅力。

推荐：《劳动节，有味道》、《大国工匠》、《我在故宫修文物》、《中国建设者》、《留住手艺》、《大国根基》……

"杂交水稻之父"、中国工程院院士袁隆平创造的经济财富和社会价值不可估量，他说："我一生最大的愿望就是让人类摆脱饥荒，让天下人都吃饱饭。"电影《袁隆平》由此出发，再现袁隆平进行杂交水稻"三系配套"研究并取得成功的风雨历程，展示了以他为代表的中国科学家艰心忧天下、人类的宏大抱负和自强不息、勇攀高峰的创新精神。

我来推荐一部关于劳动的影片（或纪录片）《烈火英雄》（名称）

我的推荐理由是（我的观后感言）：面对昏白的浓烟，面对死亡，面对火焰，他们永远奔赴在危险的第一线，用自己的生命，捍卫了人们的安全。今年五一，我兴致勃勃地观看了《烈火英雄》，被消防员勇敢献身与团结合作的精神而感到了无比的震撼。

主题二：记录劳动的身影

——最美丽的样子就是劳动的样子

同学们，罗马使人维基尔说过："这个世界的每一块土地都留下了劳动的印记"。

五一劳动节期间，请同学们走出家门，拍摄一组（画一画）展现劳动印记的照片，并选取一张有代表性的照片配上一段赞美词。

当我们享受快乐的五一假期时，超市的收银员阿姨们还在坚守岗位。生活因劳动而美好，人生因劳动而充实，致敬勤劳的收银员，感恩每一份付出，她们是最美的劳动者。

主题二：记录劳动的身影

——最美丽的样子就是劳动的样子

同学们，罗马使人维基尔说过："这个世界的每一块土地都留下了劳动的印记"。

五一劳动节期间，请同学们走出家门，拍摄一组（画一画）展现劳动印记的照片，并选取一张有代表性的照片配上一段赞美词。

披星戴月归：晴天一身灰，雨天一身泥。环卫工人用他们勤劳的双手为我们的工作与学习增添舒适和愉悦，恪守"脏了我一人，洁净千万家"的信念，在平凡的工作中，以实实在在的行动担当起一份令人尊敬的责任。

主题三：我为家人写奖词

——最感人的爱在一举一动中

家庭是家人付出劳动最多的地方，请同学们拍摄或画一画家人每天默默付出的身影，并撰写一则颁奖词，为他（她）们的付出点赞。

我的妈妈每天挑起家务劳动的重担，用她那粗糙的双手养着我们一家人，每一天都要为我们洗衣服、做饭、扫土地、刷碗……日复日地默默劳动着，妈妈是最美的劳动者，我们也要学着帮妈妈分担家务。

主题二：记录劳动的身影

——最美丽的样子就是劳动的样子

同学们，罗马使人维基尔说过："这个世界的每一块土地都留下了劳动的印记"。

五一劳动节期间，请同学们走出家门，拍摄一组（画一画）展现劳动印记的照片，并选取一张有代表性的照片配上一段赞美词。

这位清洁工，虽然工作平凡无奇，但是，如果没有了他们在这里奋斗，那家园还会干净吗？这些清洁工，他们都是伟大的！

主题五：劳动诗词藏积累

——最美的诗词，最大的劳动者

中华民族历来就有热爱劳动的传统美德，并为此创作了不少脍炙人口的诗篇。让我们一起到诗词中寻觅劳动者辛苦劳作的身影，感受古代诗人对乡村生活和劳动人民的歌咏，为劳动点赞吧！

《悯农》	《农谣》
【唐】李绅	【宋】方岳
锄禾日当午，汗滴禾下土。	雨过一村桑柘烟，林梢日暮鸟声妍。
谁知盘中餐，粒粒皆辛苦。	青裙老姥遥相语，今岁春蚕茧未眠。

我也来积累几首与劳动有关的诗词（可摘抄、可粘贴、可创作并适当装饰）：

四时田园杂兴（其三十一）
（宋）范成大
昼出耘田夜绩麻，
村庄儿女各当家。
童孙未解供耕织，
也傍桑阴学种瓜。

桃花运

秋浦歌十七首·其十四
（唐）李白
炉火照天地，
红星乱紫烟。
赧郎明月夜，
歌曲动寒川。

江上渔者
（宋）范仲淹
江上往来人，
但爱鲈鱼美。
君看一叶舟，
出没风波里。

主题三：我为家人写赞词

——最感人的爱在一举一动中

家庭是家人付出劳动最多的地方，请同学们拍摄或画一画家人每天默默付出的身影，并撰写一期颁赞词，为他（她）们的付出点赞。

每天早上奶奶都会叫我和弟弟起床，而且早早地做好了早饭，叫我们来吃，奶奶每天都会扫地、拖地、洗衣服、做饭，奶奶每天都在默默的劳动，从不计较……

亲爱的同学们：

五一劳动节，你们准备怎么过？四处游玩？畅享美食？如何让劳动节过得有趣味、有亮点、有创意？让我们在劳动中尚美，在实践中育人，享受劳动节的快乐！请同学们完成学校精心准备的"五一"劳动周项目化作业吧。

主题一：感受劳动的魅力

——向平凡而伟大的劳动者致敬

同学们，你对劳动了解多少呢？假期里的闲暇时间，不妨和大人一起在光影里，通过观看与劳动相关的纪录片或电影节目，进一步感受劳动的魅力。

推荐：《劳动节，有味道》、《大国工匠》、《我在故宫修文物》、《中国建设者》、《留住手艺》、《大国根基》……

"杂交水稻之父"、中国工程院院士袁隆平创造的经济财富和社会价值不可估量，他说："我一生最大的愿望就是让人类摆脱饥荒，让天下人都吃饱饭。"电影《袁隆平》由此出发，再现袁隆平进行杂交水稻三系配套研究并取得成功的风雨历程，展示了以他为代表的中国科学家心忧天下、选择人类的宏大抱负和自强不息、勇攀高峰的创新精神。

我来推荐一部关于劳动的影片（或纪录片）：《劳动最光荣》；

我的推荐理由是（我的观后感言）：劳动锻炼了人类肢体动作，但劳动又是艰苦的，劳动让我们付出大量的时间和精力，但是劳动同样给予了我们心灵的满足。

主题二：记录劳动的身影

——最美丽的样子就是劳动的样子

同学们，罗马饱人维基尔说过："这个世界的每一块土地都留下了劳动的印记。"

五一劳动节期间，请同学们走出家门，拍摄一组（画一画）展现劳动印记的照片，并选取一张有代表性的图片配上一段赞美词。

在安盛菜市场有一位中等身材，头发花白，脸上还有白胡须，面容慈祥的老汉正在摆弄着一些新鲜的蔬菜。他的菜摊很简陋，各种蔬菜摆在一展开的尼龙袋子上，但整齐养在店，每一棵菜都显得生机勃勃。他热情招待一个路过的客人，这种朴实让我感到敬佩。

主题三：或为家人写奖词

——最感人的爱在一举一动中

家庭是家人付出劳动最多的地方，请同学们拍摄或画一画家人每天默默付出的身影，并撰写一则颁奖词，为他（她）们的付出点赞。

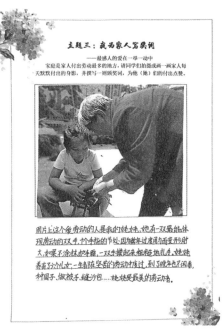

图片上这个在劳动的人是我的姐姐，她有一双最能体现劳动的双手，十个手指的节处，因为常年过度用力而变形肿大，却常不涂抹护手霜，一双手攥起来粗粗地扎手。姐姐养育了孩儿女，一生辛勤坚苦的劳动中度过，到了晚年还要闲着种园子，做被子，缝沙包……姐姐是最美的劳动者。

我是社会实践劳动小能手

年级：四年级　　　班级：二班　　　姓名：张智航

活动纪实：

今天，爸爸妈妈一起回家乡劳动。但到底要干什么呢？一路上我一直在思考这个问题。过了几个小时我们终于到了家乡。我们来到了田地，"咦，这是什么品种的葱？"我问到，爸爸，扑通一声笑了。爷爷解说到："那不是葱是杂草。"爸爸接着说："今天，我们回来是要给地除草，给梨树足够的营养。"一开始我觉得很简单，干了一生上午后我快累坏了，拔草并没有我想得那么简单。

终于我体会到了农民伯伯的辛苦。

科达小学农耕课程

"农具名片我制作"

——"品农耕文化，探农具之秘"项目化学习

同学们在家长的帮助下，可以从家中找到锄头，铁耙等农具，并了解他们在现代劳动中的作用；可以查找资料，了解部分农具的演变史。认识农具后，同学们将自己了解到的农具以图配文字的形式制成绘画、小报、剪贴画，多样地呈现了了解的农具信息，培养搜集信息、整理信息的好习惯。同学们在认一认、画一画，摸一摸，试一试中感受劳动人民的智慧与勤劳，激发对劳动的向往与热爱。

陈臻咩
4.2

科达小学农耕课程

"农具名片我制作"

——"品农耕文化，探农具之秘"项目化学习

同学们在家长的帮助下，可以从家中找到锄头、铁耙等农具，并了解他们在现代劳动中的作用；可以查找资料，了解部分农具的演变史。认识农具后，同学们挣自己了解的农具以图示或文字的形式制成绘画、小报、剪贴画，多样地呈现了解的农具信息，培养搜集信息、整理信息的好习惯。同学们在认一认、画一画、摸一摸，试一试中感受劳动人民的智慧与勤劳，激发对劳动的向往与热爱。

喷壶
读音为pēn hú
英文名sprinkling can，指盛水浇花的壶，喷水部分像莲蓬，造型别致，壶状。

水桶
盛水用的容器，一般是长圆形，多有提梁。读音为shuǐ tǒng，英文名bucket，指泡澡盆的意思。

铁锹
读音为tiě xiān
英文名iron shovel
指用熟铁或钢打成的长方形斤状的农具，别名。
铁锹

铁耙
读音为tié pá，英文名iron rake，指用于翻土、碎土，及平整地面的农具。
别名：钉耙

1

科达小学农耕课程　　王艺淇

"乡间皆学问，垅上做文章"

——"揭秘农作物，感恩大自然"项目化学习

同学们，在自然界里大约有30多万种植物，其中有2500多种已为人类所食用，有150多种被驯化和栽培利用。我们经常食用的那些主要农作物，其实它们都有一些深远的故事。今天让我们一起走进农作物的前世今生，用画笔、图片、文字记录你对它们的了解与发现。

制作农作物名片

南瓜起源于亚洲南部，主要分布在中国、印度及日本等地，以美甚少，故有"中国南瓜"之名，普普塔透批的出土发掘中发现，最早的中国南瓜和墨西哥南瓜残片在公园前5000~3000年就已存在。明中叶以后栽培日盛，几乎遍及全国各地。

科达小学农耕课程　　王艺淇

"乡间皆学问，垅上做文章"

——"揭秘农作物，感恩大自然"项目化学习

同学们，在自然界里大约有30多万种植物，其中有2500多种已为人类所食用，有150多种被驯化和栽培利用。我们经常食用的那些主要农作物，其实它们都有一些深远的故事。今天让我们一起走进农作物的前世今生，用画笔、图片、文字记录你对它们的了解与发现。

制作农作物名片

南瓜起源于亚洲南部，主要分布在中国、印度及日本等地，以美甚少，故有"中国南瓜"之名，普普塔透批的出土发掘中发现，最早的中国南瓜和墨西哥南瓜残片在公园前5000~3000年就已存在。明中叶以后栽培日盛，几乎遍及全国各地。

三五1珂珩苺

科达小学农耕课程

"乡间皆学问，垅上做文章"

——"揭秘农作物，感恩大自然"项目化学习

同学们，在自然界里大约有30多万种植物，其中有2500多种已为人类所食用，有150多种被驯化和栽培利用。我们经常食用的那些主要农作物，其实它们都有一些深远的故事。今天让我们一起走进农作物的前世今生，用画笔、图片、文字记录你对它们的了解与发现。

制作农作物名片

①发芽期　②幼苗期　③抽蔓期　④开花结果期

3.5 求知行

科达小学农耕课程

"乡间皆学问，地上做文章"

——"揭秘农作物，感恩大自然"项目化学习

同学们，在自然界里大约有 30 多万种植物，其中有 2500 多种已为人类所食用，有 150 多种被驯化和栽培利用。我们经常食用的那些主要农作物，其实它们都有一些深远的故事。今天让我们一起走进农作物的前世今生，用画笔、图片、文字记录你对它们的了解与发现。

制作农作物名片

花生

- 昵名：落花落生
- 别名：花生、地豆、长生果、唐人果
- 生长环境：宜气候温暖，生长季节较长。
- 醋适宜的沙质土地
- 主要价值：①食品(优生油花特佳)
  - ②纺织、润滑剂
  - ③药用

粮豪 三五

科达小学农耕课程

"乡间皆学问，地上做文章"

——"揭秘农作物，感恩大自然"项目化学习

同学们，在自然界里大约有 30 多万种植物，其中有 2500 多种已为人类所食用，有 150 多种被驯化和栽培利用。我们经常食用的那些主要农作物，其实它们都有一些深远的故事。今天让我们一起走进农作物的前世今生，用画笔、图片、文字记录你对它们的了解与发现。

制作农作物名片

小麦属一年或多年生草本植物，纤直立，丛生，高可达一百厘米，叶鞘松

楔形，叶舌膜，叶膜针形。

穗多小花，软骨圆形，外稃多圆状披针形，内稃与外稃几等长，花果期5-7月。